奇談雑史

宮負定雄
佐藤正英　武田由紀子　校訂・注

筑摩書房

目次

奇談雑史　巻二

奇談雑史　巻三

奇談雑史　巻四

奇談雑史　巻五

奇談雑史　巻六

奇談雑史 巻七

奇談雑史　巻八

奇談雑史　巻九

奇談雑史　巻十

はじめに

佐藤正英

幕末期の説話集。十巻。奇異《あや》しく不思議な出来事を伝える百六十話が収録されている。

著者は、宮負定雄《みやおいやすお》（一七九七〜一八五八）である。下総国香取郡松沢村の名主の長男に生れ、父とともに平田篤胤《あつたね》の門人となった。『農業要集』『民家要術』で、農作物の品種改良や栽培、販売の方策を説いた。江戸に出て、各地を旅し、『下総名勝図絵』を述作した。草莽の国学者の一人である。

神仙界を往復した寅吉の出現など、奇異しい出来事を見聞したことがきっかけになって、本書が構想されたのであろう。著者が、江戸をはじめ各地でさまざまなかたちで出会った奇異しい出来事が集大成されている。

成立には二十年以上を要した。生前からの約定により、十二歳年下の、篤胤の門人である参澤明が、巻十・第十五話を書き入れることによって完成したのである。

本文は、平明簡潔な和文である。登場人物の多くは、当時の土俗のひとびとで、生死をめぐる心情の綾がいきいきと語られている。

転写本を読んだ柳田国男が、「山の神とオコゼ」ではじめて本書を世の中に紹介したものの所在不明であった自筆本が新たに発見されたのを機に、注解を施すなどして、親しみやすさを旨として公刊する。

凡例

一、本文は、宮負定雄自筆の『奇談雑史』（足利文庫所蔵）を底本として校訂した。巻十第15話の本文は、生前の約定により、参澤明の筆である（「宮負定雄について」参照）。

一、本文の校訂は、通読の便をはかって、以下の方針をとった。

1、かな遣いを歴史的かな遣いに従って整理し、統一した。

2、漢字は、原則として現行の字体に統一した。ただし、底本の雰囲気を残すために、あえて、そのままにした場合もある。鱣《うなぎ》・辞《ことば》・筥《はこ》・皃《かほ》・疋《ひき》などである。

3、片かなは平がなに直した。

4、明らかな誤脱とみなされる辞句は訂し、そのむねを注記した。

5、底本の注はそのつど注記し、（　）をほどこして統一した。

6、適宜、宛て漢字、ふりがな、送りがな、濁点、読点、句点を付した。

7、改行、段落をほどこした。

8、各巻の説話ごとに算用数字で、説話番号を付した。
9、校訂にあたって、宮負定雄『幽冥界秘録集成』（八幡書店、一九九四年）所収の、久米晶文校訂『奇談雑史』（同氏所蔵本）を参照した。

一、辞句の注解は、読解に資することを心がけ、簡略を旨とした。

一、所引の和歌には大意を付した。

一、年代の注は、本文のなかに（　）で挿入した。

執筆分担

・本文翻字　武田由紀子

・本文校訂　佐藤正英

・注　武田由紀子／佐藤正英

奇談雑史

奇談雑史　自序

古人有謂、不教則不知不知則不行也。行善謂之道、修道謂之教也。教者何也、孝悌忠信仁義礼譲。従之則為善、乖之則為悪。鬼神罰悪人、神僊賞善人。其賞罰厳然者勧善懲悪也。
夫此民者神民也。故蔑如神祇者罪莫大焉。廃忠孝者其罪次之。廃仁義者其罪又次之。殺生之罪又可次之也。故其志隠徳者以放生欲求生也。因其賞罰降吉凶禍福也。所以令神祇之然也。
余自癸歳嘗好聞世人之奇談随筆記録之編集之而号奇談雑史、以与余之子弟而欲令読之也。余之子弟素卑俗故記以卑文俗辞為令易通暁也。何足飾文詞哉。唯記其実事為子弟之誡也。識者之所視蓋自愧乎。然余之子弟勤而読之、則雖不至学問之大道於勧善懲悪之術思過半矣。

安政丙辰秋八月

北総香取県松沢邨　農夫宮負定雄序

故人謂へるあり、教へざればすなはち知らず、知らざればすなはち行はれざるなり、と。善を行ふを道と謂ひ、道を修むるを教へと謂ふなり。

教へとは何ぞ。孝・悌・忠・信・仁・義・礼・譲、これに従ふをすなはち善とし、これに乖《そむ》くをすなはち悪とす。鬼神は悪人を罰し、神僊《しんせん》は善人を賞す。その賞罰の厳然たる勧善懲悪なり。

それ、この民は神の民なり。故に神祇《しんぎ》を蔑如《べつじょ》する者罪莫大なり。忠・孝を廃する者その罪これに次ぐ。仁・義を廃する者その罪またこれに次ぐ。殺生の罪またこれに次ぐべきなり。故に、隠徳を志す者は放生を以て生を求めんと欲するなり。その賞罰に因りて吉凶禍福を降すや、神祇をしてしからしむる所以なり。

余、癸の歳（一八五三）より、嘗て好んで聞きし世人の奇談を随筆記録し、編集して奇談雑史と号《なづ》け、以て余の子弟に与へ、読ましめんと欲す。余の子弟もとより卑俗なるが故《ゆゑ》に、記すに卑文俗辞を以てし、通暁に易からしめんとす。なんぞ文詞を飾るに足らんや、ただその実事を記すのみにして子弟の誡めとなすなり。識者の視《み》るところろけだしみづから愧《は》づるか。しかれども余の子弟勤めてこれを読まば、すなはち学問の大道に至らざると雖も、勧善懲悪の術において思ひ半ばに過ぎなむ。

安政丙辰（三年）秋八月

北総香取県松沢村　農夫宮負定雄序す

奇談雑史　巻一

1 飛《と》び梅《うめ》の事［一］

昔、延喜元年（九〇一）、菅原右大臣道真公［二］御歳五十七歳にならせ給ひ、左大臣時平公［三］の讒言《ざんげん》によりて無実の罪に落ちさせ給ひ、正月廿五日右大臣の官を止《と》められ、大宰権帥《だざいのごんのそち》［四］として筑紫の国を治むる司《つかさ》に左遷し給ふ宣旨［五］を下され、二月朔日つひに都を御立ちありて筑紫の国に赴《おもむ》かせ給ふ。その時つねに愛《めで》し給ひし梅を御覧じ、御名残りを《を》惜しませ給ひ、

東風《こち》吹かば　にほひおこせよ梅の花　主《あるじ》なしとて春な忘れそ［六］

と御歌遊ばしける。草木心なしといへどもこの御歌に感じけるにや、後にこの梅の枝おのづから裂け折れて、雲居遥かに飛びゆき、筑紫安楽寺に参り、地に立ちて栄えける。これを飛び梅といひて、今にその梅の種子《たねのこ》遺れり。

昔、ある人、その梅の枝を折りけるに、その夜の夢に天神［七］見えさせ給ひて、

なさけなく　折る人つらし　わが宿の　主《あるじ》尋ねし梅の立ち枝《え》を[八]

と宣《のたま》ひける。

また、寿永（一一八二～八四）の頃、平家の人々筑紫太宰府天神宮に詣《まう》でて、「昔飛び参りける梅はいづれならむ」といひて見まはりけるに、何所《いづこ》よりともなく十二、三歳ばかりの童子現はれて、ある古木の梅のもとにて、

これやこの　東風《こち》ふく風にさそはれて　主《あるじ》尋ねし梅の立ち枝は[九]

と詠じて失《う》せにけるとぞ。

［一］『源平盛衰記』巻第三二「平家著太宰府附北野天神飛梅事」に準じている。［二］菅原道真（八四五～九〇三）。平安時代前期の儒者・政治家。［三］藤原時平（八七一～九〇九）。平安時代前期の政治家。［四］大宰帥の権官。左遷時に任命されることが多かった。［五］天皇の命令を伝える公文書。［六］梅の花よ、春風が吹いたならば、匂いを送ってよこせ。主人がいなくても春を忘れるな。［七］天満大自在天神。道真のたま神。［八］配所の主人を尋ねて

飛んできた梅の高く生いたった枝を無情にも折り取るひとの仕打ちは堪えがたい。［九］これこそ春風に誘われて配所の主人を尋ねた梅の、高く生いたった枝であるよ。

2 平判官康頼が歌の事〔一〕

昔、平家追伐の謀反現はれて、新大納言成親卿〔二〕は備前国〔三〕に流され給ひ、その子丹波少将成経〔四〕、俊寛僧都〔五〕、平判官康頼〔六〕らも、薩摩潟鬼界が島〔七〕、ちとの島、白石の島三所に分けて捨て流されける。

康頼は、都を出でて、配所に赴《おもむ》きける時、津の国〔八〕小馬《こま》の林〔九〕を通りける時に、

津の国や　小馬の林を来て見れば　昔も今もかはらざりけり〔一〇〕

と思ひつゞけて、ここにて僧を請じ出家入道して、髪を下ろし、袈裟をいたゞきて、

つひにかく　そむきはてたる世の中を　とく捨てざりしことぞくやしき〔一一〕

とよみて、剃りたる髪の毛を紙に包み、この歌を添へて、ふるさとに送りければ、その妻

一目うち見つ、何とだにもいはずして絶え入りにける。

康頼法師は、薩摩潟ちとの島に捨てられて、独り悲しみに堪へずて、海士《あま》の釣舟に頼み、成経のおはす鬼界が島に、俊寛僧都もともに三人寄り集《つど》ひて、身の憂きふしを語りあへり。

康頼法師は、都の恋しさもさることにて、七十にあまる母親の、紫野〔一二〕といふ所におはしけるを思ひ出で、流されし時にかくと知らせまほしかりけれども、母に聞かせ申さば悶えこがれ給はむことのいたはしさに〔一三〕、かくともいはずしてこの薩摩潟に下りたれば、ながらひて今までもおはしまさば、このありさまを聞き伝ひていかばかり歎き給はむ、と泣くよりほかのことなきをりから、

薩摩潟　沖の小島にわれありと　母には告げよ　八重の汐風〔一四〕

思ひやれ　しばしとおもふ旅だにも　なほふるさとは恋しきものを〔一五〕

と二首の歌をよみてけり。

かくて千本の卒塔婆《そとば》〔一六〕を造り、頭《かしら》に阿字《あじ》の梵字《ぼんじ》〔一七〕を書き、表《おもて》にその二首の歌を書き、下に康頼法師と書きて、文字を彫《ゑ》り付け、ひたすらに天地の神祇《じんぎ》、ことには紀伊国〔一八〕熊野大神〔一九〕、またわたつみ〔二〇〕の神に誓ひて、「目に見えぬ神もあはれみを垂れ給へ。わが書き流す言の葉を、

風のたより、浪の伝へにわが日の本の地に着け給へ。ふるさとにおはするわが母に見せしめ給へ」と祈りつ、西風の吹く時にはその卒塔婆を八重の浪に浮べける。

康頼がまごころとその歌を神もあはれと聞えあげ給ひけむ、その卒塔婆壱本は紀の国熊野の新宮の湊《みなと》に寄りたりける。

その頃、康頼入道のゆかりなる僧、康頼薩摩潟に流されぬと聞きて、何となく都をあくがれ出で、願はくはかの島にも渡り、康頼に逢はまほしく、安芸国〔一一〕厳島まで下りにける。明神を伏し拝み、「薩摩潟鬼界が島に流され人、康頼が生死を知らしめ給へ。命あらば、夜の守り・昼の守りに守らせ給へ」と終日祈りければ、日の暮れがたに社司・神女ら、御社の御前の渚に月を詠《なが》め遊覧しけるに、浪に流る、藻くづの中に卒塔婆一本見えければ、いかなることにやと取り上げ見るに、その卒塔婆の表に二首の歌を書き、下に康頼法師と書き付けたり。

おの〳〵、それを手にとり見てはあはれを催ほし、「こは、何人《なにびと》の作れる歌ならむ」といふに、そこに並びゐたる社僧〔一二〕のいふやうは、「いとをしきかな。こは過ぎし頃、都より薩摩潟鬼界が島に流されし人、三人ありける。そのなかなる人、平判官〔一三〕康頼の歌なるべしと思はれ侍《はべ》る。これ、康頼法師がふるさとを恋しく思ひ、たらちねの親の心を思ひやりて、流せるに疑ひなく思はる。されば、こをいかゞなさけなく捨て置くべきにあらず。都〔一四〕なる妻子・母親も、さこそ恋し、悲しと思ひて、その行方をも聞かまほしからめ。なぞもこの卒塔婆をふるさとの、そのゆかりの者へ送り参らせたし」と申しけるに、このほど都より下りける修行者の僧は、康頼がゆかりの者にて、この厳島に足をとゞめてありし折から、このことを見もし、聞きもして、われこの大神に祈りしかひありて、康頼が音信《たより》のまさしく聞こえぬることのかたじけなさに、心も消え涙こぼれて、神の恵みの尊きことのみ思ひゐたりける。

をりしも社僧壱人来たりて曰く、「修行者の御坊もしや都へ上り給はゞ、この卒塔婆を持ち給ひて、平判官康頼が妻子のもとに伝へ給はむや」といひければ、僧答へて曰く、「このこと承るに、世にも有難《ありがた》く、あはれなることにて侍る。修行者のならひとして、宿定まらぬ身の上なれど、もとは都の人にて侍りしが、をりふしこたび都へ帰り上り侍る。康頼がゆかり〔二五〕もほのかに知り侍れば、たしかに伝へ送るべし」とて、その卒塔婆を請けとり、笈〔二六〕の背にはさみ、泣く〳〵都に上りにける。

かくて康頼が母の尼公・妻子、ちなみの人ども招《よ》び集めて、かの卒塔婆を見せければ、悶《もだ》え焦れておのおの泣きしづみけり。このこと、洛中に知られければ、すでに叡聞におよび、かの卒塔婆を召され、その卒塔婆叡覧ありて、帝龍眼《みかどりようがん》より御涙を流させ給ひ、康頼法師、命まさきくかの島にあらむことこそふびんなれ。水茎《みづくき》〔二七〕の跡なかりせば知らざらましとて御感ありければ、御あたりに侍《さぶら》へける人々もおの〳〵〔二八〕袖をしぼりける。

その後、治承二年（一一七八）十一月、中宮の御産につきて天の下に大赦を行はれ、成きと康頼二人は都に召し返されける。

康頼、歌よまざらむ人ならば、いかで薩摩潟より都の母のもとにそのことづての届くべき。されば、歌はかまひてよむべきものなりとかや。

［一］『源平盛衰記』巻第七「信俊下向事」「俊寛成経等移鬼界島事」に準じている。［二］藤原成親（一一三八〜七七）。平安末期の政治家。後白河法皇の寵臣。［三］岡山県南東部。［四］藤原成経（一一五八〜一二〇二）。成親の子。［五］俊寛僧都（?〜一一七九）。平安末期の僧。少僧都。［六］平康頼（生没年不詳）。赦されて後『宝物集』を述作した。［七］九州南方諸島の古称。硫黄島をさすともいわれる。［八］一部は大阪府・一部は兵庫県。［九］摂津国武庫郡。莇藻川の西畔。駒林。［一〇］摂津国駒林に来てみると、わたしの境界は変ったものの、情景は以前と変らないままであることだ。［一一］とどのつまりはこのように出家し終えることになった世俗世界を、ずっと以前に離れ捨てなかったことは残念だ。［一二］京都市北区大徳寺付近一帯。［一三］気の毒さ。［一四］遠い潮路を吹き渡る風よ、薩摩潟の沖の小島にわたしが無事でいることを母に知らせてほしい。［一五］しばらくの間だと思う旅でさえも故郷は恋しいのに、流罪となっていつ帰れるかわからないわたしの心の内を思いやって下さい。［一六］供養追善のため、墓に立てる細長い板。梵字・経文・戒名を記す。［一七］密教で「阿」は万物の根源であり、不生不滅を表す。梵字はサンスクリットの文字。［一八］和歌山県・一部三重県。［一九］本宮・新宮・那智の神々。［二〇］海神。［二一］広島県西

部。[二二] 神社にいて仏事をつかさどった僧。[二三] 親にかかる枕詞。[二四] なんとかして。[二五] つながりのあるひと。縁者。[二六] 行脚僧・修験者などが、仏具・衣服・食器などを入れて背負う箱。[二七] 筆跡。[二八] 建礼門院。高倉天皇の中宮。安徳天皇を生む。徳子。父は平清盛。

3 二条中将為明卿の事[一]

後醍醐帝[二]の御時《おんとき》に、相模入道高時[三]悪行によりて、禁中[四]において高時調伏《てうぶく》[五]の法を行はる、こと鎌倉に洩れ聞え、高時怒りて、帝《みかど》をば承久の例[六]に任せ、隠岐の島に流し奉り、大塔宮《おほたふのみや》[七]を死罪に処し奉るべく、調伏の法を修したる円観上人[八]・文観僧正[九]・中円僧正[一〇]らをば召し捕らへて子細を尋《たづ》ぬべしとて、二階堂下野判官[一一]・永井遠江守両人を京に上《のぼ》せ、かの調伏修行の法師らを召し捕らひ、六波羅[一二]に引き取り、また、二条中将為明卿[一三]は歌道の達者にて、月の夕べ、雪の朝《あした》、褒貶《ほうへん》[一四]の歌合の御会に召されて、宴に侍ることひまなかりしかば、さしたる嫌疑の人にもなかりしかども、叡慮の趣きを尋ね問はむために、召し捕らひられて、斎藤某《なにがし》に預けられ、拷問の沙汰におよび、六波羅の北の坪[一五]に炭火を起こし、その上に青竹を割りて敷き並べ、少しの隙を明けければ、猛火炎を吹き出だし、雑色《ざふしき》[一六]左右に立ち並びて、為明卿の両手を引きはり、その上を歩ませ奉らむと構ひたるありさまは、肝も消えぬる思

ひなりしが、為明卿こを見給ひて、「硯やある」と尋ねられければ、白状にはあらで、

おもひきや　わが敷島の道[一七]ならで　浮世のことを問はるべしとは[一八]

と一首の歌を書かれける。

常盤駿河守[一九]、この歌を見て、感涙袖をぬらし、理《ことわり》に伏しける[二〇]。鎌倉の使両人もこれを見てともに袖を濡らしければ、為明卿は、水火の責を遁《のが》れて咎なき人となりにける。

[一]『太平記』巻第二「僧徒六波羅召捕事付為明詠歌事」に準じている。[二] 後醍醐天皇（在位一三一八～三九）。第九十六代天皇。[三] 北条高時（一三〇三～三三）。鎌倉幕府の執権。貞時の子。[四] 天皇の御所。[五] 怨敵を密教で呪い殺す法。[六] 一二二一年後鳥羽上皇が鎌倉幕府の討滅を謀って敗れ、隠岐に流された承久の乱。[七] 護良《もりよし》親王（一三〇八～三五）。落飾し、大塔宮。[八] ？～一三五六。天台宗の学僧。法勝寺の慧鎮上人のこと。[九] 醍醐寺・四天王寺の別当。東寺の長者。[一〇] 勘解由小路中納言兼仲の子。[一一] 藤原行光の子。下野守時元。[一二] 六波羅探題。京都の治安を司った。[一三] 一二九四～一三六四。南北朝時代の歌人。足利義詮に重用され、後光厳天皇に『新拾遺和歌集』の撰集を命ぜられた。[一四] 一座の人が、その場で批評する歌合。[一五] 中庭。[一六] 雑役に従事する下役人。[一七] 和歌の道。[一八] わたしが携わっている和歌の道以外の世俗のこと

を問われるとは思いがけなかった。［一九］北条範貞（一二八五?～一三三三）。『続千載和歌集』にも入る歌人。［二〇］道理至極であると納得し、従う。

4 難波の浦賤の夫婦の事［一］

村上天皇の御宇天暦の頃（九四七～九五七）とかや、津の国難波の浦に住む夫婦ありける。妻は、さしも賤《しづ》の女なりけれども、もののあはれを知り、つねになさけ深く、乞食・非人あるいは貧しき侘人《わびびと》には、ものを与へ施しける。夫はそれに引き替へて、もののあはれは知らず、貧しき人にもの施す心は絶えてなかりける。

妻がもの施すを見ていたく怒り、「わが家の貧しくなりしは、汝《なんぢ》がもの施して財《たから》を散らす故にこそあれ」とてとゞめけれども、妻はさらに諾《うべな》はず、夫に隠しても侘人《わびびと》にはものを与へ施しければ、夫、今にとどむるに力およばずとてその妻を去りてけり。

妻は去られつゝも、かくまでいみじきまごころありければ、神の恵みによりて、国主の妻室となれりける。かの男は、なさけなき心から、神にも捨てられたりけむ、いよゝ貧しくなりて、せむすべなく日に〳〵難波の堀江にゆきて葦を刈りて世を過ぎにける。

もとの妻は、国主の妻室となりて、輿に乗りてそのあたりの道を過ぎける時に、もとの夫が葦を刈りて、堀江に立ちゐたるさまを輿の内より透かし見て、いとあはれに思ひ、か

の男を召し寄せ、「いかに汝、われを捨てぬれども、かくこそはあれ」といひければ、男かぎりなく恥かしく思ひて、

君なくてあしかりけりと思ふにも いとゞ難波の浦は住み憂き[七]

とよみたりければ、女の返しに、

あしからじとてこそ人は別れしか なにか難波の浦は住み憂き[八]

とよみければ、男は心も消えぬるばかりになりける。女、その男の歌に感じて、またの日、その男に二百石をおくりしとかや。男、なさけなき心にも、歌をよまざらむにはいかで二百石を得べき。されば、歌は構《かま》ひてよむべきものなりとぞ。

[一]『今昔物語』巻三十「身貧男去妻成摂津守妻語」に準じている。[二] 在位九四六～九六七。第六十二代天皇。[三] 大阪市付近。[四] かなりなほどの。[五]「今は」の誤りか。[六] 屋形の内に人を乗せ、下の二本の棒で担ぐ乗り物。[七] あなたがいなくてだめだった

と思うにつけてもいっそう難波の浦は住みにくいことです。「悪しかり（葦刈り）」。［八］悪くはなるまいと思って別れたはずなのに、どうして難波の浦は住みにくいのですか。

5 敵を討ちし幽霊の事

越後国［一］某《なにがし》の里に、妻妾を持ちて富める男ありける。その人旅に立ちける跡にて、妾《めかけ》の妬《ねた》み心によりて、本妻を縊《くび》り殺し、病死のさまにたくみてけり［二］。

その本妻、殺されて幽霊となり、迷ひ歩きけるに、途中にて、乞食のさまなる汚き姿の者二人に逢ひしが、かの者ども問ひけらく、「汝はいかにしてかく迷ひありくぞ」といふに、女答へて、「われは、夫の留守に妾に縊り殺されて、かく迷ひありく者なり」といふに、かの者どもいふには、「そは、妾を打ち殺して敵《かたき》をとりかへせよ」と。女答へて、「われ手弱女《たをやめ》なれば、いかで敵をとりかへすべき」といへば、「われら、その敵をとる術《すべ》を教へむ」とて、破《や》れ団扇《うちは》一つと五寸釘壱本、また才槌《さいづち》［三］一本を取り出だし、女に給はり、また教へて曰く、「汝家に帰り、この破れ団扇をもちて妾をあふぐべし。たちまち妾は熱病起こりて苦しむべし。その時妾が頭にこの五寸釘を打ち立てて、この才槌をもて釘を打ちたゝくべし。たちまち妾は死すべし」といふ。

女、その団扇《うちは》と釘と才槌を賜はられ、その品々をもちて家に帰り、教へのごとく妾をあふぎければ、たちまち大熱発して、悩み煩《わづら》ふことしきりなり。やがて〔四〕妾が頭に釘を打ち立ててかの才槌にて打ち込みければ、妾たちまち死したり。

女思ふに、われ縊り殺されし時に手伝ひたる隣家の老婆をも殺さむと思ひ、隣家にゆきてかくのごとく行ひければ、その老婆もたちまち死したり。

女思ふに、さては、人を殺すはたやすきものにて、面白きものなり、と思ひほかの人々をも殺したりける。

かくて、その女の幽霊、かの団扇と釘と槌とを携《たづさ》へて、そこかしこ迷ひあるきけるに、途中にて、菩提寺の僧に逢ひければ、僧問ひけらく、「汝は某《なにがし》が女房にて、過ぎし頃死去せしに、なににして迷ひありくぞ」といふに、幽霊答へて、「われ夫の留守に、妾と隣家の老婆に縊り殺されたるが悔しさに迷ひあるきしに、途中にてさる者に出逢ひ、この品々を与へられ、この品にてしか〴〵して敵をとり、また面白さに、ほかの人をも殺したり」と語りき。

法師聞きて、「そは悪しき業なり。その品々は、世にいはゆる疫病神の賜物《たまはりもの》なり。その品をばわが身に預けよ。われ、汝がために厚く菩提を弔ひ、浄土に引導せむ」とて、その品々を取り上げ、引導しければ、幽霊のちには見えずなりける。

かくて菩提寺の法師、こころみに、くだんの破れ団扇もて人をあふぎみるに、たちまち大熱発して苦しみければ、こは畏《おそ》るべきものなりとて、やがて、その三品を筥《はこ》入りにして、堅く釘にてしめ封じ、今に、その寺の什物《じふもつ》[五]となりてありとぞ。

[一] 新潟県。[二] いつわり、つくろう。[三] 小さな木の槌。[四] すぐに。ただちに。
[五] 秘蔵の品。

6 北海粟島の事

佐渡国と能登国の間の海中に粟島[一]といふ島あり。その周り三里ばかり、穀物は粟よりほかに何も生《な》らず。島人、漁猟と粟を作りて生を養ひ、他国《よそくに》へ人を出ださず。また、他国の人を絶えてその島に入れず、他国と通船交易をなさず、その島かぎりにてこと足る島なりとぞ。

調度やうのもの膳・椀、すべての器物、その島にて出で来ざるもの多かれど、島の内に一つの窟《いはや》ありて、その窟の前にゆきて、何なりと、おのおの望みの品物何《いか》ほどほし、といへば、たちまちわが望む品々、自然とその所に出づるを、取り用ひて万事足るといへり。[二]この島佐渡にあらず、能登にもあらず、一己《いっこ》の粟島なりとぞ。

[一] 石川県の北部。[二] 巻九18「酒の湧きし清水の事」参照。

7 早苗山の事

越後国三条近辺に早苗山といふ山あり。山に、自然生《じねんじやう》の早苗を生ずるといへり。人作《じんさく》の早苗とは少し形異《ことな》れども、これを植ゑて秋に至り、稲稔りては、つねの稲にかはることなしとぞ。

北国の寒地にては、春の早苗、余寒［一］に痛みてそこなふことま丶あるに、その時早苗山にゆきて、自然生の早稲《わせ》苗を取り来たりて、水田に植ゑて農業を営むとぞ。天地神明［二］の、人を助け給ふる、尊きことにこそ。

［一］立春後の寒気。［二］天地の神々。

8 牡丹山の事

奥州会津領の内に牡丹山といふ山あり。山の半腹《はんぷく》より上は、四季ともに一面に種々の牡丹咲き乱れて、その奇麗なること辞《ことば》におよび難しとぞ。

ここは、神仙の遊覧所といひ伝へて、みだりに人この山に登りて花を見れば、山荒れて暴風・大雨起こり、田畑の作物をそこなふ故に、領主より山守の役人を付け置かれ、人の登ることを堅く禁ずといへるなり。

9 越後国葦が原の事

[一]野州日光山の続きにて、越後国葦が原といふ広き深山あり。この山中に、薬師の浄土といふ所あり。最霊場《さいれいぢやう》なり。

近く寄りて見ることなり難き場所にて、高き所より遥かに谷底をのぞき見るに、さま〴〵の人形《ひとかた》の自生石《じしやうせき》いくつともなく立ち並びて、あるいは立ち、あるいは寝ふし、あるいは座したる姿などありとぞ。その所に一つの窟《いはや》ありて、窟の内に夜光の玉あり。闇夜にも白昼のごとく明らかに見ゆるとぞ。

またこの所より少し離れて浅間《せんげん》の宮といふあり。この宮は、[二]雲居を凌ぐばかりに高く聳《そび》えたる大岩の上に自然《じねん》と立ちたる宮にて、人間の登るべき道もなく、嶮《けは》しき立岩《りふがん》の上にありて人作の宮にあらず。[三]参詣の人々心願ありて、蠟燭《らふそく》を奉るに、火を灯《とも》してその高き岩山の下《もと》にて奉るに、心願叶ふ時は、その蠟燭の火消ゆることなく、立ちたるまゝにてただちに神の宮まで飛び上がるといへり。これも一奇事なり。

この葦が原は、深山幽谷にて、大蛇などをり〳〵現はれ出でて人を呑むことある故に、蛇狩りをすることありとぞ。

天保の初年の頃（一八三〇）、この山中に、杣人《そまびと》ども小屋を造りて木を伐《き》りけるに、夏の日、杣人壱人谷川に水汲みにゆきたるに、大蛇、河原の平らなる石の上に頭を乗せ、昼寝をしていたるを見付けたり。その頭の大きなることは、広き箕《み》[四]を伏せたるほどにて、胴の太さは三抱《かかひ》ばかりにて、河原に広がりて寝てゐたり。

杣人水を汲みて小屋に帰り、そのさまを語りければ、人々聞きて、かかるものを活《い》かし置きては、われわれが業の妨《さまた》げなり。早く打ち殺してくれむとて、杣人ら三人ばかり、斧を携へて川原にゆきて見るに、大蛇は鼻音高く鳴らして眠りゐたり。

杣人ら思ふに、平石の上に首を乗せたれば、上より斧をもて打ち割らむになにごとかあらむ。しかしながら、荒び起こらば防ぎ難し、その時身を隠す所あらばや、と見るに、かたはらに立石二つありて、その間にやう〳〵人の這ひ入るほどの穴ありければ、首を割るとそのまゝ穴の中に逃げ入らば、かれが首はとてもこの穴には入るゝこと叶はず。さらば打ち割らむと、斧を振り上げ、大蛇の首の真中をづんと打ち割り、そのまま人々は岩穴の中に逃げ入りたり。

さて大蛇狂ひ出し、山の荒れ立つこと恐ろしく、大木を巻き切り、捻《ひね》り倒し、やがて大風・大雨となり、三日ほど狂ひまはりて鎮《しづ》まりしが、雨風も止《や》み、日和《ひより》になりければ、杣人らも岩穴より出でてそこかしこ尋ねみるに、その所より十町ばかり隔たりて死してゐたり。
里の人々集まり来たり、木の葉・薪など多く集めて、その大蛇を焼き捨てたりとぞ。

〔一〕栃木県。〔二〕雲のあるところ。〔三〕心の内に立てる願。〔四〕穀類をあおって、殻・ちりを除く竹製の農具。

10蛇を喰ひし人の事

天保（一八三〇～四四）の頃、相州〔一〕大住《おほすみ》郡酒井村といふ所に気性強き男ありける。友人と二人連れにて相模川の堤を通りけるに、川水の上に大きなる鮒一疋《ぴき》、横に倒れ水に浮びて死にもやらず、いかなることにや、起きたつことなり難く、漂ふを見付けたりければ、その鮒を捕ひたるに、かたはらの藪蔭《やぶかげ》に松の枝の垂れ下りたるに大きなる蛇一疋下りて、くだんの鮒を呑まむとしてねらひゐたり。故《かれ》、鮒は蛇に念をかけられ、通力を失ひて、起きることなり難く、浮びゐたるなり。

　さて、両人の男その鮒を持ち来たり、一人の男その鮒を肴として酒を飲みたりける。さてその夜寝てゐたるに、かの蛇来たりて、その男の腹にいく重《へ》も巻きしめたり。その男思ふに、こはかの鮒に念をかけたる蛇なるべし。われ壱人にては、力におよばず、と思ひ昼のうち連れ立ちし隣家の男がもとにゆきてそのよしを告げ、その蛇を見せければ、その人大きに驚き、いかゞせむといふに、その男曰く、「鎌にてこの蛇切りてくれよ」といふ故に、その人、鎌にて蛇を切りほどき殺したり。

その男思ふに、かかる執念深き蛇なれば、このまゝ捨てなばまた来たること疑ひなし。さらば、われこの蛇を残らず喰ひ尽してやらむとて、その蛇を焼きて、酒の肴として残らず喰ひ尽くしたりしが、やがてその男蛇の毒にあたりて、惣身《そうしん》に悪瘡《あくさう》を一面に生じて悩みけるは、蛇の毒なるべし。その瘡《かさ》腐りて、蛆虫を生ずる事おびただしく、取り捨ててもまた〳〵涌き出して身に喰ひつきければ、その蛆虫も蛇の執念なるべしとて、鍋に入れて煎《い》り殺し、その蛆虫をも残らず喰ひ尽くしたり。かくて、瘡も癒《い》えて、その身健《すこ》やかになりける。

されば、蛇の執念かけたるものはとるまじきことなり。さて、男の気性は、かく大丈夫にあらまほしきものなり。

［一］神奈川県の大部分。

11 人魂を捕らひし人の事

弘化四年（一八四七）のことなるが、常陸国〔二〕鹿島郡息栖《おきす》の人某《なにがし》、漁猟《なりはひ》を業とし、故《ゆゑ》ありて下総国〔三〕阿玉川の里に仮り住居《ずまひ》して、その年の秋二人にて船に乗り、利根川に出でて漁猟せむとて、夜中汐時をうかがひ、船中に寝てゐたりしが、水上に火の玉いくつとなく出でて、船に近寄り来たりけれども、こは漁猟を業とする者つねに見馴れしことにて、昔よりこの利根川に陥《お》ちて水に溺れて死したる者どもの亡霊火なりとぞ。

この亡霊火、晴天の晩には出でずして、空曇り、雨降らむとする夜には出でて、船に近寄り来たるなる。かかる時節には、魚必ず多く捕れるなり。もしこの火の玉船中に入る時は、船動かずして禍《わざは》ひあり。こは全《また》く亡霊の友呼びといひて、船を沈めむとするしわざなりとぞ。

さて、かの男は船の舳《へ》先に寝てをり、またの一人は船の艫《とも》のかたに寝てゐたるに、かの火の玉、間近く船に寄り来たりければ、二人目を付けて見てゐたるに、大きなる火の玉一つ船中に入りたり。

息栖の漁師気性強き男にて、船棹を以てその火の玉を打ちたゝきければ、その火の玉いくつにも割れて、船中を転びまはる。その男、船中に脱ぎ置きたる自分の衣類を以て、手早くその火の玉の大きなるを包み、そのまま筥《はこ》の引き出しの中に入れ、しかと封じをしめて夜の明くるを待ち、かくて人魂を衣類に包み、筥の引き出しに納め置きたることなれば、人々を集め開き見るに、その衣類の中に、水にもあらで、青き色なる青海苔《のり》のごとくなるもの、茶碗に一つばかりありけるとぞ。

［一］茨城県の大部分。［二］千葉県北部・一部茨城県。

12御嶽山にて死したる人の事

弘化四年（一八四七）丙午《ひのえうま》［一］の年秋の頃、信州［二］御嶽《おんたけ》山［三］に登りし人、六人連れにて、かの御山の硫黄が岳といふ所まで登りて、硫黄の気に吹き上げられ、惣身《そうしん》真黒に焦《こ》げて、谷合《たにあひ》に落ちて死したりしが、おのおの馬の骨を背に負ひてありける。

その六人の内、ただ一人活き残りて、言語の分る人ありければ、山の強力《がふりき》［四］ども見付けて、「いかゞせしぞ」とそのよしを問ひ聞くに、その人答へていふやうは、「われら六人信州松本の者にて、米穀を売買する商人なるが、当丙午の年は、大厄年にて天災ある例《ためし》に付きて、米穀沢山買ひ置きたるに、天気快晴にて米の価日々に下落しければ、商人ども密《ひそ》かに語らひ、「馬の骨を背負ひ来たり、御嶽山の頂上に捨て置く時は御山穢《おやまけが》れ、たちまち暴風・大雨となりて、田畑の作物を荒らし、米価高くなり、われら大利を得ること必定なり」と。それがために、こたび御山を汚さむとして、六人連れ立ち、馬の骨を負ひて山に登り、か丶る神罰を蒙れり」と懺悔して語りける。

この六人皆死に果てなば、おのれらが利倍[五]を貪らむがために、その馬の骨を負ひ来たり、御山を穢せし悪謀のこと、世に知られざらましを、六人の内ただ一人を活き残して、その神罰を世に知らしめたるは、すなはち神の御心にて、悪を懲らし神威を示し給はむためなるべし。

〇また、弘化の初年(一八四四)の頃なりしが、江戸の町人にて、乾物を売る商人にて富める人ありける。数多《あまた》の道行連れありて信州御嶽山に詣《まう》でて御山に登るに、あまたの連れの中にてその乾物屋の主人独り、わつと叫びて形見えずになりける。連れの人々せむすべなく、参詣して帰りける。

さて、その形を隠されし乾物屋の所行を聞くに、天保申《さる》年(一八三六)の飢饉の折から、蘼薏仁[六]を石臼にて挽き砕き、挽き割り麦にまぜて人を欺き、売り出し、多くの利益を貪りし人なりとぞ。神罰恐るべし。

〔一〕丙午は弘化三年(一八四六)のことであり、誤りであろう。〔二〕長野県。〔三〕修験道の活火山。〔四〕山伏の荷を運ぶ従者。〔五〕利益が増えること。〔六〕薏苡《よくい》仁《にん》か。ハトムギの種子。生薬として利尿・緩下・鎮痛・鎮痙・消炎に用いる。

13金子を失ひし盗人の事

弘化の初年（一八四四）の頃、下総国香取が浦十六島の内、上《かみ》の島といふ所の人某《なにがし》、佐原の町の質屋某《なにがし》に衣類を預けて金子を借り、年の暮れにくだんの質物を請《う》け返し、佐原の町なる蕎麦屋某《なにがし》が店に立ち寄り、友人三、四人落ち合ひ、一座となり蕎麦を喰ひ、酒を飲みつゝ、咄しゐたるに、人々多く寄り集《つど》ひ込《こ》みあふ中に、盗人壱人紛れ入り、かれも蕎麦を喰ひ、その席を立ち去らむとする時に、上の島の某《なにがし》が持ち来たりし衣類を包みし風呂敷包みを取らむとして、客人の込みあふ紛れに、「その所なるわが包みをこなたへ遣《つか》はしくれよ」といふに、蕎麦屋の小児《こども》まことと思ひ、その包みを渡さむとせしに、盗人は、手を伸ばして取らむとするはづみに、袂より紙に包みし金子を落したり。上の島の人々そのさまを見て、「その包みはこなたの荷物なり、いかで他《ひと》に渡すべき」とて取り返しぬ。盗人いたく恥ぢて、そのまゝ出でてゆきぬ。

さて、盗人が袂より落したるは、金子なりと見請《みう》けしが、腰掛〔二〕の縁に落ちてあり。上の島の人々、「こは汚き鼻紙の落ちてあるはけがらはし」とて箸もて土間に掻き落しければ、下駄の間に落ちたり。

されど何気なく酒酌みかはし楽しみをるに、その所に最前《さいぜん》より酒を飲みてゐる老人壱人あり。近在より薪売りに来たれる者と見えて、痩《やせ》馬壱疋《ぴき》表に立たせて繋《つな》ぎ置き、その老人も、盗人が袂より落せしは金子なりと見請けたるに、上の島の人々は汚き鼻紙なりとて、土間に掻き落したれば、かの人々帰りし跡にて、己れ壱人にて拾ひとらむと思ひて、かの人々の立ち去るを待つほどに、人々なほ去らず、酒酌みかはしぬ。かの老人もただに長居もなり難く、酒壱合づつ五度替へて飲みつゝ、時刻を移しかの人々の立ち去るを待つほどに、なほ去らず。

　さてその日も暮れがたになりければ、その老人も、せむかたなくその金に心を懸けたるのみにて空しく立ち去り、馬をひきて帰りぬ。かくて人々いふやうは、「今の老人馬を引き来たり、われわれを立ちのかせ、おのれ壱人盗人が落せしものを拾ひ取らむとねらひをりしこそ心憎けれ」とてくだんの包み紙を下駄の間より取り上げ、密《ひそ》かにひらき見るに、金子壱両弐分ありける。人々悦び、その金子をもて日々集まり、酒を飲みて楽しみける。

　盗人は、他《ひと》の衣類を盗み取らむとして金子を失ひ、かの薪売りの老人は、その金を横取りにせむとて、徒《いたづ》らに時刻を移し、つとめて[二]酒肴の代を費やし、空しく帰りぬ。悪報畏《おそ》るべし。

[一]「の」底本欠。[二]無理をして。

14 銭を捨てたる盗人の事

天保の頃（一八三〇〜四四）、常陸国古渡《ふっと》といふ所の商人家に、その近辺の村より老女壱人籠を背負ひ来たりて、米弐俵を先きに売りたる代金三分と銭六拾文請け取りて、袋に納れ首に掛けて帰りぬ。

その所に蛤《はまぐり》の剝《む》き身《み》を売りに来たりし商人壱人、休みゐて見てゐたり。この剝き身売り盗人にて、かの老女が金子を請け取りてゆきたるを奪ひ取らむとして、跡より追ひかけ、野道にてかの老女に追ひ付きぬ。かの老女は、さる者にて、老人の金子持ちたるはこころもとなしと兼ねて用心を構《かま》ひ、他《ひと》の心付かざるやうに、金子をば紙に包みて籠の角に結び付け、袋には僅《わづ》かの端銭《はしたぜに》を入れて首にかけたり。

剝き身売りは、物をもいはず老女を突き倒し、首にかけたる袋を奪ひ取り、おのが荷物は捨て置きて逃げ去りぬ。老女は声を立て、「盗賊よ、〳〵」と呼ぶほどに、盗人はなほ恐ろしくなりて逃げ失《う》せたり。老女あたりを見るに、盗人が荷ひ来たりし剝き身籠一荷《いっか》捨ててある中を見るに、蛤の［二］売れ残りも少しありて、売り溜めの銭壱貫四百文あり。この銭捨て置きなば、よしなき人の手に渡らむと思ひ、老女は、その銭と蛤を持ちて家に帰りける。

盗人は、老女が銭六拾文を奪ひ取りて、銭壱貫四百文と蛤を失ひたり。天罰恐るべし。

［一］いわれのない人。

15 盗人の金を得たる法師の事

関東より灌頂《くわんぢやう》［一］のために、京に上る法師ありける。東海道にて、盗人これをつけねらひ、道連れとなり、日々同宿して、この僧官金［二］を持ちたるに、いかなる所に隠し持ちたるかと日々窺《うかが》ふほどに、いかにも金のありどころわからざりければ、盗人は、おのが金子五十両取り出だし、「道中は、金子を持ちては心づかひなり、この金、御身の金と一所に納め、預りくれ給へ」と乞はれければ、法師は否《いな》み難く、わが金子とともに納め置かむとて、乗《のり》下《した》［三］の後付《あとづけ》［四］の中に金子を納めたり。

盗人これを見て、さては、この僧が金子は後附の中にあるに相違なし、と思ひ定め、その夜、人の寝鎮《ねしづま》りたるを窺《うかが》ひ、その後附を盗み取りて、逃げ去りぬ。

その法師はさる者にて、後附に入る、と見せて、密《ひそ》かに金子は隠し納めたるなり。盗人は、何もなき後附を盗み出して、おのが金子五十両を失ひける。天罰恐るべし。

［一］密教で伝法・授戒のとき頭頂に水を灌ぐ儀礼。［二］灌頂の費用として官に納める金。
［三］荷をつけて運ぶ馬の鞍の下部。［四］馬の尻の荷。

16 吉川為則翁の歌の事[一]

吉川為則翁は、神道の奥義を極め、歌道の達人なり。東海道を過ぐる時に、某《なにがし》の駅の旅《は》人屋《たご》に宿る。明日出で立つ時に、その家に召し仕はる、男の童《わらべ》、いかなるあやまちありてか、主人のために縛られて柱に繋ぎおかれ、泣き悲しむを見て、情けなく思ひ、為則翁、一首の歌を紙に書きて、その童の縛《いまし》めの縄目《なはめ》に結び付けて立ち出でぬ。主人そのさまを見て、客人《まらうど》には、なにごとをか書き置きけむと開き見るに、

思へただ　つかふも人の思ひ子を　わが思ひ子に思ひくらべて[二]

と一首の歌を書き残してありける。

主人この歌をみて、泪《なみだ》を流し感心にたへず。わが身の過ちを恥ぢ、童が縄手[三]をゆるし、そのま、為則翁の跡をしたひてゆくに、遠からず途中にて追ひ付き、翁に向ひていふやうは、「君はいかなる御方にわたらせ給ふぞ。御歌に感じ侍りぬ。今より後、われを教へ子になし給へ」とて、師弟の契りをかため、専ら学問をいそしまれけるとぞ。

［一］生歿年未詳。［二］自分がかわいがっている子と同じであると思って他人の子を使うがよい。他人がかわいがっている子なのだから。［三］縛りつけた縄。

17 新田左中将の歌の事［一］

後醍醐天皇の御宇建武（一三三四〜三八）の頃、頭大夫行房《とうのだいぶゆきふさ》［二］の女にて、見目《みめ》形世にすぐれたる女ありける。帝《みかど》に仕へ奉りて勾当内侍《こうたうのないし》とぞ申しける。その頃天下乱れむとせし折からなりしかば、新田左中将義貞［三］、つねに召されて内裏の御警固にて侍られける。ある夜、月すさまじく風冷《ひや》やかなるに、勾当内侍半《なか》ば簾を巻き上げて、琴を弾じゐたりけるに、中将その琴の音に心ひかれ、覚えず禁廷の月影にさまよひ、心そゞろにあこがれければ、唐垣《からかき》のかたはらに立ちまぎれて伺ひけるを、内侍は「見る人あり」ともの侘《わび》しげに［四］琴をば弾かずして止《や》みにける。夜もいたく更《ふ》けて、有明の月の隈《くま》［五］なくさし入れたるに透かして見て、慕ふ［六］心の止まなくに立ち明かしぬ。

またの日つとに帰りしが、内侍が面影目に離れぬ心地《ここち》して忘る、ひまなかりしかば、忍ぶあまりのせむすべなさに、媒《なかだ》ちすべき人頼みて、

わが袖の　涙に宿る影とだに　しらで雲居の月や澄むらむ［七］

とよみて遣はされたりければ、「君のきこしめさむことも憚りあり」とてあはれげなる気色に見えながら、手にだにもとらずとて、使ひの人帰りて語りければ、中将いとゞ思ひしをれて、いふべきかたなく、頼みある命とも覚えずなりぬべきを、何人か奏したりけむ、帝聞こしめされて、かくまでも思ひそめけるもことわりなりとて、あはれなることに思し召されければ、御遊のついでに、中将を召されて御酒賜《た》べさせ給ひけるに、勾当内侍をばこの杯《さかづき》に付けてとぞ仰せ出だされて、翌《つぎ》の夜、内侍を中将に下されたりとなむ。

[一]『太平記』巻第二〇「義貞首懸獄門事付勾当内侍事」に準ずる。[二] 能書家藤原経尹の子。[三] 新田義貞（一三〇一～三八）。[四] どことなく悲しそうに。[五] 夜明けになお空に残る月。[六] 朝早く。[七] 恋の涙に濡れたわたしの袖に光りを映していると知らずに、雲居はるかな月は清く澄んでいることよ。

18 鏡月坊が歌の事

昔承久の乱世（一二二一）[一] に、清水寺の鏡月坊といひし法師、官軍に加はり、宇治に赴《おもむ》き鎌倉勢と戦ひ、北条泰時が手に捕らひられ、首を刎《は》ねられむとせし時に、「腰折れ一首

よまむ」とて、

勅なれば身をば捨ててき　武士《もののふ》の　八十うぢ川の瀬には立たねど〔二〕

とよみければ、泰時この歌に感じて、鏡月坊を赦して命を助けたりとぞ。

〔一〕一一八三～一二四二。鎌倉幕府の執権。〔二〕天皇の命令なので、鎌倉方の武士とともに宇治川の流れの速いところに身を置くことはできず、己が身を捨てたことだ。

19身代りに立ちし犬の事

文政（一八一八～三〇）の頃、常陸国筑波郡小栗の里の隣村某《なにがし》の村に狩人ありける。山狩のために白犬一疋《ぴき》飼ひ置き、つねにいたはりて養ひ、家の内に犬の寝床を構ひ置きて、人のごとくに養ひける。

この狩人某《なにがし》が娘、十七歳になりけるに、病の床に臥し、水腫脹満《すいしゆちやうまん》の症《やまひ》〔一〕となりて、悩み苦しみければ、神に祈り、薬を与ふれども験《しる》しなく、隣村小栗村の名医某《なにがし》も、「必死の症なり」とて薬を与へず。また、同国笠間侯の御殿医某《なにがし》にも療治を乞ひしが、「必死の症なれば、薬を与へて益なく、かへりて苦しみを増すべし」とて断りける。父母、今は頼む力無く、術《すべ》尽きて悲しみゐたり。

娘いふやう、「かくまで厚く看病し給ふに、治療の届かざるはわが定業[二]なり。われも死ぬる覚悟し侍れば、歎き給ふことなかれ」といふに、両親なほ悲しみに堪へざりしが、をりから手飼の白犬、つねの体《てい》にその家の妻に馴れかゝらひ[三]ければ、その妻、犬に向ひていふやうは、「娘が九死一生の歎きも知らず馴れかゝらふはなにごとぞ。汝《なんぢ》、性あらば、娘が身代りにもたてよ」といひければ、犬はそのまゝ家を出でて、日暮れになり水に濡れて家に帰りぬ。

つねのごとく食物を与へ、翌日も朝物食ひて、またその犬昨日のごとく家を出で、日暮れになりて、水に濡れて帰ること、前日のごとし。かくすること三日にして、その犬の腹腫《ふく》れて病気となり、動くこと叶はずして、床に伏したり。しかるに娘が脹満の症《やまひ》よくなり、漸々《やくやく》に腹の腫れひくに随ひ、犬の腹ます〳〵腫れ出し、全く脹満の難症となりぬ。かくて、娘が病気日々に心よくなり、犬はつひに病死しければ、娘が病《やまひ》全く本復して、健《すこ》やかになりぬ。

狩人夫婦思ひけらく、「畜類ながらもわがいひしことを聞き分けて、娘が身代りに立ちしなり」とて感涙に袖をしぼり、「この犬死しても犬にあらず、わが娘が身代りなり。厚く葬礼を営むべし」とて菩提寺へそのよしを申し、人間同様の葬式・引導を乞ひ願ひ、親類、ちなみのもの打ち寄り[四]、村中の人々を招き、娘の葬式の心算《つもり》に棺槨《くわんくわく》[五]・葬具を調へ、葬式を営み、菩提寺より戒名も送られければ、石碑に彫りて墓印となし、年忌・月忌も弔はれける。

さて、葬礼の時に村中の人々集まりて、かの白犬、家を出でて終日帰らず、日暮れに水に濡れて帰りしはいかなるわけならむと咄《はな》し合はするに、その犬、家を出でてその村の産《うぶ》土《すな》の神社[六]に参り、御手洗《みたらし》の池水に入りて垢離《こり》[七]を取り、神の宮垣を終日廻り〳〵て、祈念するさまを見たる人々数多《あまた》ありしとぞ。こは全く、主人の娘の身代りにたたせ給へと犬の心に神を祈りしなるべし。

その狩人の娘、近村に嫁して子ども数多産み、嘉永二年（一八四九）三十六歳にて、健《すこ》やかなりしとぞ。

［一］浮腫で腹部が膨満する病。［二］前世からの定め。［三］じゃれかかる。［四］縁のあるひと。［五］ひつぎ。［六］生れた土地の氏神・鎮守の神社。［七］冷水を浴び身体のけがれを取ること。

20 酒好きなる人の術ある事

江戸駒込の町に、裏店《うらだな》[一]に住む独身者《ひとり》にて、青物野菜を売りて業《なりはひ》とする男ありける。つねに酒を好み、商《あきな》ひをしまひ、日暮れに宿に帰る折には、その町内なる高砂屋といへる升売《ますう》り酒屋に立ち寄りて、枡の角《かど》より五合づつ、立ちながら飲みけること、日々怠りなし。

酒屋の主人思ふに、かの青物売りに酒をあくまで飲ませて見ばやとて、ある日の夕方に、例のごとく酒飲みに立ち寄りければ、「今日はあくまで酒をふるまひ申さむ。心のまゝに飲み給へ」といふに、いと悦びて、枡の角《かど》より三升五合飲み、厚く礼をいひて家に帰りぬ。

酒屋の人々思ふに、酔ひ過ぎて、もしや溝水《どぶ》に陥入り怪我なさば、此方《こなた》のかゝり合ひになるべしと、用心のため遠目[二]に人を付けて遣しけるに、なにごとなく宿に帰り、独身者故《ゆゑ》に両隣に断りを申し、今日は高砂屋にて、酒沢山にふるまはれて、酔ひたるまゝ、夕飯喰はずにこのまゝ寝て休み侍るよしを告げて、家の内に入り、戸を閉ぢたり。

遠目を付けたる人、密《ひそ》かに戸の透間《すきま》より伺ひ見るに、屋の上の梁《はり》より縄を下げしかば、こは首を縊《くく》る心にや。さもあらば、内に入りて止《とど》めむと思ひ、しばし見てをりしが、首を縊るにはあらで、両足を縄にて釣り上げ、枕を敷かずに、首の方を下げ、心よく寝ていびきするを見て、心安し、とその人立ち帰りぬ。

あくる朝、かの青物売りは、高砂屋に立ち寄りて昨日の礼を申し、酔ひ過ぎたる気色もなし。人々夕べのさま物語りして、かの両足を釣り上げしは、いかなるわけなりやと問ふに、その人答へて曰く、「酒は陽物《やうぶつ》[三]なる故に、足を釣り上げて眠れば、酒気は足に上《のぼ》りて、首の方は酔ひ過ぎずして心よし。大酒を飲む者の術《すべ》なり」と語りき。

されば なにごとにも心得と術はあることなり。

○肥州[四]熊本侯の江戸屋敷に、足軽[五]にて、酒壱斗弐升飲む人ありける。主人より酒を賜はられ、壱斗弐升飲みて酔ひ臥したるところを斬られたりけるに、その人の腹の中より、器物一つ出でて、酒の匂ひはなはだしかりき。酒を灌《そそ》ぎみるに、壱斗弐升まではたちまちに吸ひける。

今に秘蔵してその器ありとぞ。年に一度は、その人の命日に、酒壱斗弐升そゝぐ例《ためし》とぞなりにける。

[一] 裏通りに建てられた家。[二] 遠いところから見守ること。[三] 易学の陽に属するもの。積極性・能動性を表す。[四] 熊本県。[五] 最下級の武士。

奇談雑史　巻二

1盲人杖桜の事

昔、筑紫の国より盲人一人、播州[一]明石の人丸明神[二]に参詣に来たりて、盲人となりしを歎きて、

ほの〴〵とまこと明石の神ならば　われにも見せよ　人丸の墳《つか》[三]

と一首の歌をよみて奉りければ、神もあはれと見そなはしけむ、その盲人たちまち目明きとなりてけり。

かくて、筑紫より桜の樹にて造りたる杖を突き来たりけるを、今より後はこの杖を用ふるにおよばず、また、神の恵みの尊きことを世の人にも示さまほし、とやがて、その杖を御社《やしろ》のかたはらにさし立てて神に奉り、ふるさとに立ち帰りける。

しかるに、その桜の杖より枝葉生《お》ひ栄えて、春は花咲き匂ひ、盲の杖桜とて、今の世ま

で残れりける故、今も盲人、この社に参詣してその桜のもとに杖をさし立てて、祈り奉る例《ためし》となりにける。

その桜今に栄えてあり。

［一］兵庫県南西部。［二］柿本人麻呂を祀《まつ》った柿本神社。［三］夜が明けるようにあたりを明るくする（明石の）神であるならば、わたしにも柿本人麻呂を葬った塚を見せてほしいものだ。

2 人丸明神に仕へし人の事

昔、何国《いづくに》の人にやありけむ、伊勢参宮［一］の姿なる男壱人、播州明石の人丸明神の社に参り詣《まう》でむとして、そのまま社のほとりにて倒れて死したりける。里人寄り集《つど》ひて見るに、古き衣裳を身にまとひ、伊勢参詣の人と見えて、何国《いづくに》の人とも知れざりければ、やがてその死骸を葬りける。

その後、年経《へ》てかの男美しき衣裳を着《ちやく》し、刀を佩《お》び、いかめしき侍の姿となり、その里の長《をさ》たる人の家に来たりていふやうは、「われは、人丸明神の使の者なり。汝《いまし》、われを見覚えありや。われはこの年より幾年《いくとせ》前に、明神の社のほとりにて倒れ、死したる伊勢参宮の者にて、生国は、某《なにがし》の国某《なにがし》の里なる某《なにがし》が子なりしが、伊勢の大神に詣でて、その帰りに人丸明神に詣でたるに、明神出現ましくて、「汝《いまし》われに仕《つか》へよ」と仰せ言蒙《かうむ》り、その尊さに、「仕ひ奉るべし」と申せしかば、たちまちかたはらに清き水風呂など見えたるによりて、古き衣を脱ぎ去り、湯に入りて身を清め、湯より出づれば、その所に清き衣裳と刀・脇差などあり。その衣裳を着し、刀を差し、身の装《よそひ》改まりしと思ひしかば、かたはらに伊勢参りの姿なる死骸、わが目に見えたり。かくて、われは神に仕へ奉りてゐたるに、汝《いまし》ら里人ども集まりて、その死骸を葬りたるをわれよく見てをれり。わが着てゐるこの衣裳は、すなはちその時着たる衣裳にて、かく年経ても古びることもなく、形もその時のまま老ゆることなし。われここに来たるは、ほかのことにあらず、明神の御宮かくのごとく破れたれば、氏子の人々、この節繕《せつつくろ》ふべきむね神の仰せ言あり」とてその形消え失せぬ。

かくて里人畏《かしこ》み奉り、やがて御宮美を尽くして繕ひける。

さてその人の国所・家名も知れたりしかば、その所に人を遣して聞き合はせしに、かの教へに少しも違はず、幾年《いくとせ》前にその人、伊勢参宮に出でたるまゝ帰らずなりし、と語られける。


［一］天照大御神を祭神とする内宮と豊受大御神を祭神とする外宮の伊勢神宮に参詣すること。

3田道の墓より大蛇現れし事[一]

昔、難波高津宮に天の下しろしめし給へし人皇十七代仁徳天皇の大御代に、新羅国貢物《みつぎもの》を奉らざりしかば、帝《みかど》詔《みことのり》して、上毛野《かみつけの》の君の祖[二]、竹葉瀬《たかはせ》をかの国に遣はしてその故を問はしめ、またその竹葉瀬が弟の田道《たみち》を遣はして、新羅国を言向《ことむ》けしむ。[三]

田道、新羅より帰りて、また詔を奉りて、陸奥国[四]の蝦夷《えみし》[五]の徒《と》を言向けに下り、蝦夷の徒に破られて、つひに伊寺《いし》[六]の湊《みなと》に討ち死にしたりける。田道の臣ども、田道が手纏《たまき》[七]を取り得て、都に持ち帰り、田道の形見にその妻に与へしかば、妻は、夫の手纏を抱きて、歎きのあまりに自《みつか》ら縊《くび》れて死したりける。時の人これを聞きて涙にむせびけり。

この後、蝦夷の徒またしも襲ひ来たりて、国民《くにたみ》を犯し、伊寺の湊に田道が死骸を埋めしその墓をさへ掘り穿《うが》ちければ、その墓の中より大蛇《をろち》現はれ出でて、蝦夷の徒を嚙み殺し、また毒気を吐き出だしければ、その毒にあたりて蝦夷の徒ことごとく死して、わづか[八]に二、三人死を免れける。時の人いひけらく、「田道死すといへども、その仇を報ふ、なぞ死たる人の智《さと》りなからむや」と。

その後年経《へ》て、その墓所に「霊蛇《みたまのをろち》田道公古墳」と一碑を立てたりけるを、多くの年を経て、その碑も埋もれ、知る人なくぞなれりける。ここに、仁徳天皇の大御世より千五百年に近き年を経て、享和の初めの頃（一八〇一）陸奥の伊寺の湊にて、竹の林を掘り起こして、田道公のその石碑《いしぶみ》を掘り出だし、今にその里に秘め置かれけるとぞ。

今年享和の初めの年、陸奥の国より霊蛇田道公古墳と彫《ゑ》りたる碑を掘り出だせりとて、かの国人写しもて来たりけるを見てよめる長歌 幷《ならびに》反歌

橘 千蔭［九］

押照《おして》るや 難波高津《なにはたかつ》に 宮柱 ふと知りまして 天の下 しろしめしける 天皇《すめろぎ》の聖《ひじり》の御代に 天雲の 向伏《むかふ》す極《きは》み 谷蟆《たにぐく》の さわたる限り まつろはぬ かたしもあらぬを ひむがしの 蝦夷の徒が おふけなく 背きまつると 天皇《すめろぎ》の 聞こし給ひて 竹葉瀬《たかはせ》が いろとの田道《たみち》は 栲角《たくづの》の 新羅の仇《あた》を 鎮めてし いさをしあれば蝦夷らを 言挙げもせず はき清め 向け平らげて けふのごと かへらむものと天皇《すめろぎ》の よさしのまにま 立ち出づる ますらたけをの いかなれや 蝦夷の仇にたへずして 石の湊の 水沫《みなわ》なす 消えて失せけむ したがへる 臣の子どもは せむすべの たつきをしらに その主《ぬし》の 手まきを解きて 持ちかへり そのつまの子に故《ゆゑ》よしを かくと告ぐれば たゞ泣きに 泣き歎きつゝ 我妹子《わぎもこ》が 手まきをとりて かきむだき 命死にきと 聞く人は 袖しをりけり 蝦夷らは 勝ちのすさびに またさらに 襲ひ来たりて うれたきや 田道を埋めし 墓をさへ 掘りうがてれば その墓ゆ 大蛇《をろち》顕れ出で 吐き出づる 伊吹の風に 立ち向ふ 蝦夷こと〴〵

冬の野の　草葉のもころ　たちまちに　こやしうせける　その御代ゆ　千《ち》五百《いほ》にあまる　年を経て　吾嬬《あづま》の国の　みちのくの　桃《もも》の生《う》の郡《こほり》　石の巻　竹の林を　賤男《しづを》らがあらすきかへす　時にしも　現れ出でし　石ぶみは　霊《みたま》のをろち　田道公と　彫《ゑ》りたる跡の　いちじるく　石の湊に　鎮めつゝ　いはへることも　明らかに　今ぞ知らえぬ　いはまくも　畏きかもよ　大江戸の　遠《とほ》の廷《みかど》に　まつりごと　申し給へて　八十《やそ》国の　大みたからを　撫で給ふ　恵みの余り　今もなほ　千島の奥の　山の岫《くき》　ありそのくまに　わくらばに　人と生《あ》れ出で　人の道　知らえぬ蝦夷　千々万《ちぢよろづ》　ありとふことを　聞こしめし　あはれみたまひ　そこばくの　臣のたけをを　かの島に　わたし給ひて　日の本《もと》の　神と尊み　大君を　かしこむみのり　ねもころに　教へ給ひて国ひらき　開き給へば　潮なはの　とゞまる限り　まつろへる　時に会ひつゝ　うむかしみ　現れにけむ　をろち墓　いまのをづゝに　桃の生の　石の巻こそ　いにしへの　伊寺《いし》の湊《みなと》と　誰も皆　明らめにけれ　くしきかも　たふときろかも　これのいしぶみ

反歌

常磐《ときは》なす石のみなとの石ぶみは　動きなき世のためしなるらし　[一〇]

［一］『日本書紀』巻第一一の記述に準じている。［二］群馬県を本拠とする氏族の始祖。［三］従わせる。［四］青森県・一部岩手県。［五］古代奥羽から北海道にかけて住み、言語・風俗を異にした人々。［六］石巻。［七］腕飾りの一つ。［八］どうして。反語。［九］加藤千蔭（一七三五～一八〇八）。江戸時代後期の歌人・国学者。［一〇］（大意）難波高津の宮の仁徳天皇の御代に、蝦夷の徒の反乱を聞いた天皇は、田道を将とした軍勢を遣わしたが、武運つたなく田道は伊志の湊で敗死した。田道の妻は、従者が持ち帰った腕飾りを抱いて歎き死んだ。勝ちに乗じた蝦夷が田道の墓を掘り崩すと、なかから大蛇が現われ、大勢が倒れ伏した。そのときから千五百年が経ち、田道の墓と刻んだ石碑が桃生郷の竹林から掘り出され、始終が明らかになった。泰平の御代のよろこばしいことよ。

4 鶏墳の事

津の国池田のあたり某《なにがし》の里なるある人の家に、鶏来たりて巣をかけ子を生みけるに、大きなる蛇来たりて、鶏の子を呑みける。主人大きに怒り、その蛇を打ち殺し、竹の林に捨てたりける。

さて、その年の秋になりて、その竹の林に美しき菌《きのこ》多く生じたり。取り喰はむと思ひしが、この所は先に鶏の子を呑みし蛇を殺して捨てたる所なり。その所に出でたる菌なれば、必ずかの蛇の毒気、菌となり、われに喰はせて、敵《かたき》をとらむためなるべしとて、その菌を取りて、かたはらの田の中に捨てたりける。

かくて、その翌年の春の頃、その田の中に鰌《どぢやう》多く集まりければ、人々その鰌をとりて煮て喰はむとするに、鶏飛び来たりその鍋の上より煤《すす》を蹴落《けおと》し、とかくその鍋なる鰌には毒ある故に人々に喰はせまじとするに、人々かくとは心付かず、すでに椀に盛りて喰はむとせしに、鶏見るに堪へずて、やがてその鍋の中に飛び入りて死したりける。人々心付き、それに感じ、これには必ず蛇の毒あるべしとて、喰はざりける。さて、その鍋なる鰌を蠅ども集まりてなめければ、蠅は残らず死したりける。

こは、全く蛇の怨念菌《きのこ》となり、また鰌と化《な》り、その家の主人を殺さむとせしを、鶏来たりてその身を捨てて主人を救ひたるなり。故《かれ》、その鶏を葬りて弔ひを営み、今に鶏塚といふとぞ。

5 玉を拾ひし人の事

宝暦（一七五一～六四）の頃、仙台侯の家士に砂三十郎といふ士《さむらひ》ありける。つねにその身の痩弱《そうじやく》なることを患《うれ》ひける。ある日庭の松の樹の下にて美しき玉を拾ひたり。その質《しつ》、美《び》にして人作《じんさく》のものにあらずと思はれければ、筥《はこ》の内に秘め置かれける。

ある夜の夢に、異人来たりて曰く、「われ一つの玉を失ひたるを御身拾ひ給へり。われに返し賜はらば、その礼には御身に力を添へ申さむ」といふに、その人答へて、「われその玉を拾ひて持てり。君、失ひ給はゞ、返し申すべし」と諾《うべな》ひたり、と見て夢さめたり。

夜明けて、かの玉を納《い》れたる筥を開き見るに、玉は無し。さてはかの異人玉を持ちゆかれしかと思ひ、手水《てうづ》を使ひ、手拭ひの布帛《ふきん》をしぼりければ、その布帛粉のごとくになりぬ。不思議と思ひしが、何となく身に力の付きたるごとく思はれける。

さて、庭の面《おもて》に大石一つありけるを、つねに居《す》ゑ直《なほ》さむと思ひしが、あまたの人力を費やさむこともいかゞと、そのまゝにありけるを、自分壱人にてその石を動かしみるに、何の苦もなく自在に動かされしかば、たちまち居《す》ゑ直《なほ》し、始めて大力になりしことをさとる。そのよしつぶさに主君へ言上しければ、仙台侯感じさせ給ひ、その人に禄を加増して給はりける。

かくて、その人老年におよぶまで大力なりしが、ある夜の夢に異人来たりて曰く、「これまで御身に玉の礼に大力を賜はりぬ。されども、大力も年老いては益なきものなれば、われに力を返し給ふべし」と見て夢さめたり。それより力失せて、もとのごとく手弱《たよわ》くなりける。

6 修験の怨霊の事

仙台侯の家士某《なにがし》、石の巻のあたりを所領せられけるに、その領内に万蔵院といふ修験寺ありて、その寺の庭に、名木の紅葉《もみぢ》の樹一株ありて、こは昔、役の小角《えんをづぬ》[一]が持ち来りて植ゑたる紅葉の樹にて、日本に三株ありしをほかの二株は枯れて、今この壱本のみ残れる樹なれば、先祖より遺状《ゆいじやう》[二]ありて、他《ほか》に移すまじき秘蔵の紅葉なりける。

しかるに、その領主よりその紅葉の樹を献上すべきよし仰せられけるに、万蔵院は、先祖より遺状ありて、他《ほか》に移すまじき趣きを申し上げければ、いかに遺状ありとも、わが領内の樹をわがものにするに何条《なんでふ》[三]のことかあるべき。悦びて奉るべきはずなるを、否《いな》をいふは不届きなりとて、厳《きび》しく叱り、その紅葉を掘り取りて庭に植ゑ、万蔵院は田代島といふ島に流罪に行はれける。万蔵院思ふに、われ先祖より遺状の趣きを申し上げたるのみのことなるに、われを流罪に行はるゝ、といふは、あまりに情けなきしかたなりと、深く恨みつゝ、田代島に住みてけり。

ある日、島守の司人《つかさびと》に向ひていふやう、「われ七日の難行をして七日目に死すべし。必ず止《とど》め給ふことなかれ。われ死したらば、屍は逆葬に葬り給ふべし。これのみわが願ひなり」といふに、島守の役人も、「しばし時節を待ち給ふべし、赦免の時節もあるべし」とて停《とど》めけれども聞かず。海岸の潮の中に立ち、脇にも石を積みて、腰より上を出し、頭の上に香を焚き、脂《やに》の流るゝことおびただしく、また両手の十本の指を石にて打ちたゝき、油に浸《ひた》し火を付けて、十本の指を焼き落し、つひには腕の半ばまで焼き、口に呪文を唱へ、一七日かかる難行を行ひければ、はたして七日目に死し、島人ども、つねのごとく順葬に埋めたりけるに、田代島の人々ことごとく疫病を煩ひ、悩むことしきりなり。病人ども口々にいふやうは、「われ死なば逆に葬りくれよと頼み置きたるに、順葬にせられしことの恨めしさよ」と口走り、悩みければ、それに恐れて島人ども、万蔵院が死骸を掘り出だし、逆葬に葬り直しければ、疫病全く止《や》みぬ。

さて、その後いくほどもなく領主某《なにがし》は、仙台侯の殿中にて人を刃傷《にんじやう》におよび、その家たちまちに潰れたりける。さてまたかの紅葉のことにかゝづらひたる人々の家は、みな焼亡したりける。また、石の巻の湊《みなと》は、たよりよき湊なりしが、その湊荒れて洲《す》[四]を出だし、船のかゝり場悪しくなり、いたくその所のわづらひとなりける。これ、全く万蔵院が恨みなりとぞ。

[一] 役の行者。奈良時代の山岳修行者。修験道の祖。[二] 遺言状。[三] なにほどの。

[四] 土砂が堆積して水面上に現われた所。

7 山に隠れし人の事

下総国羽鳥の里といふ所に、その名を周長といひし医者ありける。心に叶はぬことありて、世の中の交りを厭ひ、山に入らむことを思ひ、密《ひそ》かに家を出でて甲州[一]にゆき、身延山[二]の奥なる七面山[三]の頂きなる高き所より、なほ山深く入りてけり。もとより松脂《まつやに》の細末を袋に入れて持ちたりしかば、それを嘗《な》めつゝ、木の下・岩の蔭に宿り、日を経《ふ》るほどにその身いと軽くなり、かくて、その骸《からだ》に黄色なる毛を生じ、獣のごとくになりける。しかるに、怪しきことには、ふるさととなる母親の姿、目の前に現はれ、国に帰れとす、むると見えて、その形たちまち消えもし、また現はれもして、国に帰れとす、むること、しば〳〵なりける。

かくて、山にをりしこと、八十日ばかりにして、人里を尋ね出でければ、信州某《なにがし》の里に出でたり。見る人、その形の恐ろしきによりて、怪しく思ひけるに、里人にそのよしを告げて食物を乞ひて喰ひければ、もとのごとくその身重くなりける。

それよりふるさとに帰り、山にをりし内に、母の形の現はれ出でてふるさとに帰れ、としば〳〵いはれしことをかしこみて、帰りしよしを告げければ、その母、滑川寺の観音へ[四]裸足《はだし》参りの日参をなして、「わが子を国に帰らしめ給へ」とひたすらに祈りけるとぞ。月日を算《かぞ》ふれば、山奥にて母の形の見え始めし日と、国にて母親の滑川寺観音へ日参を始めし日と、同日なりける。全く母親の心願届きたるべし。

〔一〕山梨県。〔二〕山腹に日蓮宗久遠寺がある。〔三〕日蓮宗の聖地。〔四〕命令につつしんで従う。〔五〕承和四年（八三七）、慈覚大師の開基。

8 網にかゝりし人の事

文政（一八一八〜三〇）の頃、筑紫の国 某《なにがし》 の山里にて、獣を捕らむがために谷間に網を張り置きたるに、夜の間にその網に何かかゝりて鳴くものありければ、狩人らゆきて見るに人の形の獣なり。

よく人間のごとくものいひければ、問ひ聞くに、昔、保元の乱れ世（一一五六）に、八島・壇の浦の戦ひに打ち敗けて、山に隠れし平家の落人 某《なにがし》 が妻なるが、年久しく木の実を喰ひて山にをる内、おのづから骸《からだ》に毛を生じ、獣の形になりたるよし、みやびたる言葉にて物語りつゝ、歎きければ、助けて放ちやりける。

9 子を喰ひし婦の事

文政の頃、信州 某《なにがし》 の山里に、夫婦の中に男子壱人ありて暮らせる者あり。ある日、夫は外に出でて、妻と男の子と二人家にゐたりけるに、男の子五歳になりしが、小刀にて指を切り、血の走るを見ていたく泣きければ、母は、やがてその疵口《きずぐち》を嘗《な》めて血を止《と》めむと思ひ、つひにその血を飲みければ、その味《あぢは》ひかぎりなく旨《うま》くしてしのびかね、その指を喰ひ、つひにその片腕を喰ひて、その子を喰ひ殺し、かくては夫に申しわけなしと、家を立ち出で、山に隠れ、つひに行方知れずになりける。

その後五か年過ぎて、その婦《をんな》山より出で来たり、その村長の家に来たり、食物を乞ひ、わが子を喰ひ殺し、山に隠れし故《ゆゑ》よしを語り聞かせけるに、その婦の面《かほ》は、馬の面のごとくになり、骸《からだ》は毛を生じて、獣のごとくになり、見る人怖れて逃げければ、その婦も見えずなりける。

里人思ふに、かくては人を喰ひ殺さむとて、そのままに捨て置き難く、領主へ訴ひければ、鉄炮《てつぱう》にて打ちとれと下知《げち》［二］ありしかば、里人山狩りして尋ねけれども、つひに知れずなりけるとぞ。

［二］命令。

10 神隠しの男子の事

文政の頃、奥州南部領某《なにがし》[一]の里にて、一子無きことを歎きつねに神祇《じんぎ》に祈り、一子を授からむことを願ひける。ある日の夕暮れに、年の頃五歳ばかりの男の子壱人門口に来たりければ、「何国《いづくに》の人ぞ」と問へども、稚児《をさなご》なればわからず。その子をあはれみ家に宿らせ、つひに遣《や》るかたなければ、家に養ひ育てて嗣《あとつぎ》の子となしたりける。

その子成長して二十歳の時に、里人と連れ立ちて伊勢参宮にゆくに、東海道遠州見附[二]と浜松の間の宿にて休み、人々中食など支度しけるほどに、かの男そこかしこ見てありくに、稚《をさな》き時つねに遊びて覚えたる所なりければ、ここぞ、わがふるさとにやあらむと思ひ、その家の主人に語りけらく、「わが身は、幼き時に神隠しになりて、遠き奥州南部の果てにゆき他《ひと》の養子となり、このたび伊勢大神宮に参詣するなるが、ここはわが稚き時に遊びたる所のやうにて覚えある所なり」と語りければ、主人いふやう、「それこそこの里の某《なにがし》が子なるべけれ。今年より十五年前、五歳になりし男の子某《なにがし》といふ者ふと行方知れずになり、陰陽師[三]・巫《かんなぎ》[四]などに聞けば、神に隠し連れゆかれ、遠き国にて他《ひと》に養はれ、命は恙《つつが》なしといふのみを聞き、それを力に思ひ暮らせり」といふを聞き、伊勢大神宮の御引き合せの恵みにて、はからずふるさとにめぐり来たり、親兄弟に逢ひて、互ひに悦びけるとなむ。

[一] 青森・岩手・秋田県にまたがる。[二] 静岡県西部。[三] 陰陽道をつかさどる人。民間で加持祈禱もした。[四] 神に仕え、神楽・祈禱を行い、神託を告げたひと。

11 鱣を祀りし人の事

昔、唐土《もろこし》会稽[一]の石亭といふ堤に大きなる楓《かへで》の樹ありける。ここに鱣《うなぎ》を売る商人、鱣を荷《にな》ひ来たる。その樹のもとに休みしが、その樹の穴に雨水の溜りてあるを見て、鱣を一疋《ぴき》その水に放ち置きてゆきにける。

そのあとにて、里人これを見付け、いたく怪しみ、鱣は樹の中に住むべきものにあらず、これはまさしく神なるべしとて、その楓の樹に宮を造りかけて、木の穴なる鱣に御酒・肴を供へて祀《まつ》りければ、日々参詣の人絶えず。こを鱣父廟《てんふべう》と号《なづ》けて祀り、人々祈りごとするに、まことに霊験あらたにして、もし穢《けが》しあなどるもののある時は、たちまちに禍ひをかけ、信ずる者には、たちどころに幸福を恵み、人みな尊みて拝みける。

かの鱣を売る商人、そのよしを聞きてまたその所に来たり、その宮を見て大きに笑ひ、「この鱣は過ぎし頃、おのれがこの樹のもとに休み、木の穴に雨水溜りてあるまゝに、鱣を一つ放ちて置きたるなり。これが何の尊きことかある」とて商人その鱣をとり、羹《あつもの》[二]にして喰ひければ、その後は何の霊験もなく、神の気失せたりける。

[一] 浙江省紹興市。 [二] 菜・肉などが入った熱い吸い物。

12 槐の木の瘤の事

昔、唐土のさる所に彫物師ありて、さる方にゆく山路にて、大きなる槐《ゑんじゆ》の木の根の上に瘤《こぶ》のごとく木肉の張り出したるを見付けたり。その人、この木の瘤を取りて彫物をなさば、厚利《こうり》[一]を得むと思ひ、伐り取らむとするには、人夫もなく斧《をの》・鋸《のこぎり》のなければ、せむすべなし。このままに置かば、人に先き取りせられむ。いかゞせましと思ふに、ふと心付《づ》き、懐中より紙を取り出だし、銭の形を拵《こしら》ひ、樹の枝に釣り取りて、その瘤の上に掛けたりける。それは、神木たるによりて、賽銭を奉りたるさまに構ひて、他《ひと》に伐り取らすまじき策なり。

その人、その後数月を経て、人夫を連れ、斧・鋸など携へて、その瘤を伐り取らむとその所に至り見れば、紙の賽銭おびただしく木の枝に掛け、香を焚き、御酒・肴を供へ、参詣の人々群集すると見えたり。その人、これを見て大きに笑ひ、この里の人、わがしわざを知らず。いみじき惑ひを取るべしとて、樵《きこり》に仰せ、斧を以てその瘤を伐らしめむとするに、たちまち紫の衣を着たる神人現はれ出でて、樵を叱り、その樹を伐ることを止《とど》めしむ。

彫物師進み出でていふやうは、「われ前《さき》にこの所を通るに、槐の樹の瘤を見付け、伐り取らむとするに、斧・鋸の無きによりて、このま、置けば他《ひと》に取られむことを恐れ、紙銭を以て神木と見せしめ、他《ひと》に取らすまじき構ひをなしたるにて、もとより神は無きはずなり。何故《なにゆゑ》に止《とど》め給ふ」といふに、神人答へて宣《のたま》はく、「始めには、汝仮《いましかり》に紙銭を以て木の枝に掛けたるを、見る人みな神木なりとして御酒・肴を供へ、祀りをなす故、幽冥《いうめい》の司《つかさ》の神、われに仰せて、この祀りの供物を受くることを司《つかさど》らしむ。されば、始めは神なくとも、今はここに神あり。いかむぞ神を無しといふや。この瘤を伐らば、必ず汝が身に禍ひ至らむ」といふに、彫物師聞かず。

神人また宣《のたま》はく、「汝《いまし》この瘤を取りて、何に用ふるや」。彫物師答へて、「こは、ものの形を彫《ゑ》り付けて、器物に作るなり」といふに、神人また宣はく、「しからば汝《いまし》価を出だして、償《あがな》ふべし」。彫物師答へて曰く、「それは宜《むべ》なり。われ価の銭百千を以て償はむ」といふに神人また宣はく、「銭よりは絹百疋[二]を奉れ。それは、この所より五里ほど先に、道のかたはらに破れたる古墳あり。その墳を掘り穿《うが》てれば、その中にあり。もしその絹を得ずば、この所に帰り来たりてみよ」といふに、彫物師その所に至り、古墳を掘り穿ちみるに、はたして絹百疋を得たり。

［一］高利。［二］二百反に相当する。反は着物一着分の布。

13 橋になりし人の事

昔、唐土荊南《けいなん》[一]といひし所に崔導《さいだう》といふ富人ありける。この人、始め貧しくて、たま〳〵橘を千株あまり園に植ゑて、年々その稔り多く生《な》りければ、その利を得て富みけり。ある日、園の中より怪しき人一人現はれ出でて、「われは、橘の化《かはり》たるなり。主人に逢はむ」とてその家に来たりければ、主人は怪しみて出でざりける。かの異人、せちに逢はむと乞ふまゝに、主人出でてその人に逢へり。

異人曰く、「われ、前生に君が銭百万を借りて、償《あがな》はずして死したり。わが家の人ども、みづから欺《あざむ》きて償はず。これによりて、君これを天帝に訴ふ。この故にわが家族ども、みな橘の樹となる。君が園中に植ゑられ、実を結びて、君が業《なりはひ》を助くるのみ。今、天帝、わが家族ども永く橘の樹となりしことをあはれみ給ひ、「もとの人間に帰らしむる」と仰せ言あり。われ前生をかへりみれば、僅かに二日、三日を暮らせるごとくのみ。君、何とぞわがために一つの庵《いほり》を立てて与ひ給へ。われその庵に住み、みづから耕作し、この生を終らむ。君、これによりて橘の樹をみな伐《き》り払ひ給へ。しかして、端居《はしゐ》[二]してつねを守る時は、よく自身を保つべし。しからざれば天禍ひを降《くだ》さむ。いかむとならばわれ昔借りたる百万の銭は、今すでに足れり」といふを主人聞きていたく驚き、異人のいふまゝに、一つの庵を造りてその人を居らしめ、橘の樹をみな伐り払ひける。

その後五年を経て、その家の主人死して、その家またもとのごとく貧しくなり、かの異人も見えずなりける。

［一］湖北省を中心とするむかしの楚。［二］家宅の端に住むこと。

14金の人形を得たる人の事［一］

昔、唐土雲南［二］といふ所に龔播《きょうばん》といふ商人ありける。その始め、いと貧しくて菓《このみ》を売りひさぎ、家の業《なりはひ》となしてけり。大川のほとりに小さき草庵を結びて住みける。

ある夕暮れに、風雨しきりに烈《はげ》しく、暗闇になり、その夜丑《うし》の時（午前二時）頃に、人の寝鎮まりいと淋しきに、川の向ふ岸に松明《たいまつ》に火をともし、人の呼ぶ声ありて、「この川渡しくれよ」といふことしきりなり。その人おもふに、この暗き夜中に渡しを乞ふは、定めし急ぎのことにゆく者ならむと思ひ、小船に棹さして向ふの岸にゆきてみるに、松明持たりし人たちまち倒れたり。

つら〳〵見れば、いと光りありて金の人形《ひとかた》なりける。その長さ四尺ばかりありけるを、船に積みて帰り、それより富人となり、家・蔵を造り商売を広くして、巨万の財《たから》を積み、永く富み栄えたりける。

［一］唐代の伝奇小説『河東記』に基づく。［二］中国南西部の省。

15無人島漂流人の事

天明七年（一七八七）未《ひつじ》の年の冬、大坂堀江の亀次郎といふ商人の船、江戸に来たり、それより奥州荒浜にゆかむとして、乗組十一人にて、江戸を出でて、浦賀三崎にかゝり、九十九里灘《なだ》を走り、下総銚子の沖にてにはかに風替《かは》り、北風はげしくなり、船立ちかね、檣《ほばしら》を切り捨て、乗組の者ども一統［一］髪を払ひ神々を祈りしが、風はいよ〳〵はげしくなりて方角を失ひ、楫《かぢ》をいため、艫《とも》［二］を払ひ、前後の弁《わきま》ひなく、何方《いづかた》とも知らず風のまに〳〵流れゆき、泣くよりほかはなく、荒浪の沖に漂ひ、水は乏《とぼ》しくなり、米も僅かの貯ひなりしかば粥を喰ひて六十日ほど漂ひけるに、翌る年の二月朔日《ついたち》と思ふ日に、一つの島に近付きければ、人々悦びて、何国《いづくに》の島とも知らねども、その島に船を寄するに、荒磯浪のはげしさに、岩角に突き伏して、本船も端舟《はしぶね》［三］もともに砕け、辛労《からう》じて艪《かい》四挺、釜一つ、鍋《なべ》一つ、火打ち道具やうのもの、僅か取り上げたるのみにて、人々残らず島に上りたり。

さて、その島をめぐりてみるに、人無き島にて、せむすべなく人々磯貝を拾ひて、喰ひけり。その島に鳥は多く住みけるに、人を見しこと無ければさらに人に恐れず、みな手捕りに捕らひてその鳥を喰ひける。その島、水の涌き出づる所なく、雨水を囲ひ置きそれに汐水を加へて、磯貝と鳥を煮て喰ひける。

三日ほど過ぎて、人々ほかの食物を尋ねむとて、互ひにいひ合はせ、山の上に登りしかば、すゝきやうの草五、六尺に生ひ茂り、道もなき所をやう〳〵と登り、向ふの磯辺を見渡せば、遥かに人の形《かたち》見えたり。それを力に嶮《けは》しき岩間をやう〳〵に下りて、その人のかたはらにゆきてみるに、目の色赤く、髪の毛長く伸びたる人壱人、古き木綿の単物《ひとへもの》を着てゐたり。

いかなる人にやと尋ねしかば、その人驚きたるさまにていふやうは、「わが身ことは、土佐［四］の国かゞみの郡赤岡の浦といふ所の松屋義七といふ者の船人なるが、四人乗りにてこの島に漂ひ着き、四年ほどをる内に、三人は死にてわれ壱人生き残り、悲しき命を永らひをる」よしを語り、その名は、長平といふ者なるよし。

それを聞きて、こなたよりも、このたび難風に吹き流され、漂ひ着きたる大坂の船人なるよし語り聞かせければ、その人涙を流し、その島のありさまを物語り聞かせ、人無き島にて食物は何もなく、魚・鳥のみを喰ひたるよし。また、糸・麻の類《たぐ》ひ少しにてもあるならば、魚を釣るために貯ひ給へといふを聞きて、大坂の人々もみな、涙を流したりける。

かくて、その人とともに十二人にて、その島の岩穴の中に住みける。その島、山の高さ十七、八町ばかりにて、その周り二里ばかりなり。日々島を廻り、磯貝と魚・鳥を捕りて喰ひけれども、食物足らずして、少しづつ喰ひて、やうやく飢ゑを凌ぎける。すべて石山なれば水の涌き出づる所無く、雨水を貯ひ置かむために池を掘り、貝殻を焼きてねりこなし、水溜まりを塗りかため、雨水を囲ひて用ひしが、日照り続く時には水切れとなりていたく患《うれ》ひける。木の皮を剝《は》ぎて釣糸に拵《こしら》ひ、日和《ひより》を見合はせ魚を釣るに、磯際高く荒浪寄する故に、いかにも釣りかねて得難《えがた》かりける。

かくて三年ほど過ぎて、また、六人乗り船壱艘その島に漂着し、本船・端舟《はしぶね》ともに、岩《いは》角《かど》に突き伏して砕けたり。 みなみなそのさまを見付け、浜辺に出で、船人どもを引き上げ、いさゝか道具類のものをも取り上げ、岩穴に伴ひ来たり、何国《いづくに》の人ぞと問ひしかば、薩摩［五］国志布志《しぶし》の浦といふ所の中山屋某《なにがし》が船人なるよしにて、この者ども一同にその岩穴に同居し、日々魚・鳥を捕る工夫のみに心を尽くし、悲しき命をつなぎける。

この岩屋の中に、古き板に書き置きを残し置かれしをやう〳〵字体を探り、読みみるに、遠州の船壱艘漂着せしよし。また、外の古板に、元文三年（一七三八）正月、江戸塩町宮本善八船壱艘漂着せしよし、書き残してありける。また、鍋・釜やうのものと見えて、鉄の腐りたるもあり。人をも葬りたるさまにて、人の屍《かばね》もありける。

その島、いと暖かなる島にて、単物《ひとへもの》にて凌ぎ、冬になりては、鳥の羽を蓑のごとくに造りて着たりける。蠅はおびただしくありて身体に一面に飛びつき、蚊も多くありて、昼夜ともに、岩屋の中に火を焚きて防ぐよりほかに術《すべ》なく、いたく患《うれ》ひける。かく苦しみつゝ、年月を重さぬる内に追々人も死にて、大坂船の人々の内にて七人死したり。活《い》き残る人々も昼夜漁猟に心労して露の命をつなぎ、おの〳〵悲しきことといはむかたなし。

日々打ちよりて歎きけるうちに、心付きたる者ありて、「かく悲しき世に永らひても、このままにては、いつの世にふるさとに帰るといふこともならず。命尽《つ》きる時は、この島にて朽《く》ち果《は》つる[六]よりほかはあるまじ。つねづね神仏に願をかけ、なにとぞ一度日本に渡り帰り、親兄弟に対面せむことを祈るにあらずや。幸《さいは》ひに、薩摩の船にありし鋸《のこぎり》・鑿《のみ》・斧も二つ、山刀《やまがたな》[八]・やすりの折れ一つ・曲尺《かねじやく》[七]一つ・脇差一腰《わきざしひとこし》、取り上げ置きたるからに、これより寄り木を拾ひ集め、鉄をも集め、いかなるさまにも小船を一艘拵《こしら》ひ、運を天に任せ、この島を乗り出だし、神々の御恵みにて日本に帰り、親兄弟に対面せば、日頃の願ひも叶ひて有難きことなるべし。よしや、運尽きていかになりゆくとも、とても朽《く》ちはつべき命なれば、少しも悔むことはあるまじ。おのおのいかに」といふ者ありしかば、人々、「げに尤《もつと》もなり」とそれに極《きは》まり、さて、「鍛冶屋を心得たる者なくては鉄物を造ることなるまじ」といふに、人々の中に久七といふ男、ふるさとにて鍛冶屋の隣家に住み朝夕その業《わざ》を見馴れ、聞き馴れしことありければ、その男に寄り木にて鞴《ふいご》[九]を製《こしら》ひさせたり。

さて、曲りなりにも鞴もできしかば、石を鉄敷《かなしき》[一〇]になして、斧を金槌《かなづち》の代りに使ひ、薩摩の船にありし道具に足らはぬもののありければ、釘抜き一挺に、錐《きり》一本、釘締め[一一]一挺、金槌など打ちたて[一二]、ほかに墨壺[一三]一つ製《こしら》ひしかば、大方の道具は調《ととの》ひて、それより寄り木を心懸けて待つほどに、神の恵みの尊さは、船の底にもなるべき板おのづから浪に寄り来たりければ、これこそ天の与へなれと人々悦び、陸《をか》に引き上げ、船を造り始めしかば、船の造り方を知りたる者の無かりしかば、先づ莚《むしろ》にて仮に船の形を造り、それを形《かた》となして、長さ三尺ばかりに木を以て船を造り、船の造りかたを試み、それより地形を見立てて、小船を造り始めむとせしに、島の囲りすべて岩石嶮岨《けんそ》にて平地稀れなり。東の方に少しの石浜あり。その石浜に入江のやうなる所ありて、その上の方の岡にて船を造り始めたりしが、寄り木をあてに船を造ることなればいかにもはかどらず。

とやかくして三年余りかゝりて、やう〳〵船はできたり。されども、その船を造りし岡より浜辺までの間岩石嶮しくたやすく船を出だし難く、それより浜辺までの路を繕《つくろ》ひか、り、大石の所をば切り通し岩の間に路を付けなどして、多くの日数を経て、路も造り終りければ、山の木の皮を剝ぎて碇綱《いかりづな》・細物《ほそもの》など製《こしら》ひたり。

さて、始めに手本に拵《こしら》ひたる三尺ばかりの小船に書き付けを添へて、岩屋の中にしかと入れ置き、この後この所に漂着せし者の力にもなるべきやうに、と島にゐたりし内のさま、喰物のこと、寄り木にて小船を造りこの島を乗り出でし趣《おもむき》まで、くはしく書き残し、かくて日和《ひより》を見合せ、乗り出だすべし、と船中用意の食物、魚・鳥の干物など調《ととの》ひ、[一四]水持ち四つほど造り、雨水を囲ひ、さて船を浜辺に引き出だし、みなみな乗りけれども、これまで破船せし三艘の船ども、磁石を失ひて持たざりしかば、方角もわからず、ただ日の出入りを見て、東西を考《かむが》ひ、西北を心がけ、風を待ちけるに、南風になりければ、人々悦び、神々を祈り、帆を上げたるに、八里ばかりも走りたると覚えし頃、その島は見えかくれたりける。そのほかにはさらに島山も見えず、人々、一心に神々を祈念しけるに、その風にて五日ばかり走りて、島に着きたり。

この島は、伊豆の七島の中なる青が島なりしかば、人々よろこびにたへず。島人も、懇《ねんご》ろに介抱しける。月日を尋ねしかば、今日は寛政九年（一七九七）巳《み》の年六月十三日なり、と教へられたり。されば、天明七年未《ひつじ》の年霜月《しもつき》より以来十一か年の間、かの無人島に穴住《あなずま》居《ひ》し、魚・鳥のみを喰ひて命をつなぎ、長々しき艱難の住居《すまひ》、思ひやられたり。船人どもは青が島より八丈島に送られ、八丈島より江戸に送られ、御糺《ただ》し済みし上にて、それぞれの国もとに帰られける。

これは偏《ひと》へに神の御恵みなり。この船人どもの長々しき艱難を思へば、いかなることも患《わづら》ひとするに足らず。まして、大工・鍛冶屋もなく、寄り木を待ちて船を造りし心労などを思へば、いかなるでき難きものを造るとも、気長く心を用ひなば、成らずといふことはあらじと思はる。

やむごとなき神の御諭《みさと》し歌に、

成せば成る　成さねば成らず　成るものを成さずに捨つる人ぞはかなき　［一五］

とよみ諭《さと》させ給ふこともありとぞ。

すべて、いかなるものを造り成すとも、ひたすらに心を尽くさむには、神明の冥助《みやうじよ》ありて、成らずといふことよもあらじ。成るものを成さずに捨つるは、いとはかなく、口惜しきことならずや。

野之口隆正〔一六〕といふ人の歌に、

立てそむる　志《こころざし》だにたゆまずば　龍のあぎと〔一七〕の玉もよるべし〔一八〕

とよまれたるも人の志を励ます教へ歌なり。心ある人思はざらめや。

〔一〕一つにまとまって。〔二〕船尾。〔三〕小舟。〔四〕高知県。〔五〕鹿児島県の西部。〔六〕世に出ないままに終ってしまう。〔七〕直角に曲がったものさし。〔八〕流れ寄った材木。〔九〕金属の精錬のために、火を吹きおこす送風器。〔一〇〕鍛冶作業の時、加工物をのせる鋼鉄製の台。〔一一〕隠し釘をうちこむための工具。〔一二〕製作し。〔一三〕大工が直線を引くのに用いた道具。〔一四〕溜め水用の器。〔一五〕つとめて為すならばことは実現するが、為そうとしないならばことは実現しない。実現するであろうことを為さずに捨てるひとは愚かである。類歌に、上杉鷹山（一七五一〜一八二二）の「なせはなるなさねはならぬ何事もならぬは人のなさぬなりけり」がある。〔一六〕一七九二〜一八七一。幕末の国学者。津和野藩士。平田篤胤に国学を、村田春海に和歌を学ぶ。［一七］あご。［一八］目指すところを立てて、たゆまずつとめ続けるならば、龍のあごの玉でさえも取ることができるであろう。

16 鮭を捕りし人の事

若狭国［一］小浜《おばま》の近所に、尾崎村の吉右衛門といふ者ありけり。つねに網を打ちて魚を捕ることを好みしが、小浜のあたりに吉江川といふ川ありて、秋になれば鮭の魚上り来るを、里人これを捕へて小浜侯へ献上する古例にて、七月晦日《みそか》の夜より八月上旬までに三度奉るとぞ。始めて捕りたるを一番鮭といひて献上せし者へは、領主より米壱俵を下し賜はる定めにて、三番鮭まで奉るとぞ。

ある時、七月晦日に、大きなる鮭一疋《びき》、かの吉江川を上るを、尾崎村の吉右衛門といふ男見付けて、その鮭に網を打ちて捕らまし、と岸に沿ふて川上に登りゆくに、ほどよく網打つ所もなく、やゝその鮭を追ひゆくほどに、かのいはゆる鹿追ふ狩人山を見ずの類ひにて、つひに鮭を追ひつゝ三里ほど川上まで登りゆき、日は暮れて、その鮭をも見失ひたり。

その所は山奥にて、狼多く住みて、怖ろしき所なり。その男、いと淋しく、怖ろしくなりたり。ここに、鮭の宮といふ神の宮あり。そのあたりより奇《あや》しき人壱人現はれ出でて、吉右衛門にいふやうは、「われは、今日汝《いまし》に追はれて上りきつる鮭なり。汝《いまし》、われを捕らむとして日の暮るゝも知らず、この山奥に追ひ来たり、今に狼のために喰ひ殺さるべし。われ、汝《いまし》が命を助くるほどに、今夜ここなる鮭の宮に宿るべし。われ宿直《とのゐ》して守らむ」とて、その人にともなはれ、鮭の宮に宿りける。

　その人いふやうは、「わが身、鮭の魚なるが、毎年七月晦日の夜には、この鮭の宮に参詣すべき定例にて吉江川を上るに、汝《いまし》が里の人々は吉江川に梁《やな》[二]をかけ、網をはりなどして、われわれが通路を塞《ふさ》ぎ、わが群れを悩ます。今晩汝を助くるからには、われは、汝《いまし》がためには命の親なり。されば今より後は鮭を捕ることを止《や》め給へ。また里人にも、七月の晦日の夜には梁をかけさせ給ふべからず」といはれて、吉右衛門は身の気よだち、怖ろしく思ひ、以来は堅く鮭を捕るまじきよし、誓ひける。かくてその人、紙と筆を出だし、命の親たるによりて、この後鮭の魚を捕るまじき趣《おもむき》を、吉右衛門に認《したた》めさせ、証文を取られける。吉右衛門は、その人の蔭《かげ》にて、狼の難を遁《のが》れ、つつがなくその夜を明かし、翌日家に帰りける。

　それより、網打つことは止めたりしが、翌年の七月晦日になりければ、また欲情起り、一番鮭を捕りて、領主へ奉り米壱俵を得むものをと、去年の証文の誓ひを破り、吉江川に待ち網かけて、大きなる鮭を捕らひて領主に奉りしかば、定めのごとく米壱俵を下されたり。領主にて、料理番の役人その鮭を切りたるに、腹の中より証文一通出でたりける。披《ひら》き見るに、尾崎村の吉右衛門が去年七月晦日の夜に認《したた》めたる証文なり。そのこと御糺《ただし》になり、吉右衛門証文を破り、たとへ魚なりとも命の親を殺しては、親殺しの罪に定まり、領主より厳命ありてその男は、吉江川の河原において死罪に行はれたりとぞ。

［一］福井県西部。［二］木を並べ、流れをせきとめ、魚をとるための仕掛け。

奇談雑史　巻三

1六歳の女子の歌の事

昔、京都より、六歳になりける女子の人に勝《すぐ》れて賢きを撰び給ひ、やむごとなき御方の御側の御相手として、吾嬬《あづま》の国の大江戸に下りてありけるに、恋といふ題にて歌よめと仰せ言ありければ、

見しことの　なければそれとしらねども　忘られぬをや恋といふらむ[一]

とよみける。

また、時鳥《ほととぎす》といふ題にて歌よめと仰せ言ありければ、

子はあづま　父は都の雲居路に　待つほとゝぎす　鳴くほとゝぎす[二]

とよみて奉りければ、都の父を思ふまごころの歌をめでさせ給ひ、その六歳の女子を都の父のもとに返し給ふとぞ。

［一］見たことがないのでそれとははっきり知らないけれども、忘れることができないことを恋というのでありましょう。［二］父は都の遠い雲居にあって江戸にある子の帰りを待って鳴き、子は父を思いやって鳴いているほととぎすよ。

2遊女の歌の事

昔、京都に生れし女、故ありて吾嬬《あづま》の国大江戸の隅田川のほとり吉原の郭《くるわ》に身を売られ、川竹の流れの身となり、身のうきふしを歎きて、

都鳥　馴れぬあづまに隅田川　浅き流れに浮かぶ瀬もなし

とよみける。

この歌、密《ひそ》かにやむごとなき御あたりへ聞えあげさせられ、げにもあはれなるまごころぞ、とて財《たから》を給はり、身請けして、都の親のもとに返させ給ひける。

［一］遊女の身の上。［二］馴染みのない江戸に住む都鳥は、隅田川の浅い流れの苦しみから遁れるすべもなくていることよ。

3朱楽菅江が妻の歌の事

昔、大江戸に朱楽菅江《あけらかんこう》［一］といふ狂歌師ありける。さる婦《をんな》のもとに通ひて、そこばくの財《たから》を散らし、つねに家に帰ること稀れなりしかば、その妻夫の操《みさお》の乱れを歎きて、

とてもその　うちは野となれ山桜　散らずばねにも帰らざらまし［二］

と一首の歌をよみて、短冊に書き、閨《ねや》の戸口に張り置きけるを、その夫家に帰り、その歌に感じ、身の行状を改めたりとぞ。

［一］一七四〇～一八〇〇。江戸時代後期の狂歌師・戯作者。幕臣で本名は山崎景貫。［二］いっそのことわが家は荒野となるほかはない。山桜も散らなければ根に帰らないであろうから。「根にも（寝にも）」。

4 鯛屋貞立が狂歌の事

昔、奈良の都の跡に鯛屋貞立[一]といふ人ありける。この人の家は先祖の代より奈良の油煙《ゆえん》墨《ずみ》[二]を製して朝廷に奉る家なり。ある時、貞立が、

月ならで　雲の上まですみのぼる　是《これ》はいかなるゆえんなるらむ[三]

とよみける。

この歌、叡聞に達し、朝廷より、貞立に油煙斎といふ号《よびな》を下し給はりける。

[一] 油煙斎貞柳（一六五四〜一七三四）。狂歌中興の祖。[二] 油煙を膠《にかわ》で固めて作る毛筆用の墨。[三] 月がないのに雲の上まで澄みのぼるのは、どんないわれがあってのことであろう。「澄み（墨）」「所以（油煙）」。

5 金に逃げられし人の事

昔、相州大住郡某《なにがし》の村にいと貧しき男ありける。生れてより小判といふ金を壱両手に持ちたることなく、これを恨めしく思ひ、なにとぞして小判壱両一度わが懐中に入れてみばやと、夫婦ともに心を合せ、夜昼無しに家業をいそしみ稼ぎければ、やう〳〵小判壱両[一]始めて手に入りたりけり。故《かれ》、その小判にわが名をしるし、枡に入れて神棚に供へ、神《み》酒《き》・肴《さかな》を供へ祝ひける。

かくて夫婦ともに祝ひの酒に酔ひ、そのまま寝臥したりしが、その夜の夢に、かの小判、人の形に化《な》りて、主人に告げて曰く、「われは汝《いまし》が得たる小判なるが、汝《いまし》が家にはをらず。ここを立ち去りて、武州[二]八王子町の某《なにがし》が家にゆくなり」といひて立ち去ると見て、夢さめける。

主人起きて神棚なる枡を見れば小判は無し。主人思ふに、さてこそわれはよくよく金に疎《うと》まるゝなれ。たま〳〵得たりし小判にも逃げ去られしか、さるにても、夢の告げにも、ゆく所を慥《たし》かに告げ置きたれば、八王子町の某《なにがし》が家にゆきて尋ねみばやと思ひ、その所に尋ねゆきたるに、その家はいかめしき富家《ふうか》なり。

その男、しか〳〵のことにて尋ね参りしといふに、その家の主人もいと不思議に思ひ、昨日といふ日に、江戸の問屋より仕切り[三]の金百両包み一つ来たりしよりほかに金子の来たりしこともなし。さらば、それをあらためてみむとて、やがてその金百両包みの封じを切りて改めみるに、金百両あり。

その男いふやうは、「その百両にあまる一両の金こそ、わが金のこの家に逃げ来たりしなるべけれ、わが金にはわが名を書きしるしてあり、改め給へ」といふに、主人つら〳〵[四]見るに、その男の名印ある小判壱両ありければ、主人は、その一両の小判をその男に返し与へむとするに、その男さらに請《う》けず。とてもわが身に授からぬ金なれば、尊ぶに足らず。その金に用なしと思ひあきらめ、金を請けずしてそのまゝ、帰らむとするに主人曰く、「もはや午《うま》の刻（正午）に近ければ、昼飯を与へむ」といふに、それもいまだ欲しからずといひて断りければ、「さらば途中空腹の用意に握り飯を持ち給へ」とて、小さき握り飯四つ造らせ、その中に密《ひそ》かに小粒金を壱分づつ都合《つがふ》壱両造り込ませて、その男に賜はりける。

その男は、かくとは知らず、その握り飯を貰ひ袂に入れて某の家を立ち出でたりしが、村はづれの畑に、大家の奉公人・奴僕と見えて、若き男ども四人、畑をかへして休みゐたり。かの男その所に立ち寄り、莨《たばこ》の火を借り、袂なる握り飯を四つ取り出だして、その男どもにみなくれてゆきたりける。男らは、幸ひに腹も空しくなりたれば、その握り飯を喰ひけるに、中よりおのおの壱分金一つづつ出でたり。下人どもにはかに不意の金子壱両手に入りければ、これこそ天の与ひなれと悦ぶことかぎりなく、今より家に帰り、主人に暇《いとま》を乞ひ、酒飲みして楽しまむとて、男どもは仕《し》業《わざ》をやめて家に帰り、主人にそのよしを告ぐれば、主人手をうちて感じて曰く、「その握り飯こそ、先に小判の金に逃げられしとてわが家に尋ね来たりし相模[五]の人に与へたるわが家の握り飯なり。現に金を返し与へむとしても、辞して請けざる故に、握り飯の中に入れて与へしを、それだにわが召仕ひの汝らにくれてゆきしとは、よく〳〵金に疎《うと》まれたる人にて、あはれむべきことなり」とて、跡よりすぐに米三俵を馬に負はせて、相州のその男が家に贈り給はりける。

主人はわが家の幸福を祝ひ、かの男の貧をあはれみて、毎年米三俵づつ永く賜はり、かの男は無欲の恵みにて永く福を得たるなるべしとぞ。

［一］つとめはげんで。［二］東京都・埼玉県・一部神奈川県。［三］売り主が買い主から受け取る代金。［四］念を入れて。よくよく。［五］神奈川県の大部分。

6 銭に飛び去られし人の事［一］

昔、唐土《もろこし》県業［二］といふ所に刑《けい》氏といふ貧者ありける。夫婦ともに怠《おこた》りなく、家業をいそしみけれども、銭弐貫溜《たま》れば家に病人でき、あるいは不意の難渋事《なんじふごと》できて、散財し、銭の溜ることは絶えてなかりける。

その妻なる婦《をんな》それを恨めしく思ひ、集まる銭を、密《ひそ》かに地を掘りて土中に埋め置きたるに、ある夜、虫の鳴く声して、地より飛び出だし、戸窓に突き伏して落ちたる音のしければ、それを怪しみ、夜明けに見れば、戸窓の下に銭いさゝかこぼれてあり。さて、先に銭を埋め置きし所を掘り起してみるに、銭はみな無し。飛び去りて、逃げたるなるべし。この人、かくのごとく銭にはいたく疎まれて、地に埋めてだに飛び出だされて、わびしく過ぎにける。

しかるにその後、亀の形の自然石を一つ得て、庭なる柘榴《ざくろ》の樹の下に置きたりけるに、さる物識人《ものしりびと》来たりて、その亀石を見て曰く、「この石こそ宝物なれ。かくして置くべきものにあらず。はやく筥《はこ》の中に秘め置き給へ」といふによりて、それより、その亀石を筥の中に納めて家の宝と秘蔵しければ、その後は、銭も散ることなく、やゝこと足りて、後に大いに富み栄えたりける。『史記』[三]亀策伝[四]に、「よく亀を名《めい》するを得ば、財物家に帰し、必ず大いに富むること千万なり」といはれたるは、よくかなへり。されば亀石は宝とすべき物なりとぞ。

[一] 中国の怪奇小説である徐鉉(九一六~九九一)の『稽神録』に基づく。[二] 呉の国都の建業か。南京付近。[三] 黄帝から前漢の武帝までの中国の歴史書。司馬遷著。紀元前九一年頃成立。[四] 巻百二十八。亀卜の方法について記す。

7 唐土鵝鳥の事

昔、唐土に平固人といふ人ありける。この人、親しき友人の家にゆきて、一夜宿りけるに、夜半と思ふ頃、閨《ねや》の中にて聞くに人の物語る声あり。つら〳〵起き立ちて聞けば、その家に飼ひたる鵝鳥といふ鳥ども群れゐて語りけらく、この家の主人、明日はわれを殺さむとする心なり、よく〳〵わが子を見むといふこと、しきりなり。平固人密《ひそ》かに思ふに、「さてもあはれなるものなり」とまた恐ろしく思ふほどに、夜も明けたりければ、主人に暇《いとま》を告げて帰らむとするを、主人とどめていひけらく、「わが家に肥《こ》えたる鵝鳥の飼ひたるあり。今朝これを殺して饗応するほどに待ち給へ」といふに、平固人、その夜のさまをつぶさに[一]主人に告げ語りければ、主人驚きて鵝鳥を喰ふことをとどめたり。そのことを聞きて、その里の人々みな鵝鳥を喰ふことをとどめたりける。

［一］細かに詳しく。

8 殺生を止めて齢を延し人の事

昔、津の国郡山のあたりの村、岩の庄といふ所に富みたる人ありける。十二、三歳の男の子ありけるを、その父、京都に連れゆき、その頃京にて人相を見ることに達したる郭塞翁といふ人に見せけるに、翁その子の相を見て、「この子の齢《よはひ》十九歳に限るべし」といふに、その父大きに歎きて、「のがるべき法もあらむや」といふに、翁答へていひけらく、「強《し》ひて行はゞ、無[二]きことも侍らねど、え行はじ」。その父また曰く、「たとへ家を傾くるほどの財をまゐらすともいとはじ。ただこの子の齢をのぶる法を教へ給はれ」と乞ひしかば、翁答へて、「われを金銭を貪る者とや思ふ。さる心にては教ふるとも行はじ」とてふたたびものいはず。

その父、せむすべなく旅宿に帰りしが、ただこのことのみ患《うれ》ひて、またふたたび翁のもとにゆきて、そのあやまちをわび、せちに乞ひければ、「さらば教へむ、ほかのことにはあらず、そのありさまをきくに、その家、村里の中において富みたるからに、ほかに何も好み、たのしむことなく、暇あるまゝに漁猟を遊事とし、活《い》くるものを多く殺したるなるべし。これぞ若死の基《もとゐ》なる。もしこの後かたく殺生を慎しまば、寿《いのち》の限りをのぶべし。このほかにすべ無し」といへり。

それより、この人ふつに殺生を止《や》めたりしが、その子十七歳の時に、その父はみまかりぬ。いまはの際に父がいふやうは、「われ汝に先立ちてみまかり、汝が死を見ざることの嬉し」といふてけり。

さて、その子十九歳になりたる年に、ある夜、頭割るゝがごとく痛み、苦しきことといはむかたなし。この時、かの郭塞翁がことを思ひ出し、今夜死すべしと思ひ定めしが、夜の明けゆくまゝに頭の痛み軽みて、朝になりその痛み全く止みぬ。閨《ねや》を出でしに、家内の人々その人の皃《かほ》を見てしきりに笑ひしかば、みづから驚き、鏡に写して皃を見れば、その面《おもて》、左の方にゆがみて、世にあるまじき形となりにける。「こは死ぬる代りなり」と思ひさとりて、医療を加へず、その姿にて過ぎにける。

その人、五十三歳といふ年になりて、さる人に皃《かほ》のゆがみたる故《ゆゑ》よしを問はれて、そのことつぶさに物語りしければ、問ひし人のいふには、「さては、今も堅く殺生を慎しみ給ふらむ」といへば、その人答へて、「そのことに侍《さぶら》ふ、いつともなく心ゆるびて、この近き年頃は、また〳〵をり〳〵漁猟して殺生なすは、外《ほか》に何もたのしむことなければなり」といふに、「それは悪しきことなり。さばかりあらはに験《しるし》も見えて、父もまた、いましめ給ふものを」といさめてその人は帰りける。

怪しきことには、その夜かの皃のゆがみたる人頓死《とんし》したりける。これは、その身の、殺生をいましめたるをまた破りしことの、「げにも」と罪に伏したる所にて、天刑[三]を示し給へるにや。公にて刑罰し給ふにも、その者罪に伏して後に行はせ給ふよしなり。これにつけても、殺生は短命の基《もとゐ》となり、ものの命を助くるは陰徳にて、齢をのぶる種なるべし。

[一] さしあげる。進上する。 [二] 天の与える刑罰。

9 大亀を助けし人の事

昔、唐土に宋氏といふ人ありける。浜辺を過ぐるに、人の多く集まりて騒ぎゐたるを怪しみ思ひ、立ち寄りてみるに、漁人ども、一つの大亀を捕《とら》ひて苦しめゐたり。その亀、宋氏が貌《かほ》を見て涙を流し、しば／＼ふり返り見るさまなりければ、宋氏は銭一千文を出してその亀を買《あがな》へたり。やがて水中に放ちて亀の命を助けてけり。

その後、年を経《へ》て、宋氏、流沙川といふ川に船を浮べて泊りし時に、たちまち怪しき人壱人来て、「この所の長たる人、君を召し奉るによりてわれとともにゆき給へ」といふに、宋氏はいづれの長たるも知らざりしが、その人にともなはれてゆきてみるに一つの官府あり。役人は出迎ひてともに座し、「君はわれを知るや」といふに宋氏は絶えて知らぬ人なりき。その人また曰く、「君は昔、某《なにがし》の浜辺を過ぎし時に、漁人のために大亀の捕らひて苦しめられたるを助けて、放ちたる覚えありや」といふに、宋氏、「そは覚えたり」と答ふれば、その司人いひけらく、「わが身、すなはちその亀なり。その頃われ罪ありて、天帝の命を蒙り、流しものにせられて水族となり、漁人のために捕らひられ、君が恵みによりて命助かり、今は、九江の長となることをえたり。今日君をここに召すは、君が子 某《なにがし》、水に溺れて死すべきこと、この名籍にしるしてあり。この後、日数を経れば、某《なにがし》の山の神、廬山〔二〕といふ山に出でます時に、御使ひの神のゆくに、疾風《はやて》の風を起こし大雨を降らす。君が子、この時に当りて死すべし。また、ほかにさる人壱人、姓名正しく溺死の名籍にしるしてあり。その人、同じく水に溺れて死すべし。されど、君が子某《なにがし》と、かの人とは、溺死の年月前後の違ひあり。われその人を捕りて、君が子に替へて助けむ。君が子早く岸に登り、遠ざかり、隠れ給ふべし。さなくば死を免れじ」と教ふ。宋氏は、厚く礼儀を述べて、外に出でたりと思ふに、覚えずして、[三]わが船の中に泊りてありける。

宋氏は、不思議の思ひをなし、その後、船より岸に登り、夢の告げをその子に教へ、その所を遠ざかりければ、日数を経《へ》て、大雨・大風吹きて、水に溺れ死したる者多かりき。宋氏が子、あらはにその教へによりて死を免れけり。

[一] 江西省北部の山。[三] それと知らないうちに。いつのまにか。

10泥亀を助けて疾の癒えし事

痔疾《ぢしつ》を悩みける人ありしが、ある人来たりて教へて曰く、「痔疾には泥亀《すつぽん》を喰へばたちまち治《ぢ》す」と。その人病苦堪へ難く、泥亀を買ひ求めたるに、いかにも殺すに忍びず、喰ふ心はなく、その泥亀に向ひていふやうは、「われ痔の疾《やまひ》に苦しむところ、汝を殺して食すれば治すると教へられしが、汝を殺すこと道に背けり。われ、汝を助くるによりて、汝心あらば、わが痔の疾《やまひ》を治すべし」とてその泥亀を放ち助けければ、痔の疾忽《たちま》ち治したりける。
○また、近き頃、京都にて、さる人三人連れ立ちて、泥亀を喰はむといひ合せ、そを売る商人の家にゆきたるに、壱人門をさし入る[一]より、にはかに心替り、「われは喰ふまじ」といひしに、二人もまた、「げにも」とて連れ立ちて出でたり。さて帰るさに、「なぞも[二]にはかに喰ふまじき心にはなりたるや」と問ひしに、その男、身をふるはして、「われ立ち入り見れば、泥亀火炉《こたつ》に入りて寝てゐたるが怪しく、よく見れば、その家の亭主なりしほどに、恐ろしくなりたり」といひしに、ほかの二人も、「そよ[三]、われわれも同じことにてありしが、「喰ふまじ」といひ出でしかば、いと嬉しくてとみに[四]応じたるなり」と語りあひ、この後は永くこのものを喰はずなりにける[五]。

[一] なかに入る。[二] どうして。なぜ。[三] そうなのだ。[四] ただちに。急に。[五] 伴蒿蹊『閑田耕筆』巻三に準じている。

11医者著述の書を止めたる事

昔、賢き名医ありて、鳥獣虫魚すべて活きものの主治《かうのう》[一]を経験し[二]、その能毒[三]を発明し、古人未発《みはつ》のことどもをさとり得て、一部の書籍に著述し、あまねく世に弘め、治療の助けになさむと、草稿を成したりける。

しかるに、その人の弟子なる医者某《なにがし》、頓死《とんし》したるが幽霊となり、師のもとに現はれ出でていひけらく、「われ、今この世をまかり、幽冥の霊となりたるに、幽界にて、鳥獣虫魚の類ひ群れ集まりて語るを聞くに、こたび師が撰び給へる書の、世に弘く行はる、時は、世人あまねく鳥獣虫魚活きものの主治《かうのう》を知りて、人ごとに活きもの・有情のものを多く捕らひて殺さむことを、幽界にて、かの活きものの群れどもいたく歎き、師を恨み、憎みて、師が身に禍ひせむことを議《はか》りぬ。われ、そのことを聞くに忍びず。師、はやくかの書を撰ぶことを止《や》め給へ。しからずば、諸人にあまねく殺生の悪業《あくごふ》を勧《すす》むる道理にて、罪なれば、かの活きものの群れども、必ず師が身に禍ひせむ。もしさなくば、師が子孫に禍ひか、るべし」と教へて、その形消え失せける。

師、そのことを聞きて、驚きに堪へず、すみやかにその書の草稿を火中し、さらにまた、草根木皮の主治《かうのう》をくはしく述べて、活きものの主治《かうのう》に替《か》へて世に施しければ、その禍ひ免れたりける。殺生の罪なること、深く思ふべし。


［一］効能。作用のぐあい。［二］実験。［三］ききめや毒性。

12 水の涌き出でし石の事

昔、富士山の麓の里に、大雨降り、山崩れ、砂石流れ出し、人家多く潰《つぶ》れたることありしが、その流れ出でし砂石の中に、奇石一つありて、道のかたはらにありける。

その石に小さき穴一つありて、つねにその穴に水溜《たま》りてありしかば、所の人々、夏の日その所を過ぐるに、その水を飲みけるに、はなはだ冷水にて飲み尽くせばたちまち溜り、つねに水の絶ゆる事なかりしかば、さる人、その石を荷《にな》ひゆきて手水《てうづ》鉢となして使ひけるに、水の尽くることは絶えてなかりしかば、いよいよ不思議に思ひ、この石の中には何かもののあるならむとて、その家の子、その石を砕きてみむとするに、その父、かたく止めけるにその子聞かず、父の留守をうかがひ、斧を以てかの石を割りてみたるに、石の中よりその色赤き栗虫《くりむし》といふ虫に似たるもの、一疋《ぴき》出でたり。手にのせて、しばし見てゐたるに、その虫大きなる光りを放ちて、大空に飛び去りける。

これは全く、龍の潜《ひそ》める石なるべくして、龍の天上すべき時節の至れるなるべし。

また、房州[一]某《なにがし》の浜辺にも、つねに水の涌き出づる石ありけるを、さる寺の法師が手水石に乞ひ求めて庭にすゑ置きて使ひしが、夏の日、大村雨《むらさめ》降り、震動雷電して、黒雲舞ひ下り、その石微塵に砕け、その中より龍の形せるもの現はれて、天上したりける。

［一］千葉県南部。

13 男根石の事

下総国印旛《いんば》郡大田村といふ所に宮間某《なにがし》といふ旧家あり。昔、その家の主人、紀州熊野〔一〕詣《まう》〔二〕でにゆきけるに、その路次にて、はきたる草鞋《わらぢ》の間に小石一つ自然とはさまり、足の裏痛みければ、それをふりはたくに、またしもはさまりしかば、怪しく思ひ、その石を手に取りて見るに、男根の形せる小石なり。こは奇石なり、と腰に付けたる火打ち袋に入れて持ちあるきしが、旅中にてその石やゝに成長し、帰国の時には、火打袋をはり裂くまでに長大になりしかば、一つの宮を造りて、それに祀《まつ》りて置きければ、その板宮の屋根を突き抜くほどに育ちける。

その家、法華宗にて、家の後ろに三十番神〔三〕の宮ありければ、その宮の中に、かの石神の小宮を同じ殿に祀りたりしが、その夜の夢に、神の御告げありて、「われは、三十番神なとどいふ卑しき神と同居すべき神にあらず、わが宮をば、この家の前に造りて祀るべし」と御さとしありければ、やがて家の前に宮を造りて、斎《いは》ひ祀りたりける。

その後もその神石いよ〳〵太く、長く育ち、今は、その長さ五尺余りになりて、子の無き婦人、この神に祈れば必ず子を授け給ふといひて、諸国より参詣の人々、来拝することなり。この家、後ろに三十番神の宮ある前に、石神の宮ありて、宮と宮との間にあるを以て、宮間氏と名のるよし。佐倉の城下より一里南にある里なり。
また[四]、同国葛飾郡上飯山満村、林氏の氏神も、男根石の自然石にて、こも漸々《やくやく》に成長するなり。

［一］和歌山県・一部三重県。［二］熊野三所権現に参詣すること。［三］法華経守護の三十神。三十日間交替で国土を守護する。［四］巻九11「信州根津明神の事」参照。

14生祠堂に酒を供へし事

昔、唐土《もろこし》に狄人傑《てきじんけつ》[一]といふ人あり。魏の国の刺史[二]となりて、政事《まつりごと》を司り、下民をあはれみければ、下民その恩徳を忝《かたじけな》み、刺史のために生祠《せいし》堂《だう》[三]を建て、その人の生霊《いきりやう》を祀《まつ》り、御酒・肴を供へて拝しける。その日に当りて、刺史、朝廷に出でければ、その兒《かほ》酒に酔ひたる色あらはれける。天后[四]これを見給ひて、その人の、もとより酒を飲まざることをしろしめしければ、怪しみて問ひ給ふに、刺史つぶさにその状《さま》を答へける。よりて天后、人をしてその生祠を見せしむるに、はたして酒を供へてありけるとぞ。

また近き頃、江戸にて、石河某殿《なにがしどの》[五]、知行の民をあはれみ、仁政を行ひければ、知行所の名主[六]たる人、その殿の生祠に、酒を供へて祀りたりける。はたしてその殿、酒飲み給はずして、その兒に酒飲みたる色をり〳〵現はれけるを、怪しみ給ひ、尋ね問はせ給ふに、その知行所河内国[七]某《なにがし》の里の名主たる人、その殿《との》の生祠に酒を供へて祀りたること知られたりしが、御登城の節、御殿中にて酒気兒に現はれてはよろしからざれば、酒を供ふることを停止せられけるとぞ。

[一] 唐の高宗・中宗・睿宗に仕え、裁判官・地方官として善政をほどこした。[二] 唐の州知事。[三] 生きているうちに人を神として祀ったやしろ。[四] 則天武后（六二四?～七〇五）。唐の高宗の皇后。六九〇年からみずから即位した。[五] 支配する領地。知行所。[六] 郡代・代官の支配を受け、その下で、民政を行う役人。身分は百姓。[七] 大阪府東部。

15加州金沢菊酒の事

[一]加州金沢の城下尾張《をはり》町といふ所に木具屋《きく》某《なにがし》といふ大家の酒造家ありける。昔、元禄（一六八八～一七〇四）の頃、その酒店に来たりて、枡の角《かど》より一升づつ酒を飲む人ありける。

その家の主人、そのよしを聞きて、それは珍らしき酒飲みなり。その人また酒飲みに来たらば、酒を飽《あ》くまでまゐらすべし、と召し仕ひの人々に申し付けて置かれしにはたしてまたその人、酒飲みに来たれる。

人々いふには、「今日は、御客人には酒を飽くまでふるまひ申せ」と、主人の申し付けなり。心置きなく飲み給へ」といふ。「しかしながら〔三〕、何ほど飲みて飽くべし」と問ふに、その人答へて、「そは忝《かたじけな》し。われかくまで酒好きなれど、いまだ飽くまで酒を飲みしことなければ、何ほど飲みて飽くべしともはかり難し」といふ。さらばとて、まづ酒壱斗を桶に入れ、枡をそへて出だしければ、その人枡の角《かど》より飲むほどに、すでに一斗の酒を飲み尽くしたり。人々いふには、「まだ給はるべきか」と問へば、「下さるならばまだ食べたし」といふによりて、また壱斗出だしたり。それをも飲み尽くし、都合《つがふ》四斗五升飲み、「これにて飽きたり」とて止《や》みぬ。

かくて、礼を述べて、その人立ちゆきぬ。跡より遠目に人を付けて見せしむるに、町はづれの松原にゆきて、倒れ伏し、正体なく見えたり。しばし見てゐる内に、その酔人の口より小さき瓢《ひさご》の形せるもの出づると、また咽《のど》に入《い》るもし、出《で》もしける。そのさまを見とどめて、その者家に帰り、主人にそのよしを告げければ、主人も怪しきことに思ひ、さらばわれもゆきて見むとて、やがてその松原にゆきて見るに、まさしく瓢の形のもの、口中にありて出入りする故に、口に手を入れて、取り出だし見るに、瓢の形のものなり。

さて、その中に酒あり。主人不思議に思ひ、家に持ち帰り、その瓢を傾けて中なる酒を滴《た》らしみるに、小さき瓢の中よりかぎりなく酒出でて、全く四斗五升出でたりける。人々思ふに、かかるものの腹の中にあればこそ、四斗五升の酒は飲みけれ。さなくては、いかでその酒の腹中に入るべくもあらじとて、その瓢をば、家の宝として秘蔵しける。

さて、かの酔人は、酒醒めて家に帰り、その後、また木具屋の酒店に来たりて、過ぎし日は飽くまで酒賜はられ、まことに忝しとて、礼を述ぶ。人々、今日も酒まゐらせむといふに、その人答へて、「過ぎし日、飽くまで酒を食べし故にや、その後は酒の匂ひを嗅ぐだに、忌まはしくなりて、一口飲み難く、いよ〳〵嫌ひになりぬ」とてそのまゝ帰りける。されば、かの瓢を吐き出だせしからに、酒は嫌ひになりしなるべし。

かくて、かの瓢を大桶の酒の中に入れて試みるに、一夜の中に、桶にある酒残りなくみなその瓢に入りにける。また、その瓢を逆さまにして酒を出だすに、入れたるほどの酒はみな出でける。一度《ひとたび》この瓢の中に出入りせし酒は、味うまくなり、少し色もつきて、永く味かはることなしとぞ。加賀の菊酒といふは、ここより出づる銘酒なりとぞ。

「一」石川県南部。［二］そうではあるが。

16　石を吐きし人の事

文化（一八〇四～一八）の頃、下総国銚子近在に酒好きなる男ありける。家貧しくて、酒飲むことも心に任せず。その村長の仕人《つかへびと》となり、銚子の町に酒買ひにやられ、酒樽を持ちて帰る途中にて、その酒を飲みたく思ひ、酒樽の口を抜きて、まづ匂ひを嗅ぎけるに、つら〳〵思ふに、この酒は今日村長の家にて役人らの飲む酒なり。おのれ私《わたくし》に飲みては悪しかるべし、と忍びけるに、その時咽より小石のごときもの出でて、酒樽の中に落ち入りしが、そのまゝ樽の口をさして[一]持ち帰りける。

さて、村長某《なにがし》、酒を出ださむとして樽を傾くるに、酒はいさゝかになりて、小石一つ中にあり。使ひの男に、いかゞせしぞと問ひ糺《ただ》すに、その男つゝみなく物語りして、しか〳〵のわけにて、わが咽より小石のやうなる堅きもの出でて、樽の中に入りたるを、取り出だすことなり難く、そのまゝ持ち帰りしのみなり、と語りき。人々聞きて、この石こそ酒を吸ふ石ならめとて、その小石に酒を灌《そそ》ぎみるにたちまち酒を吸ひほしける。さてその男は、石を吐き出だしてより、酒はふつに嫌ひになりける。

その頃、銚子の町に、奥州人にて医者一人寓居せしに、かの石を貰ひてゆきたりける。その石より酒を取る術《すべ》ありて、限りなく酒の出づるものなりとぞ。

[一] 蓋をして。

17 神酒を減少せし僧の事

江戸にて、さる所の八幡宮の別当寺[一]ありて、昔より毎日、神酒《みき》壱升づつ神前に供へ奉る古例なりしが、別当[二]たる僧吝嗇《りんしょく》なる者にて、毎日一升づつ奉る神酒を半減にして、五合づつ奉れば、一年中には多分の徳なり。一升づつ供ふるは費《つひ》えなりとて、一日に五合づつ供へける。かくてより後は、参詣人も半減になり、奉納物・賽銭などもことごとく半減になりて、万事足らず、貧しくなりける。

別当なる僧、はなはだ驚き、神意を畏《かしこ》み、己《おの》が過ちを悔やみ、神に御詫《わ》びを申し、もとのごとく毎日一升づつ神酒を供へしかば、参詣人ももとのごとく多くなり、奉納物・賽銭も多くなり、万《よろづ》にこと足り、賑ひける。

されば、神の供物を減少するは非礼の至りなり。すべて神事に倹約といふことは無きことにて、倹約は下人《げにん》の業《わざ》なり。

[一] 神社に付属し、神社を実質的に運営した寺。 [二] 別当寺を支配し、総務を司る僧職。検校に次ぐ。

18 親の霊に酒を供へし人の事

下総国埴生《はむふ》郡松崎村に菊右衛門といふ人ありける。またその友人に、喜和右衛門といふ人ありて、両人ともに酒を好み、つねに互ひに睦まじく酒を飲みあひけるに、菊右衛門は病にかゝりて先に死したり。それより三年を過ぎて、喜和右衛門も病の床に臥したり。ある日、床の内にて、何か他《ひと》と応対するごとく長々しく、物語りするさまに聞えければ、その人の子なる男怪《あや》しみて、父が枕のもとにゆき、何を長々しく独りごと宣《のたま》ひし、と問へば、父がいふやうは、「ただ今、わが睦まじかりし友人の菊右衛門が来たりて、「わが身は、三年前にこの世をまかり、今わが住む冥土《めいど》は、いと楽しき所なれば汝を迎ひに来たりし」とてしきりにすすめけるほどに、「われは酒飲みたさに、今この世を去りて冥土にゆく心はなし」と答へしかば、「冥土にも、酒も肴《さかな》もありてこと欠くるわけはなし。されどもさのみ酒を飲みたしと思ふ心はなし」といひて形消えぬ」と語りければ、その子なる男、不思議に思ひ、やがて菊右衛門が家にゆきて、そのことを語りけるに、その家の子なる男、答へて曰く、「わが父菊右衛門は、三年前にみまかりたるが、つねに酒好きなる故に、いまはの際に遺言して、「われ死なば、七月の盆棚[二]結ぶにもおよばず。ただ酒を手向《たむ》けくれよ。これのみわが頼みなり」といひ遺されしかば、父が死して後は、位牌に酒・肴を時々供へる故に、冥土に供物届きてかくはいひしなるべし」と語りき。

かくて喜和右衛門も死したりければ、その子も、父が位牌に怠りなく酒・肴を供へけるとぞ。人の子たる者、父母の霊に手向《たむ》けすることかくありたきことなり。

［一］七月の盆に霊前に作る飾り棚。

19 人を助けし盗人の事

昔、江戸にて、さる盗人、盗みせむとて人の家に忍び入り、土間のかたはらなる縁板の下にかゞみゐたるに、奥の方より人の足音して、その所に来たるさまなりしかば、縁の下になほ身を縮めて隠れゐたるに、その家の主人、縄を持ちて出で来たりければ、盗人は、われ隠れゐたるを知りて、縛《しば》る心ならむか、と見てゐるに、さにはあらで、その縄を梁《はり》にかけて、首を縊《くく》り死なむとする身構ひなりければ、その盗人見るに忍びず現はれ出でて、「わが身は盗賊にて、忍び入りたる者なるが、御身いかなれば、首を縊りて死なむとし給ふぞ」。主人答へて曰く、「われ今金三両無くては、この世に活《い》きて居《ゐ》難《がた》きことのはべれば死ぬるなり。かまはずと捨て置き給へ」といふに、盗人いふやう、「はやまり給ふな。われ盗み取りたる金子少々あり。金三両給はるべし」とて、懐中より金子三両出だして、給はりけるに、主人いたくよろこびて、その金子を貰ひ、命助かりける。

そののち、かの盗人さる所にて召し捕《と》られ、公の御糺《ただ》しにおよび、それぐの身の凶状［一］

を白状し、盗み取りたる金の内、金三両は、某《なにがし》の家に忍び入りたる時、しか〴〵のことありしを見るに忍びず、その家の主人に給はりしことを申しければ、すなはち、その人も召し出だされ、御糺しとなり、そのこと正《まさ》しかりしかば、盗人は、首縊らむとせし人に金子を与へて助けたる隠徳[三]によりて、死罪一等を許され、遠き島に流されて命助かりける。かの首縊らむとせし人も、隠徳によりて、盗人に助けられたるなるべし。

［一］犯罪の事実。［二］世間に知れない善行。

20 盗人の家に宿借りし人の事

信州 某《なにがし》の里の人、妻と稚《をさな》き男子を家に遺《のこ》し置きて、さる方に神参詣《まゐり》に出でたりける。その跡にて、主人の旅立ちを伺ふ密夫ありて、その妻がもとに夜毎に通ひて淫《たは》れける。主人は、旅より帰る路にて日暮れに及び、野原の一つ家に宿りを乞ひけるに、その家は盗人の家にて、主人出でていふやう、「われ家貧しくして、食物も乏しかれど、苦しからずば宿り給へ」といふに、その人、足労《あしつか》れ、野道の淋しきに侘《わ》びて、何もいとはず、宿借りてけり。主人はかねて毒饅頭を造り置きて、旅人に与へ、「これなりと食し給へ」といふを、その人怪しく思ひ、その饅頭は、喰ひたるふりをなして袂に入れ置きける。

かくて、寝床に入りても、寝たるふりをなして、その家の夫婦がさゝやく辞《ことば》をつら〳〵聞けば、「もはや旅人に毒薬の回る頃なるに、何気《なにげ》なきはいかならむ。さらばかの綱を切り落さむ」など聞えければ、いと〳〵恐ろしく思ひ、この閨《ねや》の上には重き石など釣り置きやせむと心付き、密《ひそ》かに閨を離れ逃げ出ださむと思ふ内に、その家の主人、綱を切りしと見えて、その閨の上より大石の落ちたる音、大地に響きしかば、旅人は辛労《からう》じて外に逃げ出でたり。その家の夫婦は、しすましたりと立ち寄り見るに、旅人は見えず。さては逃《のが》れしか、逃げられては、わが身にかゝる大事となるべし、とて跡より追ひ駈けけるに、旅人は遠く逃げのびたり。

かくて、その人夜も寝ずに足まかせにわが家に帰り、身体労《つか》れ、そのまゝ倒れ伏して休みけるを、稚子《をさなご》は、「父が旅帰りの土産や持ち来たらむ」と乞ふまゝに、妻は夫の袂を探りみるに、饅頭三つ、四つありければ、これこそ土産物ならましと思ひ、それをば己れが喰らひて、その子には、かねておのれが製《こしら》ひ置きし毒饅頭を与へて、殺さむと思ひしが、天罰目前にあたり、おのれが毒饅頭を喰らひ、血を吐きて死したりける。

主人は驚き、「いかにしてこのありさまぞ」といふに、稚子が答へて曰く、「母は、父が袂なる土産の饅頭を取り出だして、わが身には一つもくれず、みな母が喰らひて死したり」と聞きて主人は、「その饅頭こそ盗人に与へられし毒饅頭にてありしを、それと知らずに、妻が喰らひて死したるか」といたく歎きければ、その子のいふやうは、「母は死しても苦しからず。父よ、聞き給へ。父が旅立ちしてより毎夜、よその伯父《をぢ》が泊りに来たりて、母と寝てさゝやくを聞けば、父をも殺し、わが身にも毒饅頭を喰はせて殺すといふによりて、この頃三日ばかり何も喰はずにをりしまゝにひもじさに堪へかねて父が土産物を乞ひたるに、母はそれを喰らひて死したれば歎き給へね」といはれ、始めて妻が天罰のあたりしことを知りてけり。

かの密夫はそのことを聞きて、その所を立ち退き、ゆくへ知れずになりける。かの一つ家の盗賊は公に召し捕らひられ、刑罪に行はれけるとぞ。

21 姨捨正宗といふ刀の事

昔、三代将軍家光[一]公御在世の御時に、江戸に、ものの目利きに妙を得たりし本阿弥孝安とかいふ人ありけるに、歌よむことも人にすぐれて、みやびなりける。

ある時京に上り、帰るさに信濃国[二]にて、正宗[三]の刀をもたりし人に目利きを願はれ、その刀を見るに、銘は正宗とありしが全く贋物なりしかば、

信濃には姨捨山《うばすてやま》[四]もあるものを　めいあるとても　みとなおもひそ[五]

と一首の歌を書きしるして、その刀に添へ賜はり、江戸に帰られける。

大樹公[六]、本阿弥孝安を召され、京都には、何ぞ珍らしきこともなかりしかと、御尋ねありければ、信濃にて、正宗の刀の目利きを乞はれて、歌一首をよみ添へられたることを申し上げしかば、その刀、御上覧あらせらるべき旨《むね》[七]上意ありて、すみやかに信州なる刀の持ち主を江戸へ召し出だされければ、やがてその刀を差し上げたりける。

日数経《ふ》れども、何の御沙汰もなきによりて、刀の持ち主待ちわびて本阿弥へ願ひ出でけるに、本阿弥また大樹公へ伺ひければ、すなはち御大工に仰せ給ひて、白木の二重筥を造らせ、その筥の表に姨捨正宗と銘を御染筆遊ばされて、持ち主に返させ給ひける。

かくて、刀は、正宗の作にあらで贋物なれども、大樹公御染筆の銘の尊きに、本阿弥孝安の歌の添へたるによりて重き宝となり、今に、千金の価《あたひ》をなすといへり。

[一] 徳川家光（在位一六二三〜五一）。[二] 長野県。[三] 岡崎正宗。鎌倉時代後期の刀工。
[四] 長野盆地の南西姨捨伝説の地。[五] 信濃には姨捨山もあることであり、姪があってもたよりになると思ってはならない。「姪（銘）」「身（刀身）」。[六] 将軍の異称。[七] 主君の命令。

22 万女が歌の事

上州[一]高崎侯の近臣に、宮部義正[二]といふ人ありける。和歌を冷泉為村卿[三]に学びて、その妻万女[四]も和歌をよくよまれける。ある時妾《めかけ》の讒言《ざんげん》によりて、万女は夫義正に去られて、

かりそめの言《こと》の葉種《たね》に　風立ちて　露のこの身の置きどころなき[五]

とよみたりける。

その頃、京都より武家伝奏《ぶけでんそう》[六]の公家衆、江戸に下らせ給ひ、万女が歌のことを聞こしめされ、感じさせ給ひ、都に帰り、このよしを申されければ、冷泉家より宮部義正に仰せ言下し給ひ、妻の万女を返させ給ひける。

[一] 群馬県。[二] 一七二九～九二。江戸時代中期の歌人。高崎藩家老。幕府の和学所に仕え、将軍家の師範となる。[三] 一七一二～七四。江戸時代中期の歌人。冷泉家中興の祖。[四] 宮部万（?～一七八八）。歌人。江戸生れ。冷泉為村に師事。[五] ほんの一時の言葉が原因で夫婦の間に波風が立って、露のようにはかないわが身の置きどころがないことよ。[六] 武家の奏請を天皇・上皇に取り次ぐ公家の役職。

23 加茂季鷹狂歌の事

昔、京都上加茂のあたりに、もとは富貴に栄えし人の、衰ひて裏店《うらだな》に侘《わび》しく住める人ありける。正月元日の朝、召仕ひの下女、あやまつて土瓶を打ちこはし、釣《つる》ばかり手に持ちたりける。主人、これを不吉の兆《きざし》と思ひ、いたく気をふさぎてけり。

その妻、そのさまを見て裏口より抜け出でて、加茂季鷹大人《うし》〔一〕のもとにゆき、しか〳〵のことにて、元日の朝より主人いたく気をふさぎつれば、めでたき歌をよみ給ひ、吉事にことほぎ給ひて、と乞ひければ、季鷹諾《うべな》ひて、

元日に　どんとひんとにひまやつて　手に残つたは　金のつるなり〔二〕

と一首の狂歌をよみ、ことほぎて与へられける。

その家の主人いたく悦び、気を取り直し、めでたく元日を祝ひければ、はたして、その年、金の釣に取り付き、商売に利潤を得てもとのごとく富貴に立ち帰りける。

これは、全く言霊《ことだま》の神の幸《さちは》ひにて、凶事《まがごと》も吉事《よごと》に転じたるなり。歌と辞《ことば》は、世をはかる〔三〕といふもうべなるかも。

〔一〕一七五四〜一八四一。江戸時代後期の歌人。狂歌にも長ず。京都上加茂神社の神官。
〔二〕年の始めに、鈍《どん》と貧《ひん》とに暇を申し渡して、手元に残ったのは金蔓《かねづる》であるよ。〔三〕吉事を予祝する。

24 大田氏の歌の事

大田直次郎〔一〕は、蜀山人《しよくさんじん》と称して、すこぶる狂歌の名人なり。

大樹公、隅田川御成《おなり》の時に、大田氏も御小人《ごせうじん》〔二〕にて御供に出でたり。木母寺《もくぼじ》〔三〕のほとりにて、大樹公御《おんみづから》自鳥を射させ給ひ、御箭《おんや》を失ひしかば、供奉《ぐぶ》の人々御箭を尋ねける時に、大田氏もともに尋ねて、このあたりは昔梅若丸〔四〕が母の妙亀、わが子を尋ね来たりし古跡なりければ、

いにしへは　子を尋ねにし隅田川　今は小人が　御《おん》やを尋ぬる〔五〕

と一首の歌をよみて、支配頭〔六〕へ差し上ければ、上聞に達し、御感あらせられ、大田直次郎を小十人頭《こじふにんがしら》〔七〕となし給ひける。

[一]大田南畝(一七四九〜一八二三)。江戸時代後期の狂歌師・戯作者。[二]小者。武士に仕える私的な奉公人。ここでは将軍外出時に先導を勤める御目見得以下の下級武士をさす。[三]貞元年間(九七六〜七八)草創。中世の梅若伝説ゆかりの寺。[四]謡曲「隅田川」伝説の人物で人買に誘拐され東国に下り、隅田川畔で病死。[五]昔は母がわが子の梅若丸を尋ねたが、今は小人《しょうじん》であるわたしが将軍の御矢(親)を尋ねている。[六]御徒頭《おかちがしら》をさす。[七]将軍の外出時に警護する御徒の長官で、御目見得。

25呪ひを止めし狂歌の事

昔、江戸近在某《なにがし》の里なる稲荷明神の神木に、紙にて人形を造り目の玉に呪ひの釘二本打ちたるがありける。

神主、これを見るに忍びずその釘を抜き取りて、蜀山人のもとにゆきてそのよしを委曲《ゐきよく》にはなし、歌一首を乞ひければ、

目の玉にのろひの釘の穴二つ　耳にはあらず　きくことはなし[一]

とよみて賜はりける。

神主、その歌を書きて神木に張り置きければ、呪ひたる人その歌を見て、また人形を造り、こたびは耳の穴に釘を打ちたりける。神主、その釘を抜き取り、またそのよしを語りて蜀山人に歌を乞ひければ、

打つ釘の　呪ひに耳はつぶれても　つんぼうほどもきくことはなし[二]

とよみて賜はりける。

神主、その歌を神木に張り置きければ、呪ひたる人その歌を見て、こたびは、わら人形を造り、釘をかず〳〵打ちてありければ、神主、またその釘を抜き取りて蜀山人に歌を乞ひしかば、

稲荷山　呪ひはきかず　打つ釘の　糠《ぬか》によしあるわらの人形[三]

とよみて賜はりける。神主、その歌を神木に張り置きければ、呪ひたる人、その歌を見て思ひあきらめ、呪ひを止めたりける。

[二] 目の玉の釘の二つの穴は、耳ではないから呪いが効くことはない。「効く（聴く）」。

［二］打つ釘で耳はつぶれても、つんぼで聞こえず、呪いが効くことはない。［三］稲藁の呪いは効かない。糠は釘に由来する藁人形ではないか。

奇談雑史　巻四

1参州磯丸[一]が歌の事

参州[二]伊良古崎《いらこざき》に、呼び名を平次郎といへる網引きの漁夫ありける。孝心深き男にて、その父、膈《かく》[三]の病を悩み、食物をさまらざることを歎き、平次郎は産土神《うぶすながみ》伊良古明神の社[四]に断食・参籠して父の病気全快を祈りければ、孝心神明に通じ、感応空《むな》しからずして父の病治《ぢ》したりける。

その後、他《ひと》の歌よむことを羨《うらやま》しく思ひ、歌といふものは聞きても面白きものなり。なにとぞわれも歌よみにならまし、と思ひ、またしも、伊良古明神の社に断食・参籠して、歌よみ人にならせ給はむことをひたすらに祈りければ、満願の日に、御拝殿に慎みゐたるに、不思議なるかな、何方《いづかた》よりか蛙一疋《びき》、平次郎が前に飛び来るを見ると、そのまゝ胸中に歌一首、自然に浮かび出でたり。

されども、もとより無筆文盲にて、一字も読み書くことなり難き身なりければ、そのまゝすぐに御拝殿を立ち退き、親しき人のもとにゆきて、「われただ今歌をよみたり、忘れぬ内に書きしるして給はれ」と乞ふに、その人諾《うべな》はず、「いかにして汝が歌をよむべき、空言《そらごと》ならむ」といふ。平次郎答へて、「疑ひ給ふも諾なれども、しか〴〵のわけにて、一首の歌胸中に浮び出でたり」といふ。「しからばその歌は」と問ひければ、

いひ出でぬ池の蛙の　わがごとや　身を浮草の　ねのみなくらむ［五］

と一首の歌を吟じたりける。その歌をよみ出でしより、胸の中にかぎりなく歌は浮び出で、よみ出しけるとぞ。

その後、播州にゆきて、明石の人丸明神の社に参籠して祈り、また上京して、北野神廟［六］にも参籠し、芝山大納言殿［七］へ入門を願ひ、歌道の御弟子となり、禁中時鳥《ほととぎす》といふ題を下されて歌よめ、と仰せ言ありければ、

九重の　みはしのもとの橘《たちばな》に　とのゐして鳴け　山ほとゝぎす［八］

とよみて奉りければ、仙洞御所［九］叡聞に達し、御感あらせられ、御褒美として平次郎に磯丸と実名を下し賜はられける。

帰国の時に、関白殿下［一〇］より仰せ言ありて、「汝参州の人ならば、岡崎の本田家へ言伝《ことづ》て

を申せ」とてその御言伝てを承り、帰国して岡崎の城に至り、門番の役人にそのよしを告げ、城主へ直談にて、関白殿下の御言伝てを申し述べたり、といふ説《こと》もあり。

京都より帰国の折から、伊勢大神宮を参詣せしは、八月の末つかたにて、朝夕は寒くなりしが、夏の頃旅立ちして、衣服は夏衣の単物《ひとへもの》なりければ、

いかにせむ　中は過ぎゆく秋風に　夏のまゝなる旅の衣手《ころもで》〔一一〕

とよみければ、この歌に感じて、伊勢長官より衣服を賜はり、そのほか両宮の神職・御師《おし》〔一二〕職の家々より衣服数反を賜はられ、伊勢より参州伊良古崎まで、伝馬《てんま》〔一三〕二疋を以て衣服を運送せしとぞ。

また、ある人、稲田に蝗《いなご》の付きたるを患《うれ》ひて、磯丸に蝗を除く歌をよみてよと乞はれて、

露ならで　いとふ稲葉につく虫を　はらへ水穂《みづほ》の国つ神風〔一四〕

とよみて、賜はりける。その歌を書きて稲田に立てしかば、たちまちに蝗は消えて、稲栄えたりける。

また、ある人、小児の頭に白くも〔一五〕といふ病はじまりて髪の毛抜けるほどになりければ、

その白くもを直《なほ》す歌をよみてよと乞はれければ、

人草の上にかゝれる白雲を　はらへ高天の原の神風〔一六〕

とよみて賜はりける。さて、小児の月代《さかやき》〔一七〕を剃り、頭をよく洗ひ清め、右の歌と磯丸といふ名をすきまなく何べんも真黒になるまで書かせければ、白くもの病たちまち治《ぢ》して直りける。

また、ある人瘧《おこり》〔一八〕の病を煩《わづら》ひて歌を乞ひしかば、

天地《あめつち》を動かすことは難《かた》からめ　露のおこりをおとせ言《こと》の葉《は》〔一九〕

とよみて賜はりければ、瘧の病たちまちにおちたりける。また、ある人、肩に疔《ちやう》〔二〇〕といふ腫れもの二つ、三つできたるを患《わづら》ひて歌を乞ひけるに、

立ちてゆけ　花なきかたに　二つ三つ　何を便《たよ》りにてふとまるらむ〔二一〕

とよみて、肩に書きければ、疔の腫れものたちまち治《ぢ》したりける。

またある人旅立ちにける時に、道中無難の守り歌を乞ひけるに、

玉鉾《たまほこ》の[一二] 道の守りの神かけて つつがなかれといのる言《こと》の葉《は》[一三]

野辺《のべ》にても 暮れなば宿をかるかやの 葉に置く露の身こそ安けれ[一四]

とよみて賜はりける。

右の歌ども、みな今に霊験あり。このほかにも歌に奇特ありしことかず〳〵ありしよし。

磯丸、若き頃は無筆なりしが、歌人となりて後には自《みづか》らの歌をもかな文字にて自筆して遺《のこ》せるを、世の人専ら賞翫せり。天保の末年（一八四三）に、齢《よはひ》八十余歳にて終りしとぞ。

伊良古崎の町家出火の時に、平次郎が家のみ焼けずに残りしも、不思議なり。

［一］糟谷磯丸（一七六四～一八四八）。渥美半島旧伊良子岬村の漁師に生れ独学で歌を詠み、無筆の歌詠みといわれた。［二］愛知県東部。［三］飲食物が胸につまる病症。［四］伊良湖神社。貞観十七年（八七五）創建。［五］言葉を話せない池の蛙は、わたしのように、浮草の根にも似たよりどころのなさをひたすら鳴くばかりである。［六］北野天満宮。祭神は菅原道真。天暦元年（九四七）創建。［七］歌道宗匠、芝山大納言持豊（一七四二～一八一五）。

〔八〕皇居の階段の下の橘に宿直して鳴け、ほととぎすよ。〔九〕上皇の御所。院の御所。光格天皇（在位一七七九〜一八一七）をさす。〔一〇〕天皇を補佐して政務を代行する重職。〔一一〕どうしたものであろうか。身体のなかを秋風が吹き過ぎているのに、旅衣の袖はまだ夏のままなのだ。〔一二〕伊勢神宮の神職。年末に暦・御祓いを配り、参詣者の案内・宿泊を業とする。〔一三〕宿駅に備えた公用の輸送用の馬。江戸時代には民間の輸送もした。〔一四〕露ではなく、稲の葉につく蝗を厭い、払い落せ、よく稔った稲穂を産する国の神風よ。〔一五〕白癬。たむしに類する皮膚病で頭髪が小円形に脱落する。〔一六〕ひとびとの上にかぶさった白雲を覗き去れよ、高天原の神風よ。〔一七〕男の髪を額から頭の中央にかけて半月形に剃り落としたもの。〔一八〕隔日などに発熱するマラリア性の病。〔一九〕天地を動かすことは難かしかろうが、露のように矮小な瘧の病いを振り払え、言霊よ。〔二〇〕悪性の腫れもので痛みが激しい。〔二一〕飛び去っていけ。花もないのに何をよるべとして、この蝶はとまっているのか「蝶（疔）」。〔二二〕道にかかる枕詞。〔二三〕旅の間どうか無事でありますようにと神に祈る和歌です、この和歌は。〔二四〕日が暮れたならば、野であっても宿を借りる露のような身であるからこそ安楽である。

2 真壁の長八が事

常陸国筑波山《つくばさん》〔一〕に、雷神の窟《いはや》といふ所ありて、岩に穴あり。その穴、つねに黒く焦《こ》げてあり。雷鳴の時は、そのあたりより鳴り出だすといへり。

同国真壁の町に、溫飩屋《うどんや》長八といふ者ありて、筑波山参詣に登り、雷神の窟に参りて、「わが身ことは、真壁の長八と申す者にて家業は饂飩屋なり。もしやわが里のあたりを御通りの時、御立ち寄りあらせ給はゞ溫飩を奉るべし」といひて家に帰りける。

ある時夏の晴天に、饂飩を製して庭に乾し置きけるに、にはかに空曇り、筑波山の方より黒雲出でて、村雨降り来たり、雷鳴はげしく、長八が庭に火の玉転《ころ》び落ち、長八夫婦は、耳潰《つぶ》れて聾になりたり。その時雷鳴静まりて見るに、庭に干したる饂飩は少しも残らず空に巻き上げられて、無くなりける。

〔一〕茨城県南西部の山。歌枕の地。

3 筑波山祭礼の事

常陸国筑波山の大神は、伊邪那岐《いざなぎ》・伊邪那美命《いざなみのみこと》二柱《ふたはしら》の大神にまし〳〵て、男体山の頂上には自然石の男根ありて、その上に御宮を作り、また、女体山の絶頂には自然石の女陰石ありてその上に御宮を造り、西南の方に向きて、正面は江戸の方に向きてありとぞ。故に江戸は繁昌なりといふ説《こと》なり。

毎年十一月、御座替への祭といふあり。参詣の男女、山中にて交合することおびただし。知る男知らぬ女の差別なく、強淫もあれども、この日は、神の御許しにて御咎《おとが》めなく、この日筑波山にて交合せし男女は、縁付き早しとぞ。[一]

［一］巻九11「信州根津明神の事」参照。

4 神崎疫神祭の事

下総国香取《かとり》郡神崎《こうざき》の神社に、毎年三月中の午日《うまのひ》、疫神祭といふあり。社人《しやじん》[一]、社《やしろ》の森の榊《さかき》を伐《き》りて、船の形に造り、その船に、榊の葉、幣帛《みてぐら》[二]を数々挿し立て、神前にすゑ置き、祭事終りて後に、里人ら太鼓を打ち、疫神船を送り出し、利根川の水中に投ず。何方《いづかた》に流れ止《とど》まるも知れず。

苟《いやしく》[三]もその船の着きし所は必ず厄病はやる、といひ伝ふ故、その祭の翌日も、その近辺は、利根川の渡し船をも止《と》めて渡らず、川の漁猟も禁じて慎むことなり。近き頃、神崎の里より二十余町川上なる川向といふ所の、利根川の枝川に、かの厄神船溯《さかのぼ》り来たりて着きたるに、その里疫病流行したりける。

また、神崎より一里余り川上に十三窓といふ里あり。利根川の川原に魚屋を造り置き、漁夫を雇ひて、網を引く漁師ありしが、神崎の疫神祭の日にあたりて、雇人の漁師ども、今日は神崎の厄神祭なれば、漁猟《や》を止めてみなみな休まむとせしに主人聞かず、「今日、神崎の厄神祭なればとて、かの里は、この所より一里余り川下なり。厄神船の昇り来たるべき道理なし」とて網を引かせければ、神崎の厄神船、水中を溯り来たりて、その網にかゝりて上がりたり。かくてその魚屋の主人を始め、人々みな大厄病を煩ひける。

［一］神社に仕える神職。［二］串にはさんで神に捧げる布や紙。［三］かりそめにも。

5 豆州雲見山の事

［一］豆州加茂郡雲見村の産土神《うぶすながみ》は、大山祇神《おほやまつみのかみ》［二］の御娘岩長姫命《いはながひめのみこと》［三］にまし〱て、雲見山に鎮まりまして、寿命長久の守護神なり。この雲見山は、島のごとくにして、海にさし出でたる石山なり。麓より絶頂にいたるまで大木茂りたる中を、木の根にとりすがりて登りゆくに、砂山にて岩を見ず。絶頂に登り見れば、左右と後ろは海中よりそびえたる一枚の大岩山なり。頂きは少し平地にして、御宮あり。下をのぞけば数十丈［四］の立岩にて、海上の釣船などはなはだ小さく眼下に見ゆ。山の後ろは荒海にて、富士の山近く見え、東海道吉原・岩淵・蒲原・薩埵《さった》峠・由井・沖津・清見が関・三保の松原まで見えて、絶景いふばかりな

し。
祭礼は、六月朔日《ついたち》、同八日、同十六日。祭礼にて、遠近の人々来たり、浜の渚に出でて汐水《しほ》に浴し、身を清めて山に登る。女は、月水[五]の障《さは》りありても、神の御許しありて、女宮といふ所までは登りて拝するなり。父母の喪にかゝる人は、三年過ぎざれば、登ること叶はず。山に登るに、富士山の咄《はな》しをすること叶はず。また、富士山を画きたる扇子を持ちて登ること、禁制なり。また、この氏子の人は、富士山を参詣し、登山すること叶はず。これを犯せばたちまち神罰あり。祭礼の日には、村中の男女、酒・肴・飯など家の座敷に並べ置き、家内の人々みな雲見山に登り、家を守る人なし。近郷の人々参詣に来たり、おのがむき〳〵[六]いづれの家にも立てりて酒・肴を喰ひ、きままに出でゆく慣《ならは》しなりとぞ。

祭の日に駿河より見るに、雲見山に雲かゝり、雲のみ見えて山は見えずとぞ。故に、雲見村の雲見山といふよしなり。これは、富士山の神と雲見山の神は、御兄弟にても不和なるわけある故なりとぞ。神代の古伝に、皇孫瓊瓊杵命《ににぎのみこと》[七]天降りませし時に、大山祇神《おおやまつみのかみ》の御娘木花咲耶姫命《このはなさくやひめのみこと》[八]を見そなはし[九]給ひ、御皃《かほ》の美しきを感《め》で給ひ、御后神に召《め》し給はむ、と仰せ言ありければ、大山祇神悦ばし給ひて、木花咲耶姫命にその姉神岩長姫命《いはながひめのみこと》を添へて、姉妹二柱の女神を奉りければ、姉神岩長姫命は御皃美しからずとて返し給ひ、木花咲耶姫命を御后となし給ふ。

ここにおいて、岩長姫命を返し給へるによりて、大山祇神いたく恥ぢて、申し送り給ひける言《こと》は、「あが娘二人並べて奉る故は、岩長姫を遣はしては、天津《あまつ》神《かみ》の御子の寿《よはひ》雨降り、風吹けども、つねに岩のごとくに、堅石《かきは》に、常磐《ときは》[一〇]にまさむ。また、木花咲耶姫を遣はしては、木の花の栄《さか》ゆるごとく、栄えまさむ、と誓ひて奉りき。かかるに今岩長姫を返して、木花咲耶姫を止《とど》め給ひつれば、天津神の御子の寿《よはひ》は、木花《このはな》のあまひのみまさむ」[一一]と申し給ひき。また、岩長姫命恥ぢ恨み泣きて宣《のたま》はく、「うつしき青人草[一二]は、木花のうつろふごとく衰へなむ」と。これによりて、人の命短くなりける。

この恨みによりて、今の世にも伊豆の国には美女多く生れ、駿河の国には美女生れず、と国人の咄しなり。また、伊豆の国に長寿の人多きは、雲見の神の御恵みによることなり。長寿を願はむ人は、つねに拝み奉るべき神なり。

[一] 伊豆半島・伊豆七島。[二] 記紀神話の山の神。[三] 木花咲耶姫命の姉神。[四] 一丈は約三メートル。[五] 月経。[六] 思い思いに。[七] 記紀神話の天照大神の孫。[八] 記紀神話の海幸彦・山幸彦の母神。[九] ご覧になる。[一〇] 永遠に変わらずに。[一一] 短命。[一二] 人民。

6 登戸の浜孫兵衛が事

下総国千葉郡登戸の浜に馬士《ばし》〔一〕孫兵衛といふ男ありける。一日馬をひきて駄賃取りに出でて、家に帰るに、埴谷の原といふ所を通りけるに、路のかたはらに、疫神を引きたると見えて、幣帛《みてぐら》の前に銭五百文並べてあり。

孫兵衛それを見て、「わが身は登戸の孫兵衛といふ馬方の貧乏人なり。疫神には、この原中におはしましてさぞ困り申さむ。今晩わが家に宿を貸し申さむ。見苦しかれど、わが家にゆきて宿り給へ。この馬に乗せて御供申さむ。されば、この五百文の銭は、駄賃と宿賃に御貰ひ申す」とてその銭を取り、幣帛を馬に乗せて、日暮れにわが家に帰り、女房にいふには、「今日路にて御客を見付け、御供申したり。今宵、御宿を貸し奉るなり。もてなしまゐらすべし」とて土間に臼を伏せ、その上に新薦《あらこも》を敷きて幣帛を飾り、酒を供へ、飯を供へて祀りてけり。夜明けになりて、かの幣帛に供物を添へて浜辺に送り、「疫神には、これより何国《いづくに》へなりと出でまし給へ」と云ひて、浪の上に流し送りたりける。

しかるに、その幣帛、風のまに〳〵流れゆきて、東海道加奈川宿に着きたりければ、その所疫病始まり、家ごとに人々悩み、煩《わづら》ふことしきりなり。病人ども口々に、「登戸の孫兵衛が恋しい〳〵」といふことやまず。故《かれ》、人々相議して、下総登戸の浜に使を遣はし、孫兵衛を頼みに来たりければ、孫兵衛も否《いな》み難く、迎ひの人々に連れ立ちて、武州加奈川宿に至り、孫兵衛は病人を見て、「そこもと病気はいかに」と声をかくれば、たちまち病人快気して、あまたの病人ことごとく全快したり。

人々不思議に思ひけるに、このこと江戸に聞え、怪しき奴なりとて江戸より召し捕りの役人来たり、孫兵衛縄手《なはて》におよび、〔三〕吟味せられしかば、孫兵衛ありていに申し上げ、子細なくゆるされて、ふるさとに帰りける。

〔一〕うまかた。駄馬を引いて人や荷物を運ぶことを職業とする人。〔二〕罪人として捕えられ。〔三〕さしつかえないとして。

7 博奕打金蔵が事

博奕《ばくち》を業《なりはひ》とする金蔵といふ男ありける。博奕に負けて一文無しとなり、野路を通るに街《まち》に厄病神を引きたると見えて、幣帛《みてぐら》をさし立て、酒・肴・餅などを供へ、銭六百文並べてありける。金蔵困窮の余りに、その所に立ち寄りていふやうは、「われは博奕打ち金蔵といふ者なり。厄神には、ここにて一勝負いたすべし」とて懐中より塞粒《さいころ》を取り出だし、筒に入れて押し伏せ、六を上にして入れたるが、「勝負」といひて筒をあくれば六なり。金蔵は、「われ勝ちなり」とてくだんの六百文の銭を取りて、供へたる酒・肴・餅など喰ひ、かくてまた筒を伏せ、おのが勝手に筒を伏せ、つひに厄病神に金拾両貸したるわけになりて止《や》みぬ。

かくて、金蔵いふには、「この路頭にましましては人の見る目も恥かしからむ。ここを立ち去り給ふべし。われ平田村の六蔵方へ案内申すべし。強欲深き金持ちなれば、かれが家に逗留し給ひて、金拾両はわれに償《あがな》ひ給ふべし。いざ立ち給へ」とてくだんの幣帛を持ちゆきて、平田村六蔵が門口に捨て置きて、逃げ帰りける。

かくて、六蔵夫婦厄病を煩ひ、悩み苦しむことはなはだしく、病人どもいふやうは、「某《なにがし》の村の金蔵に博奕《ばくち》の借金拾両あり、返しくれよ、さなくては命もたまらず」と口走るにつきて、金蔵を頼《たよ》りに来たりければ、金蔵その家にゆき、病人にいふやうは、「過ぎし日にかの所にて貸したる金拾両は進上いたすべし。返金におよばず。早くここを立ち退き給ふべし」といふに病人きかず、「かくては、わが心に叶はず。金拾両は是非とも御身に返すべし。さなくてはこの家を去り難し」といふによりて、その家より金拾両、金蔵に渡してけり。「かく借りたる金子を返せし上はこの家を立ちのくべし、何国《いづく》へなりとわれを送り給ふべし」といふに、金蔵は、「もつともなり」とてかの幣帛を持ちて、その所を立ち去りければ、その家の病人はみなみな快気したりける。

金蔵、また、その幣帛を、三川村の長吉といふ強慾邪心なる者の門口に、密《ひそ》かに捨て置きければ、その家厄病始まり、病人のいふには、「某《なにがし》の村金蔵を呼び来たれ。かの者に頼むことあり」といふに付き、かの金蔵を頼み来たれば、病人はたちまち快気したりける。

しかるに、そのあたりに、厄病の祈禱を司《つかさど》る修験など、金蔵が所行《しよぎやう》を聞きおよび、大きに憤り、「この方の職分に妨《さまた》げなす」などいひて難題を申しかけられ、そのことを止《や》めたりける。

8 松浦佐与姫が事

昔、筑紫の国に大伴狭手《おほとものさで》彦《ひこ》[一]といふ人ありける。帝《みかど》の詔《みことのり》を奉り、遣唐使[二]となりて、唐土《もろこし》の国に遣されければ、その妻松浦さよ姫[三]、夫を恋ひ慕ひ、別れを悲しみ、高き丘に登り、夫の乗りし船の帆影の見え隠るゝまで見送りて、つひに泣き死にし、その死骸、石となりける。

里人、その石を神に祀りしが、その頃、このあたりの海を乗る大船の帆影見ゆれば、夫狭手彦の船と見て、呼びかへす声聞こゆると、たちまちその船覆《くつが》へり、船人多く死したりける故、その石になりし神体を山の麓に下ろし、沖漕ぐ船の見えざる所に祀り置かれしかば、その後、船も入海せざりける。

その石、年経るまに〳〵大きくなりて、今は、大きなる牛ほどになりしとぞ。されど衣裳の模様など、全くその時の綾錦[四]のごとく、その色あざやかにて、皃《かほ》に袖をあて、泣きゐるさま、まことに婦《をんな》の形のごとくなりとぞ。

［一］任那・百済救援に活躍。［二］唐に十数回派遣された朝廷の使節。［三］肥前松浦の長者の娘。［四］美しい衣服のたとえ。

9天狗に妻を貰ひし人の事

弘化四年（一八四七）未《ひつじ》の年夏の頃、相州小田原近辺某《なにがし》の里に酒を売る人ありける。この頃、をり〳〵酒飲みに来る僧あり。一日また来たりて曰く、「今日は酒の価なし。飲ませ給はむや」といふ。酒売る男、答へて曰く、「価なくとも苦しからず」とて、酒・肴を給はりぬ。僧いふやう、「汝《なんぢ》はいまだ妻持たずして、独り身と見ゆめり。われ、汝に妻を与へまゐらせむ」。男答へて、「われいまだ妻なし。願はくは与へてよ」と乞ひければ、法師諾《うべな》ひて、「さらば明日夕つかたに婦《をんな》を連れ来たるべし」とて立ち去りぬ。

かくて、契りのごとく、またの日の夕暮れに来たり、縁先に、裸身なる美女を連れ来たり、「昨日契りし汝が妻とすべき婦は、これなり。夫婦になるべし」とて法師は立ち去りぬ。主人つら〳〵見るに、婦は湯文字《ゆもじ》［一］しめたるのみにて丸裸なり。呼べども答へず、正気なし。かたはらに金子一包みあり。さて、そのあたりの人々寄り集《つど》ひ、さま〴〵介抱せしに、三日ほど過ぎてやう〳〵正気つきたり。「何国《いづくに》の人ぞ」と問ひ聞くに、婦《をんな》答へて、「わが身は江戸吉原町の某《なにがし》が家に仕はる、遊女なるが、湯に入りて出でたるまゝ、二階の縁先に涼みゐたるに、何か恐ろしきもの飛び来たり、わがからだにあたり、そのものに身をつかまれたりと思ひしが、そのまゝ正気を失ひて、少しも覚えなし。ここは何国《いづくに》ぞ」と問ふ。人々怪しみつゝ、「ここは相州小田原近在某《なにがし》の村といふ所なるが、近頃怪しき僧壱人、数度酒飲みに来たり、しか〳〵のわけにて、その身をここに連れ来たりて、去りぬ」と語り聞かせぬ。

かくて、そのよしを領主に訴ひければ、領主より公に訴ひ、くはしく御糺《ただ》しありしが、女がいふに違はず吉原町の遊女なりしかば、その主人、親分[二]になりて、その男の妻に賜はりて、夫婦となしたりける。

[一] 女の腰巻。 [二] 仮親。

10 牛になりし僧の事

奥州石の巻の近辺に牛擬村《うしまねむら》といふあり。昔、その里に、まごころなる男ありける。ある年の暮れに、旅の僧壱人来たりて、一夜の宿りを乞ひけるに、宿貸してけり。暮年のことなれば、「われ、年宿《としやど》[一]貸し参らせむ、あくる年の春まで心置きなく宿りて、年を越し給へね」とねんごろにもてなしければ、僧悦びてその家に宿り、年を越したりける。

その僧、主人が厚き志に感じ、何か礼謝せばや、と思ひゐる内に、日数重なりしが、怪しきことには、その僧みづから牛になりける。家内の人々も、不思議に思ひつゝも、牛になりしかば、荷を負はせて仕《つか》ひけるに、その牛力強く、まめに働きしかば、主人はその牛の働きにて、そこばくの金銀を儲《まう》け、家富みける。

ここに、その隣家の主人、それを羨ましくねたましく思ひ、おのれも旅の僧来たらば、年宿貸して厚くもてなし、僧を牛になして財を得てましと思ふほどに、ある年の暮れに旅の僧壱人来たり。一夜の宿りも乞はなくに、こなたより強《し》ひて、宿貸し居入《ゐい》らせむ、〔三〕年宿りして、春まで宿り給へねと、しきりにすゝめられて、かの僧も、否《いな》み難《がて》に、その家に宿りてけり。

かくて、家の内の人ども厚くもてなし、その年も暮れて、春にもなりければ、主人思ふに、もはやこの僧、牛にや化《な》りぬらむと待つほどに、日数重なりしかど、僧は牛にもならず、いとまを告げて出でゆきぬ。

しかるに、その家の主人、おのづから牛の擬《まね》をするやうになり、つひに牛になりける。かれ、家内の人々も、主人が牛になりしかば、重荷を負はせて、日々仕《つか》ひける。里人いひけらく、他《ひと》の幸ひ得しをもの妬《ねた》みして、僧を牛になさむとし、その罪によりて、その身牛になりしと。その故を以て、その里を、今に牛擬村《うしまねむら》といふとぞ。

その頃、また、その里に一僧来たりければ、その僧を請じ、主人が僧を牛になさむとせし罪によりて、已れが牛に化《な》りしことを物語り、「何とぞ、この罪を解脱《げだつ》〔三〕して、人間に立ちかへる術《すべ》もあらばや」と願ひければ、その僧答へて「こはわが力におよばず。しかしながら、わが師に祐天僧正〔四〕といふ名僧ありて、下総飯沼弘行寺にましませり。この僧正に願ひて、〔五〕十念を授からば、その罪解脱して、再び人間にかへることもあらむか」とて立ちゆきぬ。

その後、祐天を請待して、十念を授かりしかば、その牛、また人に化《な》りたり、と土人《とちのひと》の言ひ伝ひなり。僧の牛に化《な》るはつねのことにして、世に例多し。人間の牛になりしも、その罪によりて、天罰を請《う》けたるなるべし。それをまた、祐天が丹誠を凝らし、天に祈りしによつて、天帝その罪を赦し、再び人間に返し給へるなるべし。

〔一〕年越しの宿。〔二〕居らせ申しましょう。〔三〕現世の苦しみから解放されること。〔四〕祐天僧正（一六三七〜一七一八）。増上寺三十六世。多くの霊験を残す。〔五〕浄土宗で、信者に南無阿弥陀仏の六字の名号を授けること。

11 狐の恩を報ひし事

常陸国女化《をなばけ》が原《はら》といふ所に狐住みけるを、ある狩人その所にゆき、狐を打ち捕らむとして尋ぬるに、女狐壱疋《ぴき》伏し居《ゐ》たるを見つけ、後より鉄炮を向けてねらひゐたるに、根本村の孝子栗林某《なにがし》なる男、母親の好みに任せ酒と魚とを買ひ調《ととの》ひ、それを携《たづさ》ひて、その原路《はらみち》を通りかゝりければ、狐、その人の来たるに恐れて、逃げ去りぬ。故《かれ》、その狩人、狐を打ちもらし、残念に思ひけむ、栗林が後を追ひゆき、「われは狩人にて、ただ今、狐を打ち捕らむと狙ひすまし、火蓋を切らむとせしところ、おまへがこの所を通り、狐を驚かして逃がせし故に、われ打ちもらしぬ。憎きやつなり」と捕らひて責めければ、その男いたく詫びて、「わがあやまちなり。その償《つぐな》ひにはこの酒と肴を賜るからにゆるし給へ」といふに、狩人やう〳〵諾《うべな》ひければ、その男は酒・肴を狩人に渡して、わが家に立ち帰り、母にそのよしを告ぐるに、母もいとよろこび、「酒・肴はまたも得べし。狐を助けしこそよきことなれ」とほめける。

その男、いまだ妻もなくて、朝夕母親によく仕ひてけり。ある時、若き女の美しきが来たりて、「わが身は、父とともに鎌倉にゆく者なるが、父は、あとの道に用事ありて、わが身と別れ、今に跡より来るほどに、ここにて待ち合せたし。しばし憩《いこ》はせ給へね」といふからに、母子ともにその女を労《いた》はりて、憩はせける。

かくて、日暮れになれども、その女の父は来たらざりしかば、その女を宿らせて待たせけるに夜明けても、その父は来たらず。とやかくして、四、五日過ぐれども、来たらず。かくて、その近隣の人々寄り集ひ、その女にいふやう、「おまへは父を待てども、来たり給はず。この家にはいまだ嫁子もなし。この家の嫁になり給へね」とすゝむるに、女諾《うべな》ひければ夫婦となしける。

しかるに、この子、若き女ながら、万《よろづ》の仕業にかしこく、いとまめやかに働き、姑と夫によく仕へけるほどに、男の子三人を産みたり。

ある時、座敷の塵を払ふに、裾より尻尾を出して払ひけるを、稚子《をさなご》に見付けられ、「母は狐なり」とさとられて、つひに本性を現はし、「われは狐なりしが、狩人のために打ち殺さるゝところをこの家の主人に助けられし。その恩を報《むく》はむために、かりに人間の姿に化《ば》けて妻となりぬ。今、稚子に本性を見付けられては、もとの野原に立ち帰る」と告げて別れける。

その後、この家にて田畑を作るに、狐、夜の間に来たりて、田植・稲刈の仕業を営み、助けてけり。されど、その水田に人の足跡は絶えてつかざりける。また、稲の稔りも他《ひと》に勝《すぐ》れて多かりければ、家富み栄え、その子の三男、成長して栗林下総守義長といふ猛き武士となり、世に誉れを現はしける。その子孫、今にその皃《かほ》狐の皃に似て、少し尖りて生るゝと言ひ伝ふ。

故《かれ》、その原を女化《をなばけ》が原といひ、また、その原に狐を祀《まつ》れる社《やしろ》ありて、栗林氏にて代々その祭事を司《つかさど》るとぞ。

12 金北山巫石の事

佐渡国雑太《さはた》郡山田村金北山《きんぼくさん》［一］の北山権現と申すは、佐渡三郡の惣鎮守《そうちんじゅ》の大神にして、神領九十五石［二］、別当を真光寺といひて、女人禁制の山なり。

昔、同国加茂郡加茂村万宝院といふ修験の妻、「われ女なれども、巫《かんなぎ》なれば、金北山に登るとも苦しからず」といふて、身にちはや［三］といふ衣を着て、鈴を持ち、金北山に本社より半里ばかりこなたの山中にて、みづから倒れて死したりける。ちはやを着て、伏したるまゝ、その死骸、石となりてあり。今に、これを巫石と言ひ伝ふ。

［一］古くからの山岳信仰の山。［二］一石は米二俵半。［三］巫女が着る白地単衣《ひとえ》の衣服。

13 石になりし修験の事

甲州御嶽山《みたけさん》［一］の奥の院を参詣するとて、修験者二人、山路の嶮岨《けんそ》をわたりゆきて、つひに石となりたるが、今にありて、笈《おひ》を負ひたるま、、そのさままさしく活《い》きたる修験者のごとくにてあり、とぞ。

〔一〕山上に金桜神社あり、修験者の道場。

14 石になりし大亀の事

佐渡国相川の湊《みなと》より沢根町にゆく間に、仲山峠といふ一里ばかりの峠あり。往来の路の真中《まんなか》に、いつの頃にや、大亀這《は》ひ来たりて石となりたるがあり。その大きさ、二間四方、四足を伸ばし、首を上げたるさま、活きたるごとく、亀甲の筋正しく、滑らかにして、つねの石の質にあらず。

中山峠の亀石といふなり、とぞ。

15 石になりし比丘尼の事

昔、信州某《なにがし》の里に、一生不犯《ふぼん》〔一〕の比《び》丘《く》尼《に》〔二〕ありける。同国戸隠山〔三〕は、女人禁制の山なるを、かの比丘尼思ふやうは、わが身女なれども、一生不犯の清身なれば、男と同じ身なりとて戸隠山に登りければ、登りはてずして、倒れ伏し死したるまゝ、その死骸、石となりける。

今に、戸隠山の比丘尼石と言ひ伝ふ。

〔一〕僧尼が淫戒を犯さないこと。〔二〕あま。尼僧。〔三〕古来修験道の霊場。

16碇にかゝりし大魚の事

天保八年（一八三七）酉《とり》の年の冬、西国方の商人船弁天丸といふ千八百石積の大船一艘、米を積みて松前〔一〕に赴《おもむ》かむとし、能登の鼻〔二〕をまはり、佐渡国を左に見て、越後の沖を乗りゆかむとせしに、風悪《あ》しくて進みかね、せむかたなく佐渡の北浦をまはり、同国加茂郡鷲崎の湊にかゝり、碇を下ろし、天気を見合せむとしてここに泊りぬ。この湊より金北山は南に見えたりけり。

さて、その夜も明けて、日和《ひより》もよければ、炊《かし》きの者〔三〕朝起きて陸を見渡せば、鷲崎の湊にあらず。先に南に見えたる金北山は真西に見えて、鷲崎より八里ばかり南に出で、越後の方に近付きける。炊きの者大きに驚き、水主《かこ》〔四〕の者どもを呼び起こし、そのよしを告ぐるに、人々みな怪しく思ひ、鷲崎に碇を下せし大船の、自然にここに来たりしこと、いよ〳〵いぶかしといふに、船はや、動きて、碇、網に引かるゝごとくに見えければ、さらば、この碇を引き上げみむと、やがて碇をろくろにて巻き上ぐれば、大きなる赤鱏《えひ》[五]の鼻の穴に、碇の爪二本引き掛けてあり。その赤鱏の大きなること、いはむかたなし。首の方、僅《わづ》か見え、その眼の大きなること、いと恐ろしく、その重みに堪へかねて、水際に首少し出たるままにて、鼻の穴引き裂け、赤鱏は水に沈み、碇は引き上がりたり。かくて、その魚身を転じて下に向くと見えしが、その尻尾の水上に出たるが、やがてその船の檣《ほばしら》の高さほどありける。人々これを見て肝を冷やして、恐れたりしが、そのまゝ魚は放れ去りぬ。されば、その赤鱏の鼻先に引かれて一夜の内に、八里ばかり来たりしなり。その碇の重さ、百四十貫目ありければ、網の重さも百四十貫目ありて、都合弐百八十貫目に、千八百石を積みたる大船を鼻の先にて引き来たれるなり。

　船人ども、危ふき難をのがれ、鷲崎の湊の帰り、回船問屋[六]十一屋弥平次が家にて、湊の人々に酒を給はりて、その祥《さいは》ひを祝ひ、それより松前に至り、商売に利を得たりとて、その帰りにも鷲崎に船をかけ、祝ひの酒を給はりける。さて、本国に赴かむとて碇を引き上ぐるに、その碇ことに重かりければ、またしも赤鱏の大魚かゝりもやせむと、やがて碇を引き上げみるに、海底に年久しく沈みありし古碇の、大きなる碇の玉金[七]にわが碇の爪を引き掛けて、百三十貫目なる古碇を得たりける。

　船人らよろこびに堪へず、また〱その祥《さいは》ひを祝ひて、本国に帰りける。

〔一〕北海道渡島半島の南西部。松前氏の城下町。〔二〕能登半島の先。珠州《すず》岬。〔三〕炊事係の船員。〔四〕船をあやつる者。〔五〕鱏の一種。身体が平たい軟骨魚。〔六〕荷主と船主との間で、荷物の取次ぎを業とする問屋。〔七〕碇と鎖をつなぐ丸い輪か。

17 大魚の寄り来たりし事

佐渡国 某《なにがし》の浦に、島のごとくなるものより来たりけるを、所の人々、高き山の上より見付けて怪しく思ひ、小船五、六艘出だしてその島に乗り付き、船を寄せてその上に乗り移り、つら〳〵見るに、藻くづなど生ひて石のごとく、また針のごとくなるものありて、足の裏いたみて歩み難く、鎗を以て突きてみるに、通らず。少し柔らかなる所に、その鎗を突き通せしと見えしが、〔一〕やがて、その島動き出だしければ、人々驚き、みな〳〵急ぎ船に飛び乗り、四、五町ばかりも逃げ去りて見てゐるに、大魚の、背を出だしたるにて全体は見えわかねども、動き出したるはづみに船一艘はその大魚に弾《はじ》かれ、〔二〕水船となり、人々辛労《からう》じて逃げ上りぬ。かくて、その魚も見えずなりける。

〔一〕底本「宛」を訂した。〔二〕浸水した船。

18 奈戸が原の狐の事

常陸国馴馬《なれうま》の里に太郎左衛門といふ人ありける。年の暮れに、妻が織りたる木綿三反を持ちて、龍が崎の町に売りにゆきて、その帰るさに、奈戸が原といふ野原の路を通りかゝるに、狩人、鉄炮を向けて狐を打ち捕らむと狙ひすましてゐたる。その人、見るに堪へかねて、狐を驚かしければ、狐はそのまゝ逃げ去りぬ。

かくて、その狩人いたく怒りて、「われ、金子壱分にて他《ひと》に頼まれ、狐を捕りに来たりしに、いかに狐を驚かして逃がせしぞ。今しも年の暮れにおよび、金子壱分違ひては、わが身立ち難し。憎きやつぞ」と咎《とが》められ、そのひと答へていふやうは、「いかに狩人よ。たとへ狐にもあれ、命ほど惜しきものはあるまじ。御身とても命は惜しかるべし。それに何ぞや、わが目先にて見つゝ、狐を殺さすべきや。あまりに見るに堪へずて、わざと声を立て、驚かして逃がしたり。金子無くて叶はぬことならば、われいささか金子の持ち合ひあり。金壱分与へ申すべし」とて、木綿売りたる金子の内を、狩人に壱分わけて与へ、わが家に帰り、妻に向ひていふやう、「今日は、奈戸が原にて、しかぐ〳〵のことにて、思ひよらぬ金子壱分つかひぬ」と語りければ、妻は、「よくこそ狐を助け給へり。壱分の金子いかで惜しからめや。いつしかその報ひは来たるべし」といへりける。

かくて、その夫、産土神《うぶすながみ》の社《やしろ》に正月の飾り松立てむとして、松竹荷《にな》ひてゆきてみるに、神前に金子五両小判にて並べてあり。これこそ、かの狐の返報ならむと、押し頂《いただ》きて帰りぬ。

かくて、その家や、富み栄え、男子壱人ありて人となり、さる人の媒《なかだ》ちにて嫁を娶《めと》りければ、その婦《をんな》貞心深く、まめに働き、子も三人産みけるほどに、ある時、衣の裾より尻尾を出して座敷の塵を払ひけるを、稚子《をさなご》に見付けられ、「わが身は、奈戸が原の稲荷の神に仕《つか》はる、狐なりしが、この家の主人に助けられたることの忝《かたじけな》さに、女に化《ば》けて、この家の嫁となりぬ。今よりもとの住みかに帰るなり」と形《かたち》を現はして立ち去りぬ。今に、その家の子に生るゝ女は、皃《かほ》少し長く、狐の皃に似ゆと言ひ伝ふ。

近き頃、その家の娘、高津村の庄兵衛といふに嫁したりしが、その母親、娘に逢はまほしく思ひたるに、高津村の娘がもとに、使の男壱人来たり、「われは駟馬村より来たる者なるが、「母親病気に付き、逢ひに来たり給ふべし」と言伝《ことづ》てなり」といふに、娘驚き、「さらば、今にわが身あとよりゆくべし」とてその使の男に、ありあはせたる鰕《えび》三升を家苞《いへづと》として母の方へ持たせ、遣はされたりける。〔二〕

かくて娘は、母の病気と聞きて急ぎつゝ、駟馬村の実家にゆきてみるに、母は健《すこ》やかにて病の気色はなし。娘、不思議に思ひ、「いかで使の男に疾《や》み給ふよし、告げおこされし」といふに、母親答へて、「こなたよりさる使を遣《や》りし覚えもなし。ただしきりに汝に逢はまほしく思ひしのみなり」といふ。さらば、神の御使にもあらむとて、奈戸が原なる稲荷の社に詣《まう》でけるに、神前に、かの使の男におこしたる鰕《えび》三升、苞《つと》に入れたるまゝ、供へてありける故、その男は、神の御使たること知られければ、その鰕を神に奉りける。

今の世まで、昔助けられし恩を報はむとて、その家の守り神となりける。

［一］底本「その」を「その人」に訂した。［二］家に持ち帰る土産。わらで包んだもの。

19 山陰《やまかげ》中納言の事［一］

昔、山陰中納言［二］といふ人、大宰大弐《だいに》［三］にて筑紫に下り給ひけるに、二歳になりける子息をも相具し、河尻より船に乗りて海原を漕ぎ下りけるに、その乳母《めのと》、いかゞしたりけむ、取りはづして、二歳の御子を海中に陥し入れてけり。中納言を始め、人々狼狽《あわ》て騒ぎけれども、せむすべなかりけるに、不思議なるかも、その二歳の御子、沖の浪の上に浮びて、流れもやらずありけるを見付けたりける。人々悦び、船寄せて、つら〳〵見るに、大亀の甲の上にぞ乗りたりける。

かくて、その御子を船に取り上げ［四］たれば、その亀は船に向ひ涙を流しぬ。中納言、不思議に思ほして亀に向ひて、「汝にいふべきにあらねども、この有難き志、いふにあまりあり」と宣《のたま》ひければ、亀は海に入りてけり。

その夜の夢に、かの亀来たりていふやうは、「この若君の御母、そのかみ、御宿願あらせられ、天王寺[五]詣での時に、渡辺の橋のほとりにて、鵜飼《うかひ》の者一つの亀を捕ひて殺さむとせし時、そを見そなはし、あはれを発《おこ》し給ひ、御小袖[六]を以てその亀を買ひ取り給ひ、「汝《なんぢ》畜生なれども、この志を思ひ知り、遠き守りとなれ」とて、河の内に放ち入れさせ給ひにき。その亀といふは、すなはち、われなり。御志の尊さ、生々世々、忘れ難《がて》に思ひ奉り、をり〳〵守り奉りしが、生死の習ひ悲しさは、この若君を産み給ひ、はからずも去年隠れさせ給ひければ、今は、この若君を守りまゐらせて、夜昼となく御身近く侍りつるほどに、筑紫御下向なれば、それまでもと思ひ、御船に添ひて、下り侍りぬ。しかるに、継母と乳母の女房、心を合せ密《ひそ》かに相謀《はか》りて、若君を海に沈め奉りぬ。故《かれ》また、おのが甲の上に負ひて助け奉り、昔の母公の御恩を報じ奉るなり」と申して、夢さめにける。

この御子、無きがごとくにして活きたれば、如無僧都[七]と名乗られて、浄行[八]・持律[九]・智恵・才覚、身に余り、帝《みかど》にも重く敬《うやま》はせ給ひて、すでに、寛平《くわんぺい》法皇[一〇]の御時、昌泰《しやうたい》元年（八九八）十月、大井川紅葉叡覧のため、御幸《ごかう》ありけるに、和泉《いづみ》大納言定国卿[一一]供《ぐ》奉《ぶ》せられたりし時、嵐山の山おろしの烈しさに、烏帽子《えぼし》[一二]を川中に吹き入れられて、すべきやうなかりければ、袖にて髻《もとどり》[一三]を抱ひておはしけるに、この時如無僧都も御幸の御供に侍りたるが、そのさまを見て、香炉筥《かうろ・ばこ》より烏帽子を取り出だし、定国卿に奉りければ、供奉の人々目を驚かしてほめたりける。

［一］『源平盛衰記』巻第二六「如無僧都烏帽子同母放亀附毛宝放亀事」に準じている。［二］藤原山蔭中納言（八二四～八八）。越前守高房の子。［三］大宰府の次官。現地で府務を統括する。［四］底本「も」を「に」に訂した。［五］四天王寺。聖徳太子の建立と伝え、五九三年創建。［六］平安時代中期の袖口の狭い衣服。［七］播磨の国飾磨郡の亀井寺を開創。［八］清浄なおこない。［九］戒律を守って犯さないこと。［一〇］宇多天皇（在位八八七～九七）。光孝天皇第七皇子。［一一］藤原定国（八六七～九〇六）。藤原冬嗣の孫。大納言右大将に至る。［一二］元服した男子の冠。髻を覆うための袋型のかぶりもので、外出時は必ず着した。［一三］髪を頭上で束ねた部分。

20唐土毛宝が事［一］

昔、唐土《もろこし》の斉国［二］といふ所に毛宝《ばうはう》といふ人ありける。ある時、江《かう》［三］のほとりを通りけるに、漁夫、甲の長さ四尺ばかりの大亀を捕らひて、殺さむとするを見付けたりける。毛宝、これをあはれみ、価を出だして、その亀を買ひとり、江に放ちたりけり。

その後、軍《いくさ》起りて、毛宝は、石虎将軍［四］といふ者と戦ひ、江の端《はた》まで追ひ責められ、遁るべきやうなくて思ふやうは、「今、敵に捕ひられ、恥見むよりは、江の中に身を投げて死なむ」と思ひ、つひに水に沈みて、溺れしと覚えしが、水の底に、これを頂きて助くる者あり。向ふの岸に至りて、江の中を顧《かへり》みれば、大きなる亀なり。その亀、やがて水の上に浮びて、腹を現はせり。毛宝、不思議に思ひ、つら〳〵見るに、その亀の腹に、「毛宝が放せし亀なり」といふ銘文ありて、その後、亀は水に入り、毛宝は助かりける。

［一］六朝の志怪小説である劉義慶（四〇三～四四四）の『幽明録』に基づく。［二］山東省にあった斉の国か。［三］揚子江。［四］後趙国の武勇抜群の武将。

21手足を縛られし石像の事

出羽国［一］羽黒山［二］の東北の麓、柏崎といふ谷間に、日の沢といふ所あり。ここに、行者の形の石像ありて、霊験あり。足の痛みある人はその石像の足を縄にて縛《しば》り、わが足の痛みを癒《いや》し給はゞ、この縛り縄を解くべしといふ願をかくるに、はたして霊験あり。手の痛みを患《わづら》ふる人は、その石像の手を縛り、あるいは首を縛りて願懸けするも、みな験《しる》しありて、つねに縄目のゆるむひまなく、幽界にては苦しきことなるべし。

「こは何人《なにびと》の像なり」と尋ね聞くに、昔、慶安年中（一六四八～五二）、江戸にて由井

[三]正雪・丸橋忠弥[四]など、徒党して、反逆を企てたる熊谷三郎兵衛[五]が石像なりとぞ。かの謀計《はかりごと》現はれ、正雪主従の族《やから》は、駿府にて自害し、丸橋忠弥が輩《やから》は、江戸にて誅せられたるに、熊谷壱人軍用金を貪《むさぼ》り、北国出羽の山中に逃げのびたり。かれ、もとより早道《はやみち》の達人なりしかば、すみやかに逃げたりとぞ。かくて、御堂前の次郎左衛門といふ豪家にたよりて行者となり、みづから円海上人と号し、月山・羽黒山・湯殿山へ日参の行をなし、つひに公の刑罰を免れて、その所に命を終りしとぞ。

かの石像は、熊谷が自作の像なるよし。現界の刑を免れたりといへども、死後、幽界にて永く縄手《なはて》におよび苦しめらるゝこと、天網疎《そ》なりといへどもつひに洩《も》らさず、の理《ことわり》なるべし。

[一] 山形・秋田両県の大部分。[二] 月山・湯殿山とともに、出羽三山の一つ。古来修験者の山。[三] 由井正雪（一六〇五〜五一）。江戸時代初期の兵学者。家光の死後幕政を批判し浪人救済を掲げ、幕府転覆を謀ったが未然に発覚し、駿府で自害した。[四] 長宗我部盛澄（?〜一六五一）。宝蔵陰流の槍術家。浪人で正雪の片腕。[五] 熊谷直義。慶安の変に参画。一六七三年病没。

奇談雑史　巻五

1三浦介義同父子詠歌の事

相州の住人三浦介義同《よしあつ》[一]は、陸奥守四位の少将を望みて、

　老いの浪　よる〳〵おもひつゞくれば　六十《むそぢ》の関もなかばなりけり[二]

と一首の歌をよみて古河《こが》の公方家[三]へ奉りしが、やがて執奏《しつそう》[四]ありしかば、御感あらせられて、四位の少将に任ぜられけるとぞ。

その後、義同薙髪《ちはつ》[五]して道寸と号し、小田原の北条早雲[六]と戦ひ、争ふこと止《や》まず。鎌倉合戦の時に道寸敗北し、秋屋の大崩れに、敵を支えけれども、北条勢、佐山を越えて乱れ入る。道寸父子、敵に堪へずして、三浦荒井の城[七]に引き籠もる。この城、要害堅き地にて、三年が間楯籠《たてこ》もりしが、粮米《らうまい》すでに尽き、兵士飢ゑにおよぶ。せむかたなく城を出でて敵に向ひ、敵兵あまた打ち、ことに強勇《がうゆう》の聞えある神谷雅楽頭《うたのかみ》[八]を討ちて、城中に入り、道寸

父子を始め、郎党[九]七十五人ともに自害して死す。道寸、一首の辞世を遺《のこ》す。

うつものも　うたるゝものも　かはらけよ　砕《くだ》けて後は　もとのつちくれ[一〇]

道寸の嫡子三浦次郎義意《よしおき》、身の丈《たけ》七尺五寸、力八十五人力ありて、最期の軍《いくさ》に望み、かしの木の長さ一丈弐尺の棒の八角なるに鉄の筋金張りたるを持ちて、敵を打つこと、鬼神の荒れたるがごとく、たちまちに敵兵五百余人を打ち殺し、一首の辞世をよみ、みづから首を刎《は》ねて死したりける。

君が代は　千代も八千代も　よしやただ　現《うつつ》の内の夢のたはむれ[一一]

とよみて死したりしが、その首活《い》きたるがごとく、眼は逆さに裂け、鬼髭針のごとく、歯を喰ひしばり、そのさま恐ろしく、一度見る人は、恐怖して気絶する者多かりける故に、名僧・高僧ども冥福を修して祈りしが、三年になれども活くるがごとし。ここに小田原久能の総世寺の禅師（道寸の師匠也）[一二]来たりて、義意の首に向ひ、

現《うつつ》とも　夢ともしらず　一眠り　うき世のひまをあけぼのゝ空[一三]

と一首の歌をよみて手向《たむ》けければ、その首たちまち目を閉ぢて、肉落ち、白骨となりにける。

その後も怨霊と現はれ、敵を射殺し、恨みを報いしことありしとぞ。

［一］三浦義同（?〜一五一六）。室町時代後期・戦国時代初期の武将。三浦高時の養子となるが、高時を討ち、三浦氏を継ぎ、荒井城主となる。［二］老いが重なってくるさまを夜ごとに思いやると六十歳の関も過ぎようとしていることだ。［三］足利成氏（一四三六〜九七）。公方は、関東を治めるべく室町幕府から鎌倉に派遣された征夷大将軍の称。古河を拠点としたので古河公方とよばれた。［四］とりついで奏上すること。［五］頭髪をそること。［六］北条早雲（一四三二〜一五一九）。室町時代後期・戦国時代初期の武将。伊勢新九郎長氏と称し、北条氏五代の基を開く。［七］三方が海の要害で三浦氏の本拠地。［八］神谷知重。［九］主君と血縁関係のない従者。［一〇］攻め討つ者も、攻められ討たれる者も、素焼きの土器のような存在だ。砕けて後は元通りの土の塊になるのだ。［一一］あなたの治世が長く安かれと祈ってきたが、ままよ、それも現世の夢のかりそめのことであったよ。［一二］底本の注。［一三］現世の短かい時間が過ぎ去ると、現実であったか、夢のことであったかも、定かではないことだ。

2千種三位有功卿《ありこと》御歌の事

光格《くわうかく》天皇崩御の時に、[一]千種殿[二]のよみ給へる歌とて、

崩れ落つる　高嶺の雪に驚きて　声をも立てぬ谷の鶯《うぐひす》[三]

春秋のいでましどころ　道かへて　こは何国《いづくに》への御幸なるらむ[四]

紫の雲をちわき[五]にちわきつゝ、　高天の原にかへりましけむ[六]

［一］天保二年（一八四〇）歿。巻四1「参州磯丸が歌の事」注［九］参照。［二］千種有功（一七九七～一八五四）。江戸時代末期の歌人。左近衛権中将。［三］峰の雪が崩れ落ちる音に驚いて谷の鶯は鳴く音も出せずにいることだ。［四］春や秋に出かけられた湯所への途とは違って、いったいどの国への行幸なのであろうか。［五］進路を分け開く。［六］紫雲をかき分けながら高天原にお帰りになったのであろう。

3紀州八木山の里山神祭の事

紀州熊野路に、八木山峠といふ所あり。その八木山の里の産土神《うぶすながみ》は山の神大山祇神《おほやまつみのかみ》にまし／＼て、御宮は里離れたる山中にありとぞ。祭礼は霜月八日とかいふことにて、氏子の人々集まりて、大笑ひする祭なりとぞ。

祭日には、里の人々、山の神の広前に筵《むしろ》[二]を敷き、みな／＼輪形《わな》りに並びて、神酒《みき》を飲み、祭の当番の主人、その座の真中にをり、かねて懐中に鰧《をこぜ》[三]の干魚《ひもの》を貯《たくは》ひて、杯を受く。四方の高き丘に、見物の人々、男女群集して見てゐるなり。杯回りて座中の人々一同に、当番の主人に向ひて曰く、「何某《なにがし》、そこもとの懐中に、鰧の魚ありと承る。なにとぞその鰧を一目見せ給へ」と乞ふ。当番の主人答へて、「おのおの笑ひ給はずば、見せ申さむ」といふ。座中の人々一同に、「必ず笑はず」といふ。当番の人、身づくろひして、「さらば鰧を御目にかけ申さむ」とて、懐中より袖の口に少し出だして、見せたるま、、すぐに懐中に引き納むると、座中の人々、当番の主人に向ひ、「この杯、今一遍回りたらば、また鰧を一

目見せ給へ」と乞ふ。主人答へて、「おのおの笑はぬ筈にて、御目にかけたるに、ただ今のごとく笑ひば、見せ難し」といふ。人々また曰く、「こたびは、堅く笑ひ申さず。なにとぞ見せ給はれ」と乞ふ。かくて、杯回り、主人身づくろひして、「さらば御目にかけ奉らむ」といふ。その身づくろひのさま、何となくをかしく見えて、人々真実に笑ひ始まる。主人は、その鰧をまた袖より、少し頭の方を出して見するに、座中の人々をかしさ堪《た》へがたく、大笑ひとなる。

また、杯回り、人々酒に酔ひて、面白くなり、また、座中の人々より、「改めて今一度鰧を見せ給へ」と乞ふ。主人答へて、「おのおの笑はぬ筈にて御目にかけたるに、唯今のごとく大笑ひし給ふからには、御目にかけ難し」といふ。座中の人々一同に、「このたびは少しも笑ひ申さず。なにとぞ見せ給へ」と乞ふ。主人、また身構ひすると、真実をかしくなりて、座中の人々も、見物の人々も一同に、臍《へそ》を縒《よ》り、転び倒れて笑ふさま、いと〱面白き故に、見物の人も集まるなり。かく笑ふこと三度にして祭り終る。

この祭、さしも可笑《をかし》きわけなくして大笑ひとなること、げに山の神の御心なるべし。故に、このあたりの諺《ことわざ》に、大笑ひすることあれば、山の神に鰧を見せたるやうなり、といふとぞ。

鰧は、山の神のはなはだ好み給ふものにて、悪魔除けとなり、貧耗鬼《びんぼふがみ》の忌み嫌ふものなり。功能は、第一、中風・労瘵《らうさい》[三]の難症を治《ぢ》し、人をして肥健ならしむる能あり。小児のもの喰ひ初めに、鰧を喰はすれば、生涯魚の骨を咽に立つることなし、といふ伝へなり。

すべて山国に住む狩人は、つねに鰧の干魚《ひもの》を懐中して、山狩に出づ。山に住む鳥獣は、山の神の御支配なれば、まづ山の神を祈り、某《なにがし》の獣、何《なに》の鳥を獲《え》させ給はゞ、わが懐中なる鰧を御目にかけ奉らむと誓ひを立て、さて、願ひのまゝに、わが願ひし鳥獣を獲れば、懐中なる鰧を袖より少し出だして、そのまますぐに懐中に引き入るゝとぞ。ただし、左の手に握れば、右の袖口より出だし、右の手に握れば、左の袖口より出だして、山の神の照覧に備へるなり。

また、猛き獣など捕らむとする時は、山の神に鰧を全く一つ奉らむと誓ひをたて、そのものを得る時は、鰧を山中に持ちゆくに、鰧に糸を付け、棹の先に釣り下げて持ちゆくに、いつとなくその糸切れて鰧は無くなるとぞ。これは山の神に取らるゝなり。

昔、さる狩人、心願かなひて、鰧を山の神に奉るとて、手に握りて山に入りければ、その腕を山の神に抜きとられ、腕も、鰧もともに無くなりける。その故に、鰧に糸を付けて棹の先に付けて持ちゆくなり。腕を抜かれざるためなるべし。

鷹を仕《つか》ふ人、鰧の干魚を懐中に納め置く例なりとぞ。これは、鷹それて遠く飛び去り、手もとに帰らざる時は、山の神に祈り、逸れたる鷹を手もとに返し給はゞ、鰧を御覧に入れ奉ると誓願すれば、たちまち鷹は飛び帰るものなりとぞ。

江戸にては、山神鰧といふて、霜月八日の山神祭には、木具屋《きぐや》[四]・金物屋・鍛冶屋など、鱶を買ひ調《ととの》ひて山の神に供ふる例《ためし》なり。

山の神は、海のものを好み、海の神は、山のものを好み給へども、自在にならずと見えて、人間の取り次ぎにて、供物となるも奇《き》なることとなり。

九州薩摩大隅[五]あたりの言ひならはしに、毎年十二月十四日は、山の神、山の木の伐り口を改め給ふ日なりとて、諸人《もろびと》山にゆくことを禁ずる例なりとぞ。

故に十二月十三日に煤《すす》を払ひて後[六]に山にゆきて木を伐り、正月の薪《たきぎ》を拵《こしら》ふる例なるに、近年、ある家の下僕の男、我慢強き者にて、十二月十四日に友を誘ひ、馬を牽きて山にゆき、薪を伐り取らむとし、今日、山の神、山なる木の伐り口を改め給ふなどいふは、虚説なるべしとて、両人連れ立ち、山にゆきて、木を伐りゐたるに、白髪の神人現はれ、木に腰を掛けて居給ふを見て、にはかに身の毛よだち、恐ろしくなりて山刀も捨て置き、馬を叩きて家に逃げ帰りける。連れ立ちたるまたの壱人の男も、少し所離れて、木を伐りゐたるに、美しき女神現はれ、木に腰を掛けて居給ふを見てたちまち恐怖し、馬を叩きて逃げ帰りける。

されば、十二月十四日には、山に入り木を伐ること山の神に不敬なれば、慎むべし。

[一] 神仏の御前。[二] 暖地の近海魚。形はみにくくするどいとげがあるが、美味。[三] 肺結核。または気うつ症。[四] 木具の製造・販売をする人。[五] 鹿児島県東部。[六] 自

分を頼んで他を軽んずること。

4主人の敵をとりし猿の事

弘化（一八四四〜四八）の頃にか、大隅国某《なにがし》の里に、日本廻国の修行者、猿を連れて来たりける。夏の日、その人、水を飲まむとして、猿を路のかたはらなる木に繫ぎおき、川の端にゆきて、水を飲みかゝりて、つひに河童に引き込まれ、水中に沈む。これを知る者なし。

この時旅人壱人来たるに、路のかたはらに猿壱疋《ぴき》、木に繫がれてあり。その人を見て両手を合せ、涙を流し拝む故に、その人、縄を解きて放しければ、猿はよろこびて、そのあたりなる川の端にゆく。旅人奇《あや》しと見てゐたるに、川岸に荷物あり。その猿たちまち水中に飛び入り、しばらくして、廻国修行者の死骸を引き上げたり。また、水中に入り、しばしのほどに、河童を殺して引き上げたりける。猿は水練の達者なるものにて、河童は何よりも猿を恐るゝとぞ。

5 大蛇を斬りし人の事

近き頃、薩摩国某《なにがし》の里にて、里離れたる山中にて、新田開発の始まり、一つの小家を立て、土方《とちかた》の人々、里より日々その所に通ひて、諸道具はその小家に入れ置きけるに、その村長の子壱人、その小家を守りてゐたり。手飼ひの犬壱疋も、その小家にゐたりけるに、二夜ほどその手飼ひの犬の鳴き声怪しく聞えしに、またの夜に、その犬身をふるはして小屋の内に逃げ入りたり。

主人思ふに、何者に追はれてかくまで身をふるはし、恐れて来たりしかと板のはざまより外をのぞき見れば、大蛇、その犬を呑まむとして追い来るさまなり。その人、気性逞《たくま》しき[一]男にて、刀を抜きて外に出で、その大蛇を目がけ斬りてかゝるに、大蛇は、尻尾を以てその人を叩くに、その痛さ堪へ難かりしが、いく太刀斬りても鱗[二]堅くして斬れざりしかば、逆に鱗の間をすくひ斬りに斬りければ、やう／＼大蛇を斬り伏せて殺してけり。その形太かりしが、丈は短くありしとぞ。

さて、その後も、大蛇の怨念、その小家に毎夜来たりて悩ましければ、新田開発成就せずしてみなみな引き取りける。かくてより、村長の家にて、小児ら五、六人引き続きて病死せしが、大蛇の祟《たた》りなりしとぞ。

[一] 勢いが強く盛んな気質の。 [二] 蛇の体の表面を覆っている堅い小片。

6 狸宗雲が事

上野国[一]堀工《ほりく》村といふ所に茂林寺[二]といふ禅宗の寺あり。昔、この寺の住僧[三]、旅戻りの宿屋にて、一人の僧と相宿して、種々の物語りせしに、万事にゆきわたりたる学僧にて、その名を宗雲といふよし。茂林寺の住僧と懇意になり、ともなはれて茂林寺に来たり弟子となりける。宗雲学僧なれば、その宗旨の論議にも負くるといふことなく、詩歌・文辞・その余の諸芸にも勝《すぐ》れ、修行者の禅僧来たりても、問答におよび、宗雲に勝てる者は絶えて無かりける。

さて、その寺の茶釜小さくして、客人多く集まる時には茶の水足らず、大きなる釜にては茶の水あまりて、ままならず、ほどよき茶釜ぞ欲しかるといふに、一日、宗雲は同国佐野町の古道具屋にゆきて、銭六百文を出して小さき茶釜を買ひ得て帰れり。

さて、この釜もて茶を煮るに、人多くなれば茶水も殖《ふ》え、人少くなればそのほど〳〵に足りて、奇《あや》しき釜なりとて、分福《ぶんぶく》茶釜と号《なづ》けゝる。

この茂林寺の住僧も、年老いて死したりしが、宗雲はいつも健《すこ》やかにて、その寺の弟子となり、働きけるほどに、住持[四]の僧は幾人も替りけれども、宗雲は替ることなく、寺の什《じふ》物《もつ》となりて、永く勤めける。

この宗雲は、古狸の化《ば》けたるにてありければ、つねに犬を恐れて、庭に出ることはまれなりける。かの茶釜も、六百文にて買ひたれども、木の葉類のものに木縄《きなは》[五]を貫き銭と見せて買ひたりける。

一日、昼寝してゐたりしが、その寝姿の狸なりけるを、小僧に見付けられ、それよりみづから物語りけるに、「わが身は古狸にて、永くこの寺に住みしが、今正体を見付けられては、この世に永らひ難し。近日、われは死すべし。されば、この里の人々に永く睦《むつ》びし礼謝に、この世の名残り、面白き芸をなして見せ申すほどに人々集まり給へ」といふにより、里人数多《あまた》茂林寺に群集したり。

宗雲いふやうは、「われ、今、屋島・壇の浦、源平の大合戦を見すべし。みなみな目を閉ぢて、われ起こす時に目を開くべし」と約し、やがておのおの目を開けば、屋島・壇の浦、源平の大戦ひ、その面白きことといはむかたなし。さて、それも終りて、「この後は極楽の体相を拝ますべし。しかしながら、必ず尊きことと思ふべからず。もし尊く思ふ時は、必ず消ゆるなり」と契《ちぎ》り、やがて人々に目を開かせければ、釈迦如来をはじめ、二十五菩[六]薩現はれ給ひ、その余の諸仏も紫雲に乗り、蓮の華を降らせ、何となく人々有難く、尊としと思ふと、たちまちに極楽の体相消えて、茂林寺の客殿なり。須弥壇《しゅみだん》[七]の下を見るに、大きなる古狸、死してゐたりける。

狸宗雲が墓とて、今に茂林寺にあり。また、宗雲が持ち来たりし掛抽二、三幅、宝物となりてあり。これは外国のものにて、日本の品にあらざるよし。また、分福茶釜も、茂林寺の宝物となりてあり。佐野の町の古道具屋にも、釜を買ひたる銭六百文の代《かは》りに用ひたる木の葉銭、今に腐らずしてあり、といふ説《こと》なり。

［一］群馬県。［二］室町時代中期、大林正通禅師の開山。［三］寺に居住している僧。［四］寺の主僧の住職。［五］松・檜などの生木を裂いて、綱としたもの。［六］有様。［七］寺院の、仏像を安置する壇。

7山崎宗鑑が妙手の事

山城国［一］山崎の人山崎宗鑑［二］は、三代将軍家光公［三］御在世の人なり。能書の聞えあり。一日、異人来たりて曰く、「われは天狗［四］なり。わが輩《やから》［五］、六十年に一度、野州日光山に集会することあり。われより下に立つ者だにもそれ〴〵の芸能あり。われはその上に立つ身分なれども、一芸も知らず。某《なにがし》の日は、日光山集会の日に当れば、何か一芸をなさまく思ふに、君は能書の聞えあり。某《なにがし》の日、われに君が能書の手を貸し給はれ」といふ。宗鑑怖しく思ひ、否《いな》みければ、「少しも恐るゝにおよばず。手を抜く［六］にはあらず。ただ諾《うべな》ひ給はゞ、その手の用を借るのみなり」といふによりて、諾《うべな》ひければ、かの異人、忝《かたじけな》しとて立ち去りぬ。

さて、某《なにがし》の日に当りて、宗鑑筆を取るに、運筆叶はずして一字をも書き得ず。またの日には、つねのごとく自由自在に書くこととなりぬ。その後、かの異人、手を返しに来たり、「某《なにがし》の日、君が手を借りて用ひし故に、あまたの天狗の中にても、別《べつ》して勝《すぐ》れたる芸なりと誉れをとれり。何をか君に礼せむと思ふに、今、世上に、君が書ける天満宮の神号[七]の掛軸多くあるを、その神号に霊を添へて、火防《ひぶせ》の守りとなさむ」といひて別れける。

その後、はたして、宗鑑が書きたる天満宮の掛軸持ちたる人の家近く、火災起こりて、四隣みな焼亡しけるに、その家の屋上に怪しき人多く来たり、火を防ぎければ、その家のみ火災を免れければ、諸人不思議に思ひしが、全く宗鑑が書きたる掛軸のありし故なりとぞ。

[一] 京都府南部。[二] 山崎宗鑑（一四六五～一五五三）。室町時代後期の連歌師・俳人。
[三] 足利義尚（一四六五～八九）の誤り。[四] 深山に住む異界の存在。人の形をしていて顔赤く、鼻高く、翼がある。羽団扇を持ち飛行自由。[五] なかま。[六] 手を抜き取る。
[七] 称号。天満大自在天神。

8 奥川正啓が事

尾州千田郡《ちだ》［一］常滑村《とこなめ》に、奥川正啓といふ医者ありける。生国河内国の人にて、すこぶる学医なり。一日病家を訪ひて、厚く饗応をうけ、満腹して、日暮れに家に帰らむとせしに、途中にて樹の上より、「正啓々々」と呼ぶ者ありければ、「何者ぞ、わが名を呼び捨てにするは、無礼なり」と咎むるに、たちまち樹の上より、身の丈七、八尺の恐ろしき異人飛び下りて、「われは天狗なり。そこもと今満腹して、食物に飽きたり。われ空腹せり。なにとぞその満腹をわれに貸し給はれ」といふ。正啓怖ろしく思ひ、否《いな》みければ、「ただ貸して遣はすと、申し給へば、われ、それにてこと足る」といふによりて、貸すべしと諾《うべな》ひけるに、忝《かたじけな》しとてその異人は見えずなりける。

かくて、正啓は、俄かに空腹して指を動かす力も無くなり、いよ〳〵力抜けて、歩行叶ひ難く四つばひに這ひて、やう〳〵わが家に入りにける。

その後、かの異人、礼に来たりしことは聞かず。

［一］愛知県西部。

9 大字を書きし人の事

文政（一八一八〜三〇）の頃、江州[一]彦根の町に伊勢屋 某《なにがし》といふ書家あり。専ら大字を書くことに妙を得たり。一日、机によりて大字を書きてゐたるに、大筆を携へて家を出でて帰らず。家内の人々尋ねけれども、さらにわからず。もしや湖水に身を投げて死にもやせむ、と湖水のほとりを尋ぬれども知れざりける。四、五日過ぎて、同国松尾寺の勧妙院といふ寺より、使を以て知らせおこされたるに、主人は、この方に無事にて侍れば、心づかひなし給ひそ[二]、とありける。この松尾寺といふは、高き山にて、その所の寺を勧妙院といひしが、その寺の住持の僧は、伊勢屋 某《なにがし》が筆弟[三]にてありける。

さて、その人、家にて机上にかゝりゐたるに、にはかに外出の意《こころ》起りて、筆を携ひ、彦根の町を離れ、野外に出でけるに、並木松の上に、白衣を着て身の丈高き異人多く居たるに、たちまち下り来たり、「君は、能書の聞えあり。ここにて、大字を書きて給はれ」と乞はれしが、唐紙数枚、大硯などありける。その人諾《うべな》ひて、大字を数枚書きたり。

その日も暮れければ、頭《かしら》だつ異人、「誰なりとこの人を送り申せ」といふに、ここより彦根まで道遠し。松尾寺は近ければ、その所の勧妙院に送るべしとて、異人壱人付きそへ、松尾寺の麓に送り来たり、その人の後ろにまはり、腰を推《お》して山に登りしが、何の苦もなく、しばしのほどに勧妙院の庭に出でたり。異人はここより帰り、その人は、勧妙院に宿りて、そのよしを物語りける。

さて、その大筆の穂先を見るに、摺りへらして古箒《ふるぼうき》のごとくなりてありけるは、多く書きたるなるべし。

かくて、彦根に送られて帰りけるに、このこと評判になりて、彦根侯へ召され、御賞美あらせられける。


［一］滋賀県。［二］心配なされるな。［三］文字・絵・文章の友。

10 天狗の築きし築山の事

文政の頃、相州小田原近在に、能書の人あり。つねに築山を好みて、庭に泉水など構ひて楽しみける。ある時、異人壱人来たり、「われは小田原最上寺の山奥に住む天狗なり。［一］君は能書の聞えあり。なにとぞ某《なにがし》の日まで、われにその能書の手を貸し給はれ」と乞はれしかば、その人諾《うべな》ひて、「貸しまゐらせむ」と答へければ、忝《かたじけな》しとて帰りける。

さて、それより主人筆を取るに運筆叶はず、にはかに無筆になりける。その後、某《なにがし》の日に、またその異人、手を返しに来たりしかば、主人はもとのごとく運筆自在に働きける。異人曰く、「君に何をか礼謝せむと思ふに、君は、築山を好み給ふよしに見えたり。某《なにがし》の日、夜に入りて山を築きまゐらすべし。その夜中は、家内の人々、外に出づべからず」といひて帰りける。

さて、その日に当りて、夜中は約束のごとく、家内の人々外に出でず慎みゐたりしが、夜半と思ふ頃、大きなる物音して怖ろしかりき。夜明けて見れば、大石を運び来たりて山を築き、また、深山幽谷に生じたる名も知れぬ樹木を持ち来たりて、植ゑ置きける。珍らしきこととて、その頃、諸方より見物にゆく人多かりしとぞ。

〔一〕道了権現をさす。巻九13「道了権現霊験の事」注〔一〕参照。

11猫塚の事

江戸本所 某《なにがし》の町に、猫を飼ひて懇《ねんご》ろに養ふ人ありけるに、その家の娘、怪しき病に臥して身体疲《つか》れ、いたく衰へける。
しかるに手飼ひの猫、その娘のかたはらをつかのま〔一〕も離るゝことなく、昼夜病人のかたはらに侍《さぶら》ひければ、近き隣家の人々は、猫に悩まされたる病なりと噂しけるほどに、ある夜、その家の主人の夢に、手飼ひの猫現はれ出でていひけるには、「君が娘久しく病に臥し給ふを、われ昼夜かたはらを離れず守りゐるを、近所の人々、こは猫の仕業《しわざ》なりといふは非説なり。この家に古き大鼠二階に住みて、君が娘を悩ますなり。その故に、われ君が娘の伽《とぎ》[二]をして鼠の害を防がむとするなるが、かの鼠を捕ることわが力におよばず。この古鼠を退治するには、わが親方猫、某《なにがし》の町 某《なにがし》の家に飼はれてあり。この猫を頼み来たらば、われ命を捨てても、二疋にて古鼠を殺さむ」と告げて夢さめたり。

主人、不思議に思ひ、またの日、急ぎ某《なにがし》の町なる某《なにがし》の家に尋ねゆき、しか〴〵のことにて、猫を借りに来たれるよし語りければ、その家の主人答へて、「わが家の猫は、御尋ねの通り古猫にてあれども、たやすく人手には捕らひ難し。されども、かかる大事なれば捕らひみむ」とてやう〴〵捕らひたりしが、まことに大猫なり。

その猫を借り来たりて、手飼ひの小猫に引き合せければ、互いに何かさゝやくさまに見えて、まづ、その家の猫二階に上ると見えしが、鼠と嚙みあふ様子なり。その後より、大猫進み上りて、ともに鼠と嚙みあひける。人々、はしごを懸《か》けて、二階に上り見るに、小猫は大鼠の咽に嚙みつき、大猫、飛びかゝりて鼠を嚙み殺したりしが、その家の小猫は、鼠に嚙まれて即死したり。大猫も、鼠を嚙み殺せしが、これも手疵を負ひて、つひに死したり。

かくてより、娘の病全く癒《い》えて、健《すこ》やかになりける故、その猫を葬りて、厚く仏事を営み、弔ひ供養し、猫墓といひて、今にありとぞ。[三]

[一] 少しの間も。 [二] 看護すること。 [三] 根岸鎮衛『耳嚢』巻二の説話に類似するが、

大阪農人橋の村田屋惣兵衛のぶち猫などの細部に違いがある。

12奥州にて亀を助けし人の事[一]

明和六年（一七六九）丑《うし》の八月、ある人、奥州津軽の浜辺を通りければ、大亀干潟《ひがた》に仰向けになりてゐたるを、「ぬはしらべ」といふ鳥ども、おびただしく集まりて、亀をつゝき殺して、喰はむとするさまなり。その人、たたずみて見てゐたるに、その亀首を出だして、その人を見て、助けくれよと頼むやうに見えければ、その人、脇差を抜きて、鳥を追ひちらし、亀を助けて海中に放ちければ、しばし浪に浮びて、礼をなす体《てい》にて海に入りぬ。

その人、その夜の夢に、童子壱人来たり、告げて曰く、「われは、今日、君に助けられし亀なり。助け給へる恩報じ難し。檀《まゆみ》[二]といふ薬木あり。これを君に奉るべきまゝに、重ねてかの浜に来たり給へ」といふと見て、夢さめぬ。

あくる日かの浜にいたるに、風吹き、浪立ちて、亀現はれ来たり、岸辺に着き、木の枝のごとき黄色の物を咥《か》みて、その人の前に置き、そのまま亀は海に入りぬ。

すなはち、その木を取りて帰りしが、津軽侯そのよしを聞き給ひ、それを見給ふに、その重さ十八匁ありけるを、五匁分《わ》けて、その人に遣《つか》はし、医者を召されて問はれしに、檀《まゆみ》といふ薬木は、『本草綱目』[三]にありながら、いまだ見たる人無し。延齢の薬なりとかや。

このこと近藤氏の筆記に見えたり。亀の寿命長久なるは、かかる薬木を喰ふことを知れる故なるべし。

〔一〕岡田挺之「秉穂録」一ノ下に準じている。〔二〕びゃくだん・したんなど香木の総称。
〔三〕明の李時珍の著。五二巻。一八九〇余種の動物・植物・鉱物を分類、解説する。

13 胞衣を喰ひし人の事

弘化四年（一八四七）未《ひつじ》の年秋、下野《しもつけ》〔一〕国河内《かふち》郡小倉村の農夫某《なにがし》が妻、妊娠して臨月にもなりけれども、その身健《すこ》やかにて薪《たきぎ》取りに山に出でて赤子を産みける。山中にて人も無かりければ、みづから胞衣《えな》〔二〕を木の枝に懸け置き、赤子を衣の裾に包みて、家に帰りぬ。家の人々安産をよろこびたるに、「胞衣はいかゞせしぞ、なほざりには捨て置き難し」〔三〕といふに、「それはしか〳〵の所なる樹の枝に懸けて置きたり」といふによりて、とみに人を遣《つかは》して尋ね求むるに、血のしたゝりし跡あれども、胞衣なかりしかばむなしく帰り、人々にそのよしを告ぐるに、人々いたく悲しみ、それは、鳶か烏のためにとられしならむ。いかにもせむかたなし、と語りけるに、その婦人、赤子を懐《いだ》きて山より帰りし跡に、その隣村の杣人《そまびと》、三人連れにて山より帰るさに、樹の枝に、血まびれたるもののありしを見て、こは、狩人が鹿を打ち殺し、活き肝《ぎも》［四］を取りて、その腸《はらわた》を、木の枝に懸けて置きしに違ひなし。これを持ちゆきて、酒の肴にせむとて、その胞衣を草に包み、里に持ち来たり、豆腐を添へて、煮て喰はむとするところへ、また友なる男壱人来たり、四人一座となり、その胞衣を肴として、酒を飲みたりける。

さるほどに、隣村小倉村何某《なにがし》が妻、山にゆきて赤子を産み、胞衣を木の枝に懸けて置きしを失ひて、いたく患《うわ》ふるよし噂に聞えければ、その胞衣を喰ひたる人ども、心付きて、さては、鹿の腸《はらわた》と思ひてわれわれが喰ひしは、小倉村の何某《なにがし》が妻の胞衣にてありしか、と思ひ当り、それより四人ともに病に臥し、眉毛・髪の毛も抜け落ちて、惣身腐爛《ふらん》し、癩のごとくになりて四人とも死したりける。

［一］栃木県。［二］胎児を包んでいる膜と胎盤。［三］いそいで。［四］生きている動物から取った肝。

14狸に犯されし婦の事

弘化の初年（一八四四）の頃、下野国おとめ川岸《ぎし》といふ所に、さる人の娘に壱人の美女ありける。古賀の町に契りし男ありしが、その男よる〳〵忍び来たるに、金銀ならびに衣服など、美しきものども持ち来たりて女に賜はりぬ。女もいたく慕ひ、親ども、そのよしを知りつゝも、そのままに見過ごしけるに、女の色青ざめ、血の気なく衰へける。

親ども怪しみて、ある夜、その男の帰るを伺ひ、跡より行方を見とどめむとて、遠目に目を付けゆくほどに、さる山中にゆきて形失せける。

その所は、昔より古狸のすみかなりしかば、狸の化けたるなりと思ひ定め、家に帰り、娘にもそのよしを告げければ、娘も驚き、かの男に贈られしものども取り出だして開き見るに、金子と思ひしは樫《かし》の実にて、衣裳と思ひしはみな木の葉にてありける。そは、狸が古賀の色男に化けて、ものせしなりとぞ。

15 蛇に犯されし女の事

下野国豊田村 某《なにがし》が娘、美女なりけるに、よる〳〵美しき男、忍び通ひて深く契《ちぎ》りてけり。女、怪しく思ひて、ある夜、男の衣の裾に、長き糸付けたる針を刺して返しける。

夜明けて見るに、家の裏なる川のあなた、深き淵のほとりに糸引きて、その所に住みける蛇なること知られたりける。かくて女は孕《はら》みて子を産みけるに、蛇を産みて死したりける。

故《かれ》、その女の石碑に、女に蛇の現はれたるさまを彫《ゑ》りて立てたりけるに、その家は商人家にて、呉服・太物《ふともの》[一]など売り販《ひさ》ぎ、いたく富み栄えけるに、石碑に蛇を産みしさまを、後世まで遺《のこ》さむは恥かしとて、その娘の石碑を打ち砕き、別に石碑を立て替へければ、その家やゝに衰へて、貧しくなりぬ。

かくて、その石碑の祟りならむとて、石碑をもとのまゝに立て直しければ、その家また富み、栄えにける。

[一] 綿織物・麻織物の総称。

奇談雑史　巻六

1 鴛鴦の歌の事[一]

昔、保元（一一五六〜五九）の頃、下総国保科の城主平入道真円といふ人ありける。つねに殺生を好み、一日、印旛郡村上の里なる阿曾沼に狩りにゆきて、沼を見わたすに、鴛《をし》鴦《どり》雌雄二羽水に浮びて遊びゐたるを、入道、射る箭《や》の先に鴛《ゑん》の雄鳥の首を射切りて、首なき鴛を得たり。雌鳥の鴦《あう》は驚きて飛び去りぬ。入道その鴛を得て帰りぬ。

その夜、夢の中に、美しき女壱人、入道が枕のもとに現はれ出で、心憂き気色にて入道に告げて曰く、「今日、君は、わが夫を殺し給ふことの恨めしさよ」といふ。入道答へて、「われ、かつて殺したる覚えなし」といふ。女重ねて、「偽り給ふまじ」といひて、

日暮るれば　さそひしものを　阿曾沼の　まこも隠れのひとり寝ぞうき[二]

と一首の歌を詠じて、「わが身は鴦の雌鳥なり」といひて、鴦の形となりて立ち去りぬと

見て、夢さめたり。

入道、怪しく思ひつゝも、またの日も、阿曾沼に狩りにゆきて見るに、鴦の雌鳥一羽水に浮びてゐたるを、またも射る箭に射殺したり。その鴦を得てつら〳〵見るに、翅《はね》の中に昨日殺せし鴛の男鳥の首を羽ぐゝみ[三]てありける。入道思ふに、鳥類ながらも愛執・恋慕の道の深きを感じ、生死無常の定めなきを思ひ、発心・出家して遁世の門に入り、阿曾沼のほとりに草庵を結び、一寺を建立し、ここに住して、その寺を池上山鴛鴦寺と号《なづ》けたり。その鴛鴦・雌雄を弁財天神[四]と祀《まつ》りて、今にその両社あり。俗に色弁天といひて、男女恋慕の願ひをかくるに、必ず霊験ありとぞ。

阿曾沼、今は水あせて、多く田地にひらけ、中央なる池の中にも、弁財天神の宮ありて、古《いにし》への阿曾沼の形いさゝか遺《のこ》れり。江戸より十里東の方にて、村上の里といふなり。『沙石集』にこれを下野国のこととせり。

[一]『沙石集』巻第七「鴛殺事」に準じている。[二] 日が暮れると、共寝に誘っていたのに、阿曾沼の真菰の陰にただ一人寝るのはつらく悲しい。[三] 羽でおおい包み、大切に守る。[四] 福徳・財宝を与える女神。片葉の弁才天とも。

2 加州金沢某が歌の事

加州金沢の人にて、貧しき人ありける。つねに菅原の神〔一〕を信仰して祈りけるには、「おのれ、貧しくすぎはひ侍《はべ》〔二〕れど、神の御恵を以て、いつも一日に米一斗、銭壱貫文に乏しからざらしめ給へ」と祈りけるに、かくてもその人歌よむこと自然に巧みになりしが、加州の大守〔三〕江戸に参府〔四〕の時、その人合羽駕籠《かっぱかご》〔五〕を担《かつ》ぎ、御供に侍り、江戸に参られける。時しも十月の、初紅葉の色濃く山々に見えけるに、碓氷《うすひ》峠にて加州侯、

うすひとは誰《た》がいひそめし　濃き紅葉〔六〕

と歌よみ給ひ、「誰かある、この下の句を付けよ」と仰せられしが、御側に侍る人々もただちに下の句を付くる者なく、いかゞせましとすることを下《しも》ざまの人々へも聞かせければ、かの合羽駕籠を担《にな》ひたる男出でて、「われ賤しき身にて畏《おそれおほ》かれど、御許しあらば下の句よみ奉らむ」と申し上げければ、御許しありけるに、

いにし昔の秋にとはゞや〔七〕

と下の句をよみければ、加州侯感じさせ給ひ、御目通りに召され、御褒美あらせられ、領

地百石を賜はり、無役にして召し仕はれける。

　こは全く菅神《すがはらのかみ》の御恵みなるべく、加州侯も菅神の御末孫にましませば、深きいはれ〔八〕あることにこそ。

〔一〕天満大自在天神。菅原道真のたま神。巻一1「飛び梅の事」参照。〔二〕暮らし。〔三〕加賀藩主。〔四〕大名が江戸に出府すること。〔五〕行列の最後の二個の籠で、供回りの雨具を納める。〔六〕色濃い紅葉の峠をだれが碓氷峠といい始めたのであろうか。「うすひ（薄ひ）」〔七〕過ぎ去った遠い昔の秋に聞いてみたいものだ。〔八〕因縁。理由。

3猪の怨霊の事

　文化（一八〇四〜一八）年中、奥州某《なにがし》の里に狩人ありける。山中に小屋を造りて、里よりその所に通ひ、猪・鹿を狩りて、宿りける。

　ある夜、その小屋に怪しき小僧壱人来たり、「何ぞ食物を与へよ」といふによりて、狩人も、こは人間ならぬ小僧なりと思ひ、いと恐ろしくなり、飯櫃《めしびつ》を取り出だして与へしかば、その小僧、飯を残りなく喰ひ尽くし、「ほかに何かあらば喰はむ」といふによりて、「山家なれば、ほかに何一つ喰ひもの無し。猪のなま皮一枚あるのみ」と答ふれば、「その猪の皮喰はむ」とて、やがてその皮をも残りなく喰ひ尽くし、「またほかに何かあらば喰はむ」といふに、狩人答へて、「このほかには何も無し」といふに、小僧曰く、「われは、この年頃汝が手に打ち殺されたる千疋《びき》猪の怨霊なり。ほかに何も喰ひもの無くば、汝を喰ひ殺さむ」とさも恐ろしき皃《かほ》にてにらまれ、狩人いたく恐れ、とても遁るべくもあらずと思ひ諦め、小僧に向ひ、「われは、山家に生れ、ほかに仕業《しわざ》もなき故に狩人となり、これまで多くの猪・鹿を殺せしかば、その罪遁るべからず。わが命給はるべし。しかしながら、われ、今一たび里に帰り、親子に暇乞《いとまご》ひしてここに来たり、命を取らるべし。〔一〕それまで日数三日の間待ちくれよ」とひたすらに歎きければ、小僧諾《うべな》ひて、「さらば、望みにまかすべし。もし契《ちぎり》をかへて、ふたたびここに来たらずば、われ、汝が家にゆきて喰ひ殺さむ」とて小僧は消え失せにける。

狩人は、その夜の明くるを待ちかねて、里に帰り、親・妻子にそのよしを告げ、里の人々・身寄りの者にも語りければ、聞く人みな驚き、いかにもしてその禍《わざは》ひを遁《のが》るるすべやあらむ、と里人こぞってその里の村長《むらをさ》〔二〕の家に集まり、難儀して考ふれども、何ともすべきすべもなくてゐたるに、紀州熊野本宮の神官竹内太夫、配札のためにその村長の家に来たりければ、村長思ひ付きて、このことは、紀州熊野の神官を頼み、祈念する方しかるべしとて、神官に願ひ、狩人助命のことを頼みければ、神官諾《うべな》ひて狩人の家にゆき、熊野大《おほ》神を祈り奉り、その契の日に当りて、その狩人壱人家にをらしめ、戸・窓ごとに熊野の御祓守《らひまもり》を張り、戸口をしめきり、待つほどに、その夜の丑の時（午前二時）ごろに、家のまはりに荒れたる猪のあまた来たりしさまにて、戸窓を嚙みつゝ、その家をめぐりしが、入ること叶はず、さも悔し気に歯がみをなして立ち去りぬ。夜明けて見れば、猪の嚙みつきたる跡ありて、狩人はその禍ひを遁れ命助かり、狩人を止《や》めたりとぞ。

このこと熊野の竹内太夫物語りせり。

［一］わたしの命をおとり下さい。［二］熊野坐神社。熊野三山の一つ。祭神は家津御子大神。

4 黄雀を助けし人の事［一］

昔、唐土に楊宝といふ人ありける。華陰山［二］の北にいたる時に、一つの黄雀［三］の、鴟梟《ふくろふ》のためにうたれて、木の下に落ち、螻蟻《ろうぎ》［四］のために苦しめらるゝを見て、あはれと思ひ、その黄雀をとりて家に持ち帰り、櫛笥《くしばこ》の中に置き、黄花《くわうくわ》［五］を餌に飼ひて百日余り養ひければ、羽毛もものごとく生ひて黄雀は飛び去りける。

その夜、黄衣を着たる童子、来たりていふやうは、「われは、君に助けられたる黄雀にて、西王母《せいわうぼ》［六］の使の者なり。君が情けにめで［七］、その礼をなさむために来たれり」とて白《びやく》環《くわん》四枚を与へ、「君が子孫、この環のごとく潔く、高き位に昇りて家富み栄ふべし」といひて去りぬ。

かくて、楊宝は隠居して学問を教へてありしが、公より召されしかども遁れて至《いた》らず。はたして、その人の子、震といふ人、大尉の官に昇り、それより孫・曾孫《ひこ》・玄孫《やしやご》まで四代続きて、大尉の官に昇り、家富み栄えける。

〔一〕六朝の志怪小説呉均の『続斉諧記』に基づく。〔二〕陝西省の山。〔三〕黄色は五行の土の色として尊ばれた。〔四〕ケラやアリ。〔五〕菊または菜の花の別名。〔六〕中国の神話の女の仙人。崑崙山に住み、不死の薬を持つ。〔七〕輪形の玉。

5 中屋六兵衛が事

寛政(一七八九〜一八〇一)の頃、江戸霊岸橋のほとりに、中屋六兵衛といふ鱣屋《うなぎや》ありしが、ある日、茅場町といふ所の人々、五、六人連れ立ち、鱣を喰ひに来たり、大きなる鱣を選び、これを割《さ》けよといひければ、鱣を割く男は雇人なりしが、大鱣を捕らひ、俎板《まないた》の上にのせて腹をしかと押へければ、その鱣、首をふり向けて、その男にいふやうは、「そこもと、われを割く気か」と人のものいふごとくいひければ、男は肝を潰《つぶ》し、その鱣を割かず、暇《いとま》を乞ひ、その家を立ち去りけるが、その後、鱣を割く業を止《や》めたりける。

かくて、中屋が家にて、その男の跡に雇ひたる鱣割く男、いつとなく飯喰ふこと叶はず、水ばかり飲み、衣類を着ることなり難く、うなぎの擬《もどき》をなして[一]死したりける。人みな、鱣の祟りなりといへり。中屋が家も種々《いろいろ》の禍ひごと続き、人々死に絶えて潰れたりける。

さて、その中屋が家の潰れしを見て、そのあたりなる鱣屋らみなその商売を止めたりける。

[一] 動作の真似をして。

6 雷になりしと云ふ人の事

一心凝《こ》りて願ふことは必ず成就せざることは無しといへり。

尾州大道寺玄蕃頭《げんばのかみ》[一]の厩《うまや》の奴《やつこ》[二]、いかなる心にかありけむ、雷神にならむことを天に祈りけるが、死後にはたして雷神になりたるよし、主人へ夢中に告げたりける。故に、大道寺の屋敷へは雷震あることなし。かつ、雷を恐るゝ者は、大道寺玄蕃頭と書きたる符《ふだ》を家に張りおくことなり。今、そのあたりの慣はしとなりぬとぞ。

[一] 大道寺直重。江戸時代初期の人。松平忠吉およびその弟の徳川義直に仕えた。 [二] 下

僕。

7 雷にうたれて死したる人の事

木曾街道御岳の駅に、嘉右衛門といへる富める農家ありける。ある年の夏、下女・下男田に出て耘《くさぎ》[一]りしけるに、にはかに村雨降り出だし、雷鳴りければ、みな〳〵怖れて逃げ帰るなかに、丈夫なる下男四人残りたるが、雷鳴烈《はげ》しきに堪へかね、三人連れて家に逃げ帰る。

一人凶猛なる奴《やつこ》、大言して、「雷は鳴るが役、われわれは耘るが役。汝ら臆病者、何の怖れ逃ぐることかある」と罵《ののし》りければ、三人は耳にも入れず、主人の家に逃げ帰り、門に入る頃、田の面《おも》に雷落ちかゝり、かの凶奴《きようど》は雷に打たれて死したり。

主人は不便に思ひて、かゝる凶悪の奴は、往来の人の一ぺんの回向《ゑかう》[二]にも預《あづか》らば、未来のためならむと、街道のかたはらに葬り、石塔を立て置きたるに、恐るべし、翌年のその月その日、一周忌の日に当りてまた雷鳴し、その石塔に雷落ちて、石塔は打ち砕かれける。

○また、野州宇都宮の町に、平石といふ富家の酒屋ありて、ある年の夏、大雷鳴りける時、その家の下人ども、怖《お》ぢて田畑よりみな〳〵家に逃げ帰りしを、主人大きに怒り罵り、下人どもをそのまま田畑へ追ひ返し遣《や》りける。その跡にて、主人が頭の上に雷落ちて、主人は打たれて死したり。

かくて、葬礼を営み、墓に石塔を立て置きけるに、ほどなくその石塔に雷落ちて、打ち砕かれける。重ねて立てたる石塔にもまた〳〵雷落ちて、ふたたび打ち砕かれしかば、その後は、銅にて銅塔を立てたるが、今にありとぞ。天罰恐るべし。

〔一〕田畑の雑草を除き去る。〔二〕読経や布施などで、死者の霊魂を弔うこと。

8 関が原出火の事

尾州名古屋長者町に碁席あり。主人は、五雪といひしが、宝暦十一年(一七六一)二月二十四日、この家に、美濃国関が原駅の人来たり、用談終りて急ぎ帰らむとするに、主人曰く、「時は今、未《ひつじ》の刻(午後二時)なり。関が原へは十五里の行程、とても今日帰宅はなるまじ。今夜ここに一宿し、明くる暁より帰られよ」と留《とど》むるに、その人いふに、「関が原は今月大火のあるべきわけなれば、一刻も急ぎ帰りたし」といふ。

その席にありける人々、おのおの驚き、「危ふきことをいはるゝものかな。いかなる故ぞ」と問ふに、「されば候。この三年以前、一人の若き男、木こりのために山にゆきて帰らざる故、一族・近隣の者尋ね捜すといへどもつひに行方知れざりしが、この間、一人の男山中にて出逢ひたるに、「これはめづらしや、今までは何方《いづかた》にありて、いかゞせしぞ」と問へば、かの者答へて曰く、「われ、今は天狗殿に宮仕へして、心安く暮らせり。ただし人間界へ帰ることを許されず。しかれども当二月は、関が原駅焼亡すべきに定まりぬ。昔のよしみ、汝にまで告げ知らすなり。よく〳〵心得よ」といひ捨てて、飛ぶがごとく、山深く走り入りたり。これによりて、一駅の男女、油断なく守りゐることなれば、心も心ならず侍る」とて、あわたゞしく立ち帰りける。

めづらしく怪しきことに聞きなしてありしが、その後も、すでに二月廿九日になりぬ。今は一夜になりたれば、なにとぞ免れたしと祈りゐたるに、その日の申《さる》の刻（午後四時）ばかりに、駅の西の端より出火して、折しも西風烈しく関が原弐拾余町の人家ことごとく焼亡したりけり。

［一］岐阜県南部。［二］宿場。

9鳴海駅出火の事

元文（一七三六〜四一）の頃、尾州鳴海《なるみ》の駅大火の時に、日ごろ遠州秋葉大神［一］を深く信じ奉る男二人、隣り合ひて住みけるが、今日の火遁れ難し。いざ神力を頼み奉らむとて、家の家財も打ち捨て置き、二人連れ立ち、遠州秋葉山に参詣したりける。その時の出火大いに広がり、鳴海の駅大半焼亡し、かの二人が家の前後左右みな焼けたるに、かの二人が家ばかり残りたるぞ不思議なる。

しかるに、その翌年も出火にて、この二家ばかり焼亡し、その余はみな無難なりしも不思議なり。

秋葉山の霊験あらたかなると、定業《ぢやうごふ》[二]の遁れ難きも、二つながら感ずべし。

[一] 秋葉山本宮秋葉神社。祭神は火之迦具土《ひのかぐつち》大神。火難よけの信仰と十二月十五・十六日の火祭りが有名。 [二] 前生から定まっている業報。

10 痢病神の事

東海道豆州山中宿に、芝切地蔵といふあり。昔、山中宿の笹屋某《なにがし》、千人施行《せぎやう》[一]の宿を貸しけるに、千人に当たる修行者の旅人、痢病[二]を患《わづら》ひて六月九日といふ日に病死したり。いまはの際の遺言に、「われ、痢病を患ひて死す。わが墓に芝一切《しばひとき》[三]りを積みてくれ給ふ人々には、われ、痢病守りの神となりて、諸人の病苦を救ひ助けむ」といひて終りける。今に霊験ありて、六月九日祭礼あり。

〔一〕功徳のために千人の人に宿を貸す行。〔二〕赤痢。〔三〕刈った芝一束。

11 薯蕷地蔵尊の事

〔一〕駿州駿東《すんとう》郡平田村の羽左衛門といふ貧者、薯蕷《やまいも》を掘りて業《なりはひ》とし、嘉永二年（一八四九）三月、狩野川の堤にて、長薯を掘りけるに、地中に人の髑髏《どくろ》ありて、長薯に貫ぬかれてあり。その人、怖れてそのまゝ埋めぬ。

菩提寺の僧にそのことを語りければ、僧はそれがために回向をなし、羽左衛門と相はかりて、その所に石碑を立てて弔ひければ、ある人思ふやうは、「長薯のために頭を貫かれて、さぞや頭痛み侍《はべ》らむ。われ、頭痛の病あれば、この仏に祈らむ」とて宿願しけるにたちまち頭痛快気したり。それを聞きて、諸人祈願をかくるに、霊験いちじるく、願ひ事叶はずといふことなく、諸人群集し、長薯地蔵尊と称し、日々の賽銭、山を積み、羽左衛門これがために富を得ることとなりぬ。

かくて、そのあたりに餅・酒・菓《かし》など売る商人、多く店を構ひ、諸人群集する故に、そのあたりの田畑の作りを損ふこととなり、農人難儀の者あるに付きて、公に願ひしかば、豆州韮山《にらやま》御代官〔二〕より御下知ありて、参詣の人を停止せしむ。

これによりて、かの寺の僧、かの石塔の地蔵を寺の境内に引き移して、立てたりける。されども、参詣の諸人、寺には参らず、羽左衛門が家に来たりて遥拝《えうはい》をなし、諸人群集する故に、居宅狭く不自由なりければ、諸人、材木・板など賜はる者あり。大工は、手間を奉納として働き、屋根や壁塗りそれ〴〵の職人、寄進・奉納のために働き、たちまち家を立て、調度やうのものまで諸人の寄附で集まりければ、何一つ不足なく、にはかに富足《ふそく》の身となりぬ。

かくて、かの寺の僧は、かの屍《かばね》を掘り出だし、寺中に改葬せしに、つら〳〵見れば人骨にあらず。歯の長さ三寸ばかりありて角《つの》の形あり。何ものの骨といふことを知らず。かれまた元の所に埋め置きける。

［一］静岡県中央部。［二］幕府直轄地を支配し、年貢の収納・民政をつかさどる役人。

12 瘡神の事

御茶壺掛の役人多羅尾《たらを》小左衛門といふ士《さむらひ》、元禄七年（一六九四）五月廿二日、駿州沖津駅に宿り、瘡毒《さうどく》［一］の病をうけて面上《めんじやう》に発出し、顔色醜《みにく》くなりしを、同役の士、これを嘲弄《てうろう》しけるに、多羅尾氏、それを恥ぢて、同役の士を切り殺して、みづから切腹し、ここに終れり。いまはの際に遺言して曰く、「われ、瘡を疾《や》みて死す。死後にはわれ、瘡を治《ぢ》する神となりて、瘡を疾《や》みて苦しむ人々を救はむ」といひて、終りたりける。死骸は、同所教敬山耀海寺に葬り、夏心了道霊神と称し、一祠に祀《まつ》る。心願の人は、幟《のぼり》を奉りて祈念するに、霊験あらたかなりとぞ。かの切り殺されたる同役の死骸は、同所清見寺に葬りて墓あり。

［一］梅毒。

13放生鱣を売りし人の事

駿州浮島が原柏原あたりは、鱣《うなぎ》の名物あり。さる家にて、鱣を割《さ》きて売りけるに、旅人来たりて鱣を買はむとす。はぎり桶［二］に三つ入れてありしを、残らず金壱両にて買ひ受け、「われ、心願によりて放生《はうじやう》［三］するなり。これを残らず川に放しくれよ」とて、立ちゆきぬ。主人思ふに、この鱣を沼に放つも益なし、と欲心起こり、川に放さず、皆割きて売りたりける。

さて、その鱣を入れし桶の中より黒き烟《けむ》り立ち昇り、家の内に棚《たなび》引きわたり、たちまち疫病起こり、家内の人々みな死して、ただ壱人活《い》き残りしとぞ。

〔一〕半切桶。底の浅い盥状の桶。〔二〕捕らえた生き物を放ち逃がすこと。〔三〕悪性の流行病。

14高瀬氏の娘の事

伊勢の山田大瀬古町に、高瀬宗太夫なる者ありて、外宮〔一〕の神楽衆〔二〕なり。その妻は、並木氏の女なりしが、宗太夫に嫁して、男子三人を産めり。その後、また女子を産めり。ゆき女と号《なづ》けゝる。安永七年（一七七八）の秋、三歳にして疱瘡を疾《や》めり。

一日、母は、雪女を抱きてゐたりしが、「やよ雪よ。わらは、初め三人男子産めるに、「なにとぞ女子壱人あらまほし」と祈りしに、四産に汝を産めり。願はくは、疱瘡軽くせよ。さるにても、何国《いづくに》より来りてわが子とはなりけるぞ」とたはむれにいひければ、雪女目を開き、母の皃《かほ》を眺め、「私は松阪より来ました。と、さまの名は餅屋六兵衛、かゝさまはおもんと申せし」とあざやかにいひ終りて、目を閉《と》ぢて眠りぬ。母を始め、聞く者驚き、怪しまずといふことなし。このこと何となく人の物語りとなりて、その年も暮れぬ。

翌年の春にいたりて、六兵衛、そのことを聞き伝ひ、尋ね来たりて、詳しく物語りしける。松阪黒田町に住して餅を商ひ、赤塚六兵衛といひて、男子壱人ありける。幼少より松阪の大商人三井方に奉公して、江戸店を勤めけるが、ある年、疫病にかゝり廿三歳にて死したり。この者、つねにいひけらく、「世にうらやましきは、伊勢の神楽衆なり。願はくは、未来その家に生れたきものなり」といひしなり。

宿願[三]空しからず、神楽衆高瀬宗太夫の家に生れたるなりける。

［一］豊受宮。祭神は豊受大御神。［二］神楽を奏する家柄の集団。［三］年来の願い。

15 川北氏の男子の事

伊勢の山田裏口町に、古着屋にて家富みたる川北佐助ちふ者[一]ありける。その甥に、与三といふ男子ありて、堤世古町に住みける。その親、家貧しき故に、与三は幼少より伯父の佐助が店に丁稚《でっち》[二]のごとく、勤めさせける。

しかるに、佐助は、女子のみにて男子なければ、与三を女子にめあはせ、家を継がしめむ、と内々咄《はな》しければ、与三は大きによろこび、たのしみゐたりけるに、安永五年（一七七六）の春、天下一統流行の麻疹《はしか》を疾《や》みて、与三は十八歳にて死したり。

その後、三年を過ぎて、安永八年（一七七九）十月に、佐助が妻、一男子を産めり。七夜[三]の間は通例のごとく、産枕《うぶまくら》により懸《か》かりて眠る。その老母、赤子を抱きて眠りゐたり。

夜半と思ふ頃、背後の方より、三年以前死したる与三が声にて、「母人、しるしは耳にあるぞ」と二声まで呼ぶにぞ、母子ともに驚き、あたりを見るに、形は見えず。赤子の耳の輪[四]を見るに、切り込みたるごとき疵あり。与三が存生の時、耳の輪に疵ありしに少しも違《たが》はず。これ、全く再生なり。

[一]という。[二]商人・職人の家に年季奉公する年少者。[三]誕生から七日目の夜。

[四]耳の外形の丸いところ。

16 吉田氏の娘の事

金沢の家中に、禄は三百石にて、吉田平之丞といふ士《さむらひ》に、女子壱人ありける。容貌美麗なりけれども、左の耳の輪なかりける故、廿歳になるまで婚姻を結ぶ人もなく、朝夕身の不具なるを患《うれ》ひ歎きける。その頃、八坂永福寺の地蔵尊は霊験いちじるく、諸願成就しますと聞き、つねに参詣して、宿世[一]の悪業によりて、かかる浅ましき身と生れ出で侍《はべ》るとも、未来は満足の形を授け給へ、と一心凝《こ》りて祈りける。

金沢侯の寵臣奥村氏の家士、禄は四百五十石にて、谷沢佐助といふ士あり。この人、吉田氏の娘を娶《めと》らむと乞ひける。陪臣[二]へ縁組せむこと無念なれども、かかる不具なる女子なれば、是非なく佐助の妻となしける。その後いくほどもなく、その女、病にかゝりてつひに空しくなりにける。いまはの際まで、未来は五体満足ならしめ給へ、と地蔵尊に祈りける。いたはしき婦人の情《こころ》なりける。

ここに、富永甚九郎とて、千五百石領する人あり。これも永福寺地蔵尊を信じ、参詣しけるに、この人の妻、この頃、一女子を産めり。いまだ一七夜も立たざるに、この赤子、泣く声の間々に何とかものいふやうに聞えけるが、よく／＼聞くに、「左の耳はあるか見てくれよ／＼」といへるなり。さては、吉田氏の娘の再生したるなり、と知られける。

［一］前世からの因縁。［二］藩主に仕える家臣のもとで仕えている者。

17 淫乱なる女の事

武州多摩郡 某《なにがし》の里に、淫乱なる女子ありて、男を慕ふことつねにやまず。その親これを悲しみて、さる名医に頼みて、淫乱の療治を乞ひけるに、その医者工夫して、その女を一室の中に一人居《を》らしめ、予《かね》て春画（男女交接の絵なり）［一］を多く調《ととの》へて、その女に終日見せて置きたり。

女、春画を見て、いよ／＼淫情を発したる頃、年若き美男を、女のかたはらに一人押し入れたり。かねて男にいひ含め、もしや女抱きつくとも、房事[二]を行はざるやうに教へ置きしが、女は淫情忍び難く、その男に抱きつきたり。男少しも手をかけずしてゐたるに、女たちまち陰門より淫汁を多く洩らしたる。その中に、蠑螈《ゐもり》[三]を一疋《ぴき》下したりける。さて、その蠑螈の下りてより、淫乱の情《こころ》失せて、常体《つねてい》[四]の女となりける。かくて、その男と夫婦になしたりとぞ。

[一] 底本の注。[二] 男女の交合。[三] 池などに住む。四肢は短かく水かきがあり、腹は赤く、黒いまだらがある。[四] 普通であること。

18 酒好き男を療治せし事

酒好なる男ありて、酒屋の前を通行することなり難き難儀なり。その親、これを患《うれ》ひて、さる医者に療治を乞ひければ、医者来たりて、美酒・嘉肴《かかう》を調《ととの》へさせ、さて、その酒好きなる男を柱に縛りて立たせ置き、その前にて人々集まり、互ひに酌《く》みかはし、酒・肴に飽《あ》く。男は縛られて、酒飲みたきこと堪へ難し。堪《こら》ひ〳〵し、いやはてに咽の中より赤き虫を吐き出だしたり。医者、その虫を捕りて杯《さかづき》に抔《すく》ひたる酒の中に入れたるに、くる〳〵と三べんばかり巡るとその酒は無くなれり。その虫を吐き出してより、その男酒は嫌ひになりける。

19踏み抜き神の事

寛政（一七八九～一八〇一）年中に、武州神奈川の近在本牧《ほんもく》村、久左衛門といふ人、足の裏に踏み抜き〔一〕の怪我をして、疵口より風入り、破傷風《はしやうふう》〔二〕の症《やまひ》となりて、つひに身まかりける。

いまはの際に遺言して曰く、「われ、踏み抜きの怪我にて命助かり難し。われ、死して後は、踏み抜きに苦しむ人を救ひ助くる神となりて、あまねく世上の人を救はむ」といひて、「なほし〔三〕、踏み抜きせし人あらば、その疵の所に、本牧村久左衛門とわが名を書き記せと教へ伝ふべし。百人よりは千人、千人よりは万人と広く伝ふるほど験《しるし》を見せむ」といひて身まかりける。

はたしてその教へのごとく、疵口に本牧村久左衛門と書き記せば、たちまち痛み止《や》みて癒《い》ゆること、奇妙なり。

〔一〕とげや釘を踏んで足の裏へつきさすこと。〔二〕外傷より破傷風菌が入り、その毒素で中枢神経がおかされる感染病。〔三〕それにまた。

奇談雑史　巻七

1 侍宵侍従幷優蔵人が歌の事〔一〕

今は昔、高倉院〔二〕の朝に、八幡〔三〕の検校〔四〕竹中法印光清〔五〕の娘にて阿波局《あはのつぼね》〔六〕といふ女、御宮仕《おんみやづか》へして候《さぶら》ひけり。世にも貧しき女房〔七〕にて夏・冬の衣更《ころもがへ》も便りを失ふ侘び人なりしが、さすが大《おほ》内《うち》〔八〕の御宮仕へなれば、あまりにかすかなることの悲しさに、広隆寺〔九〕の薬師に参りて、七箇日参籠して祈りけれどもさしたる霊験もなし。先の世の報いをば知らで今のわが身を恨みつゝ、世を捨て尼にもならばやと思ひて、仏の御名残りを惜しみ、今一夜通夜しつゝ、

南無薬師　あはれみ給へ　世の中に　ありわづらふも病ならずや〔一〇〕

と一首の歌を詠じつゝ、打ちまどろみたる夢のうちに、御帳の内より白き衣を給ふと見たりける。

局は末たのもしく思ひ、また大内に参りて、世にほのめきける〔一一〕ほどに、八幡の別当〔一二〕幸清

法印に思はれて、引き替へ花やかになりければ〔一三〕、君の御気色《けしき》も人にすぐれたりけるに、高倉帝御悩《ごなう》まし〳〵て慰む御ことのなかりけるつれづれに、「阿波〔一四〕と歌だによみたらば、貢《こう》御《ぎよ》はまゐらせなむ〔一五〕」と御あやにく〔一六〕ありければ、局はかしこまりて時も移さず、

君が代に　二万《にま》の里人《さとびと》　数そへて　今も備ふる貢物かな〔一七〕

と一首の歌をよみたりける。二万の里人とは、昔、皇極天皇〔一八〕の御代に、新羅の西戎《せいじゆう》〔一九〕わが国に叛《そむ》きて、仇《あた》せむといふ聞えありければ、天皇、女帝の御身として御みづから新羅に向ひ給へけるに、備中国〔二〇〕下津井郡〔二一〕に着き給ひ、兵を召されけるに、一郷〔二二〕より二万騎の軍兵参りければ、それよりしてかの郷《さと》を二万《にま》の郷と名付けたりける。されば、かの二万の郷の人数になずらへて、君の御命の久しかるべきことを祝ひてよみたりければ、帝、めでたく申したりとて、いつしか貢御もすゝみ、御悩直《なほ》らせ給《たまは》りたりければ、その勧賞〔二三〕に局を侍従〔二四〕になされたり。

かくて御いとほしみも人に勝《すぐ》れ、情け深く、形も美しかりければ、月卿雲客《げつけいうんかく》〔二五〕心を通はさゞるはなかりける。そが中に徳大寺左大将実定卿〔二六〕はことにたぐひなきことにおぼされて、をり〳〵御　志《こころざし》世に有難くぞ聞えける。こは、全く広隆寺薬師如来の御利生に深く頼みをかけゝるが、仏の恵み、君の御いとをしみさるべきことといひながら、かの二首の歌に

ぞ報いける。

かくてより、徳大寺左大将実定卿はをり〳〵局がもとに忍びて通ひ給へけり。きぬ〳〵の別れ[二七]を告ぐる暁になりては、またも来たらむ夜をぞ契り給ひける。侍従は、左大将の忍びて通ひ給へけるきぬ〳〵の別れになりては暁に、また来たらむ夜をぞ契り給ひける。侍従は、左大将の来むと頼めしかね言[二八]を、その夜ははる〳〵待ちゐたり。さらぬだに[二九]更けゆく空の独り寝はまどろむこともなきものを、頼めし人を待ちわびて、更けゆく鐘の音聞きていとゞ[三〇]心の尽きければ、

待つ宵《よひ》の　更けゆく鐘の声聞けば　あかぬ別れのとりはものかは[三一]

とよみたりける。かれ、まことに堪《た》へずもよみたりとて、これより世に、待つ宵の侍従とは呼ばれにけり。

左大将実定卿は、局がり[三二]宿り給ひ、夜もすがら御物語りありて、あかぬ別れのきぬ〳〵を、引き別れて帰り給ひける。明け方の空、何となくものあはれなりけるに、侍従もともに起きゐつゝ、ことさら今朝の御名残り、したひかねたる気色[三三]にてはるかに見送り奉り、泣きしをれて見えければ、左大将も、帰るあしたのならひとて、ふりすて難き名残りの面影身に添ふ心地して、せむかたなくぞおぼされけるに、御供なりける蔵人[三四]を召して、「侍

従が今朝の名残り、いつよりも忘れ難く覚ゆるによりて、汝立ち帰り、何ともいひて参れ」と宣ひければ、蔵人はゆゝ[三五]しきことかなと思へども、時を移すべきにもあらなくて、やがて走り帰り、垣間見たるに、侍従なほもとの所に立ちやすらひて、まだ寝《ね》の床にも入らざりけり。蔵人とりあへぬことなれば、何といふべしとも覚えざりけるに、明けゆく空の鶏の音も折から身にしみて聞えければ、その前にひざまづき、袖引き合せて、

　ものかはと　君がいひけむとりの音の　今朝しも　いかに恋しかるらむ[三六]

と仰せなりとて帰りければ、侍従は、

　待てばこそ　ふけゆく鐘もつらからめ　別れを告ぐるとりの音ぞうき[三七]

とよまれたりけるを、蔵人帰り参りて、かくと申し入れければ、左大将いみじくめで給ひ、「さればこそ汝をつかはしぬれ」と宣《のたま》ひて、所領など給はりたりける。

　この蔵人、大内の六位など経《へ》て、ことにふれ歌よむこと優《いう》[三八]なりければ、時の人優の蔵人と異名《あだな》しけるを、この歌世に披露の後には、ものかはの蔵人と今の世まで呼び伝《つた》はりけり。

〔二〕『源平盛衰記』巻一七「待宵侍従附優蔵人事」に準じている。〔三〕高倉天皇（在位一一六八〜八〇）。後白河天皇の第七皇子。〔三〕石清水八幡宮。八五九年に宇佐八幡を勧請。男山八幡宮とも。〔四〕寺社の総務を監督し、別当以下を統括する役。〔五〕法印は最高の僧位。小大進の夫。〔六〕一一二〇〜一二〇二頃。母は歌人小大進。〔七〕以下〔一三〕までは、母の小大進にかかわる説話であるが、混入している。〔八〕内裏。〔九〕六〇三年創建。秦河勝が聖徳太子から授かった仏像を安置するため建立。〔一〇〕病いを除く薬師仏よ、どうかお救い下さい。世俗世界で生きていくのが苦しいのも病ではないでしょうか。〔一一〕噂となってきて。〔一二〕検校に次ぐ僧職。光清か。〔一三〕以下、阿波局をめぐる説話となる。〔一四〕「阿波の」か。〔一五〕食事をするとしよう。〔一六〕意地悪く。〔一七〕永かれと祈る君が代に今もまた二万騎に加えて数多くの食物を献上しています。〔一八〕舒明天皇の皇后。在位（六四二〜四五）。重祚して斉明天皇。〔一九〕古代中国人が西方の異民族を指した総称。〔二〇〕岡山県西部。〔二一〕下道郡《しもつみち》のこと。〔二二〕律令時代の地方行政区画。数村を合わせたもの。〔二三〕功のあった人に官位・物品を与え賞すること。〔二四〕天皇の近くに仕える官。〔二五〕公卿・殿上人。〔二六〕藤原実定（一一三九〜九一）。平安時代末期の歌人。〔二七〕共寝した男女の翌朝の別れ。〔二八〕頼みに思わせた約束の言葉。〔二九〕そうでなくてさえ。〔三〇〕ますます。〔三一〕恋人の来るのを待っている夜が更けていく鐘の音を聞くつらさは、飽くことのない別れを告げる暁の鶏の声などものの数ではない。〔三二〕局《つぼね》のいる所。〔三三〕恋慕の尽きない風情。〔三四〕天皇に近侍し、宮中の大小の雑事をつかさどる官。藤原経尹（従五位下。左兵衛尉に至る）をさす。［三五］たいへんなこと。［三六］ものの数ではないとあなたが詠んだ暁の鶏の声ですが、今朝こそはまたどんなにつらいことでありましょう。［三七］待っていればこそ夜が更けていく鐘の音を聞くのもつらいのですが、別れを告げる鶏の声を聞くのはつくづく悲しいのです。［三八］すぐれて優美であること。

2 平忠盛が歌の事［一］

白河院［二］の御時に平忠盛［三］といふ人ありける。才智世に勝《すぐ》れて、殿上の御番勤めけるに、ある夜、小夜《さよ》更けて高灯台［四］の火のほの暗きほどに、一人の女房忍びて殿上口を通りければ、忠盛しばし女の袖を引きゐたりしが、女咎《とが》めずして、

おぼつかな　誰《た》が杣山《そまやま》の人ぞとよ　この暮にひく主をしらずや［五］

と一首の歌をよみたりける。忠盛こはいかにと思ひて、

雲間よりただもりきぬる月なれば　おぼろげにてはいはじとぞ思ふ［六］

と申して女の袖を放ちける。

この女房と申すは、兵衛佐《ひやうゑのすけ》の局〔七〕とて見目形うるはしく、心の情け深かゝりければ、白河院の、類《たぐ》ひなくおぼしめされける女房なり。御前の召しによりて参りける折ふし、忠盛、いかでか知るべきならねば、袖をぞ引きたりける。局は御前に参りて、そのよしを申されけり。白河院聞こしめされ、さては忠盛にこそとてあくる日召されたり。

忠盛は召によりて御前に参られけり。勅諚《ちよくぢやう》〔八〕に、今夜、朕《ちん》がもとへ参る女の袖を引きたりけるとなむ御尋ねありける。忠盛、いと浅ましと、色を失ひて、面を地に傾け、禁獄・流罪にもやと思ひ、汗水になりて、御返事におよばず畏《かしこ》まり入りて候《さぶら》ひけるに、重ねての仰せに、「女、歌をよみたりければ、汝、歌を以て返りごと申したりとなむ。一日たりとも龍眼《りようがん》に近づき参らむ女の袖を引きゐむこと、その罪浅からず。ましてこの女は朕思し召して、御志深し。御はからひかたもあるべきことなれども、優に歌を以て返りごと申したれば、感じ思し召す」とてすなはち、局を御前に召し出だされ、「一樹の蔭、一河の流れといふこともあり。引かれける局も、引きたる忠盛も、さるべき契《ちぎ》りにこそあれ。女を汝に給はる。ただしこの女すでに妊娠して五月になると、聞こしめさる。もし生るゝ子男子ならば、汝が子として弓馬の家を継がせよ、女子ならば、朕に返しまゐらせよ」とて局を下されにける。忠盛、大きにかしこまり、女の袖を引きてまかり出でぬ。

されば、歌をば人のよみ習ふべきことなりけり。ただ当座の罪を遁るゝのみにあらず、希代[九]の面目をほどこす。君の明徳、歌道の情、簾中・階下[一〇]みな感涙を流しける。

かくて月日も重なりその期《とき》も満ちければ、産の気つきて男子をぞ産まれける。忠盛よろこぶこと斜《なのめ》ならずかしづきけるに、この子、夜泣きすること止《や》まず。忠盛大きに歎き、わが実子ならば里へも放ちたく思ひけれども、勅諚を蒙《かうむ》りし上はおろそかならず、いかゞせむと案じ、熊野山に参りて祈り申しける時に、証誠殿の戸を押し開き、御託宣と覚《おぼ》しくて、

夜泣きすとただもり立てよ　みどり子は　清く栄うることもこそあれ[一一]

と一首の歌ありける。忠盛よろこびに堪へずありければ、夜泣きもたちまちに止《や》みにける。

この子三歳の時、保安元年（一一二〇）の秋、白河院熊野御参詣あり。その時忠盛北面[一二]にて供奉《ぐぶ》せり。糸鹿山越え給ひけるに、道のかたはらに、薯蕷《やまいも》の蔓《つる》木の枝にかゝりて、零《む》余子《かご》[一三]玉を連ねて生《な》り下り、いと面白く叡覧ありて、忠盛を召して「くだんの枝を折りて参らせよ」と仰せ言ありければ、忠盛は、零余子《むかご》の枝を折りまゐらすとて思ひけるは、前《さき》に下し給へし女房、平産して男子なり。男子ならば汝が子とせよと、勅諚を蒙りたるに、今三年を経ぬれば、もしや思し召し忘れ給ふ御事もやあるらむ。ついでを以て驚奏せむ、と思ひて一句の連歌を仕りて、

這《は》ふほどに　いもがぬかごもなりにけり〔一四〕

と、こを捧げたりければ、白河院、打ちうなづかせ給ひ、御覧じて、

ただもりとりて養《やしな》ひにせよ〔一五〕

と付けさせ給ひければ、思し召し忘れさせ給はぬにこそ、と忠盛はよろこび思ひけり。しかるに還御《くわんぎよ》の後、その子三歳と申す冬の頃、冠《かうぶ》りを給はり、熊野神の御託宣なればとて清盛と号《なつ》く。十二の歳に左兵衛尉になされ、十八にて四位兵衛佐《すけ》〔一六〕に昇り、後に太政大臣に昇進す。

忠盛、備前守にて国より京に上りけるに、白河院より御使ありて、「津の国や難波潟明石の浦の月はいかにかある」と御尋ねありければ、

有明の月も　明石の浦風に　波ばかりこそよると見えしか〔一七〕

と御返事申したりけり。帝叡感あらせられて、この歌を金葉集〔一八〕に入れさせ給ひけるとかや。

［一］『源平盛衰記』巻第二六「忠盛婦人事」に準じている。［二］白河天皇（在位一〇七二～八六）。第七十二代天皇。［三］一〇九六～一一五三。平安時代末期の武将。清盛の父。［四］灯火を置くのに用いた台。［五］山の木を伐り出す杣《そま》びとは一体どなたですか。この暮れに山の木を伐り出す主人を御存知ないのですか。［六］雲間から洩れきた月の光ですから並大抵のことではいうまいと思います。［七］祇園女御の妹。［八］天皇の仰せ。［九］世にまれな。［一〇］殿上人も地下《ちげ》の人も。［一一］夜泣きしつもひたすら大切に養育せよ。後の世に清く盛えることもあるであろう。「ただもりたてよ（忠盛）」「きよくさかふる（清盛）」。［一二］院の御所の北方にある武士の詰所。［一三］山芋の葉のつけ根に生ずる珠芽。［一四］山芋の子が蔓の這うほどに沢山なっています。「いも（妹）」。［一五］そのままもぎ取って栄養豊かな食物とせよ。［一六］左兵衛府（内裏の警護・行幸の供奉などをする役所）の次官。［一七］有明の月は明るく、明石浦の浦風に寄せる波だけが夜のしるしであると見えました。［一八］勅撰和歌集。十巻。大治元年（一一二六）頃成立。

3 蛇になりし女の事［一］

昔、鎌倉のある僧坊に、見目形うるはしき、世に稀れなる児《ちご》ありける。ある人の娘、その児を恋ひ慕ふて、つひに疾《や》み臥してけり。その母いたく患《うれ》ひいたみて［二］、娘に問ひしかば、娘、病のよしを母につゝ、まず告げ知らせたりける。

その母、かの児《ちご》が父母と、もとより知る人なりしかば、そがもとにゆきて娘が恋の煩ひに疾み臥したることを語りぬ。その父母、女の心をあはれみて児を女がもとにをり〳〵通はせけれども、まことの情もなかりけるにや、おのづからうとくなりゆくほどに、女つひに思ひ死にに死してけり。

父母悲しみて、その死骨を、信濃国善光寺〔三〕に送らむとて筥《はこ》の内に納《をさ》め置きけるに、その後、かの児《ちご》も病ひつきてもの狂はしくなりければ、一間に押し込めておかれけるに、人と物語りする声しけるを、怪しみて父母ものひまよりうかがひ見るに、大きなる蛇と向ひあひて物語りしけるに、ほどなくその児も死したりける。やがて棺《ひつぎ》に納め、若宮の西の山といふ所に葬らむとするに、棺の中に大きなる蛇ありて、児が身にまとはりたりしかばそのまま蛇とともに葬りける。

さて、かの女が父母、娘が遺骨を善光寺に送らむとて、二つに取りわけ、半分は鎌倉のさる寺へ送らむとして筥の蓋《ふた》をあけて見るに、その骨、小蛇になりたるもあり、なからばかり蛇になりかゝりたるもありしとぞ。

〔一〕『沙石集』巻第七「妄執によりて女蛇と成る事」に準じている。〔二〕悲しんで。〔三〕七世紀初めの創建と伝える。本尊は阿弥陀三尊。

4 坊主の一念蛇になりし事

昔、慶安（一六四八〜五二）の頃泉州[一]日根の里といふ所の南に当りて一つの寺あり。住僧、つねに庭の面《おも》なる蜜柑《みかん》の樹をいみじく愛して、実なりても一つだにとることもなく、他《ひと》にもこを賜はらで、愛《め》でけること限りなかりける。住僧、年老いて病にかゝり、つひに死してけり。

かくて、十日ばかりを過ぎて、かの庭なる蜜柑の樹に五、六尺ばかりの蛇来たりて枝にまとはり、離れざりければ、弟子なる坊主、その蛇を追ひ散らせども、いづくより来たるともなく、または来たりて樹にまとひをりければ、弟子の坊主、くだんの蛇を打ち殺して捨てたりけるに、また同じやうなる蛇来たりけるを、三度まで殺して捨てけれども、来たること前《さき》のごとし。

ある夜、その弟子の夢に、師の僧まのあたり現はれ来たりていふやう、「われ、浅ましくも、庭なる蜜柑の樹を愛せし執着、つひに死ぬるまで尽きずして、今その執心蜜柑の樹にありしを、汝つらく当たりしことのうらめしさよ。願はくはかの樹を、いつまでもわれを見ると思ひて、愛しくれよ。かくてこそ生々世々の嬉しきことにて、いかで忘れめ」といへり、と思へば夢さめけるとぞ。

〔一〕大阪府南部。

5 蛇に命をとられし人の事

昔、正保元年（一六四四）六月中旬の頃なりけむ、近江国高島近き所に猟師ありける。ある日の夕方に、山より帰るさに、道のかたはらに死したる雉《きじ》の一羽落ちてありけるを拾ひ取りて、家に帰り、やがてその雉を料理して火鉢にかけて焼きてゐたるに、いつの間にか来たりけむ、五、六尺もあらむかと見ゆる蛇来たりて、火鉢のもとに首を伸ばし、焼きたる雉の肉を目がけてゐたりける。

猟師これを見て殺すもいかゞと思ひ取りて捨てけれども、また来たること前《さき》のごとし。三度まで捨てけれども、また来たりてこたびは火鉢のまはりをひたまはりにまはりける。猟師不思議に思ひ、こはいかさまこの雉に執心ありて来たるならむ、安からぬ蛇かな、とてやがてその蛇を二つに引き裂き、ずたずたに切りて、これをも焼けるに、いかゞしたりともしらず、火鉢の火飛んで、その人のふところに火一つ入りしかば、猟師は驚き、その火を払はむとするほどに、その火五臓に焼き込み、そのまま気絶しけるが、その跡大きに広くなり、三十日ばかり悩みて、つひに死したりける。

蛇の取りたる雉を猟師は知らずして取り来たりしが、蛇の執念その雉を離れず、猟師が跡を追ひ来たりしを殺したりければ、猟師も命を取られたるなり。

［一］滋賀県。

6 死人を喰ひし人の事

文化（一八〇四～一八）年中のことなりしが、下総国香取郡松崎村といふ所にて、狐が雉《きじ》を捕らひて咥《くは》ひゆくを、里人見付けて、その狐を追ひまはし、つひにその雉を奪ひけり。人々その雉を料理して酒飲まむと語らひゐたるに、その村の名主某《なにがし》、兎一疋《ぴき》携へて通りかゝり、その雉を見て、「汝ら、この兎とその雉を交易《かうえき》して給はるべし」といふに、名主の仰せなれば否《いな》み難く、その意《こころ》に任せて交易しければ、名主某《なにがし》はその雉を持ちてゆきたり。すでに日暮れにおよびしかば、人々その兎を料理して肴として喰ひ、終夜酒を飲みて楽しみけり。

さて翌日庭を見れば、前夜兎の首と手足を切りて捨てたる所に小児の首と手足ありて、その瘡《さう》［一］のできたるなり。人々驚き思ふに、その頃その里に疱瘡《はうさう》にて死したる小児ありしが、その死骸なること知られたり。それは、かの狐、雉を奪ひ取られて、小児の死骸を掘り出だし、名主の姿に化けて小児を兎と見せて交易して雉を取り返したるなり。

[一] できもの。

7馬に生れし女の事

正保（一六四四〜四八）の頃、参河国古路裳《ころも》[一]といふ所に商人ありける。その母、身まかりて後に、年経《へ》て、ある夜の夢にその母現はれ出でてその子に告げて曰く、「われ現世にありし時、某《なにがし》の町なる米屋 某《なにがし》が金を借りて、済し果てずして死し、今かの家の馬と生れ替り、これを償《つぐな》ふこと数年におよぶ。しかるにかの家の主人、今はわれを買ふ人あらば売り払はむといふなり。汝、母を思はゞ、速《すみ》やかに来たりてわれを買へて給はれ。所は某《なにがし》の町の米屋 某《なにがし》なり」とまさしく物語りて、夢さめたり。

その子 某《なにがし》、夢のことなれば、取るにも足らずと捨て置きしが、またの夜も、前夜のごとく母現はれて夢の告げありしかば、その子驚き、その米屋の家に尋ねゆき、何げなき体《てい》に問ひかけたるに、夢の告げに露も違《たが》はずして、その馬を金壱両に価を定め、さる方へ売るべきに極《きは》まりぬといふ。その子、金子《きんす》の持ち合せも不足なりしかば、いかゞせむと案じつゝ、家に帰り、家の人々に夢の告げと馬のありさまを語り聞かするに、人々聞きて、「さてもあはれなり。馬の価は何ほどにてもまゐらせむ。とくゆきて買ひ来たれ」といふまゝにその子、米屋某《なにがし》がもとにゆき、価を増して、買ひ請《う》けに取り極め、馬屋の前にゆき見れば、その馬女馬にて、その人を見て涙を流し、さもなつかしげに見えければ、家に引き来たり、死ぬるまで養はれける。

その馬、米屋に永く使はれて前生の借金を償ひはて、わが子の家に買ひ返されて身を楽に終りしなるべし。

［一］愛知県東部。

8 牛に生れし人の事

昔、尾州某《なにがし》の里に酒を売る商人ありける。死して後に、年経《へ》て、その子の夢に父の姿現はれ出でていひけらく、「われ現世にありし時、小さき枡《ます》にて酒を売り、大きなる枡にて価を取りしこと久し。その報いによりて、今牛に生れ、同国春日部《かすかべ》といふ所の庄屋［二］市助といふ者の家に使はれて、日々田をかへし［三］、重荷を負ひてその苦しみ少なからず」と語ると見て、夢さめぬ。

その子、まこととは思はざれども、たしかなる夢の告げなれば、深く驚き、かの春日部の近きあたりの者に便《たよ》りて、春日部にしか〲の人ありや。また牛など飼ひ持ちたる人にやと伺《うかが》ひ聞くに、まさしくさる人あり、とて語るを聞けば、夢の告げに少しも違《たが》はざりければ、かの庄屋市助がもとに尋ねゆき、牛を買ひ得たしと乞ふに、庄屋答へて、「それは何より安きことにて侍《はべ》る」とてとみに[三]諾《うべな》ひ、牛部屋にともなひゆかれけるに、この牛、つねに人を角《つの》にて突く癖ありて、仕ふ者一人ならでは、ほかに仕ふものなかりけるに、その子を見て、馴れ懐《なつ》くのみならず、頭を垂れうなだれになりて眠りて、いと〳〵なつかしげにただものをいはぬのみのありさまなりける。その子、家に買ひ来たりて、死ぬるまで永く養はれける。

[一] 郡代・代官に属し、一村または数村の納税、その他の事務を行う村落の長。[二] 耕作し。[三] ただちに。

9古猫死人をさらひし事

常陸国潮来《いたこ》の長照寺といふ禅宗寺あり。その寺に古猫ありしが、ある夜、夢の中に住僧に告げて曰く、「この寺の檀中《だんちゆう》[一]某《なにがし》が老母、今日死去せしよし。明日午《うま》の刻（真昼、十二時）葬送と承《うけたまは》る。それに付きて、われ雷獣の仲間入りをするに、明日かの檀家の死人をさらひ捕《と》るなり。われ死人を捕らでは、雷獣の仲間入り叶はず。是非とも死人を捕るべし」といふ。住僧答へて、「かれはわが檀中にて、明日われ引導［二］するなり。いかで汝に捕らすべき」といふ。猫は聞かず、是非とも捕るといひて、夢さめぬ。

住僧、檀家の某《なにがし》に仰《おほ》せて、棺《ひつぎ》を厚板にて造らせ、かすがひ［三］を以て堅く封じ、午《うま》の刻の葬礼を巳《み》の刻（午前十時）として刻限も一時《いつとき》［四］早く葬送せしに、たちまち、黒雲まひ下りて暗闇になり、棺の板裂くる音して二寸ばかり裂けて、死人の骸《むくろ》はさらはれて無くなりける。それより三日過ぎて、その寺の裏なる畑の中にその死骸を投げて置きたり。疵は少しもなかりしとぞ。

［一］檀家のうち。［二］僧が死者の迷いを去るため法語を唱えること。［三］合わせ目をつなぎとめるコの字型の釘。［四］二時間。

10 犬の報いの事

宝暦（一七五一～六四）年中、江戸にて盗み喰ひせし犬を憎みて、それを捕ら、活《い》きながら首を括《くく》らせ、地に埋めてなぶり殺しにせし者ありしが、その殺せし者、後に犬のごとくになりて、庭に下りて、食物も地に置きて口を付けて喰ふやうになり、喉《のど》痛む気色《けしき》にて、つひに苦しみて死したりける。

11油虫のたゝりの事

大坂に円清といふ眼医師ありしが、その借家に住める女、少年より油虫を悪《にく》み、つねに熱湯を浴びせ、これを殺せり。後にその女、大病を煩《わづら》ひ死せむとする時、身のかたはらにあまたの油虫生じ、泣き叫びて、「やれ、油虫がつかみ殺すは」といひて、狂ひ死にせりとなむ。

これ、平生好みて油虫を殺せし報いなりと人々恐れける。

12鱣の報いの事

寛政十二年（一八〇〇）の夏、大坂中の島とやらむに、両親に娘壱人の中に、外より養子を貰ひ、家系を相続せしが、かの養子といふ男、両親と娘と三人ともに刺し殺し、その身も空しくなりける。

その両親といへるは、若き頃鱣《うなぎ》・泥亀《すつぽん》を料理して、金銭を拵《こしら》ひ、それを持ちて仲仕[二]とやらむの家業を求め、相応に朝夕の煙をあげ、月日を送るものにて、これ全くかの鱣・泥亀の怨念、かの養子の手を借り、親子三人ともに殺せしなりといへり。

〔二〕船積みの荷を陸揚げする人足。

13 泥亀の怨念の事

何《いつ》の頃にやありけむ、泉州堺の町に泥亀《すつぽん》を売る商人ありしが、井筒〔一〕の端にて泥亀を料理せしが、誤りて庖丁《はうちやう》を井の中に落し、俄《には》かに思ひ付き、泥亀にいふやうは、「今落せし庖丁を井の中より取り来たらば、汝が命を助くべし」とて泥亀を井の中に釣り落せしに、よく聞き分けしにや、かの庖丁を口に啣《くは》へて縄に随《したが》ひて上れり。

しかるを、非道の者にて、よく啣へ来たりしといふまゝに、庖丁を振り上げ、その泥亀の首を切り落せしが、その頭《かしら》、殺せし男の喉に噛みつきし故に、放さむとするに離れずして、つひに噛み殺されて死したりとぞ。

天明（一七八一～八九）の頃、但州〔二〕宵田村に清助といふ者ありて、大きなる泥亀《すつぽん》を捕らひ、同所の蓮生寺といへる寺の後ろの、深き淵にゆき、かの泥亀を庖丁とともに淵の上に携へ、切り殺さむとせしが、これも誤りて庖丁を淵に落せしかば、かれこれと思案し、泥亀を縄にてよく縛《しば》り、「汝淵に入りて庖丁を啣ひ来たらば、命を助くべし」といひ聞かせ、そのまま淵に投げ入れしが、ほどなくその庖丁を啣ひ来たりしを、先にいひ聞かせし言も忘れ、その泥亀を切り殺し、その夜朋友《ともだち》を呼び集め、その泥亀を肴《さかな》として酒盛りせしが、亭主何か喉にかゝるやうに覚えしまゝに、冷飯など堅めて喰ひなば心よからむとて、したゝかに喰ひければ、次第に痛み強く、後には食事も喉に通らず、喰ひし日より九日目といふ日に狂ひ死にしたりとぞ。

［一］井戸の地上の部分で、木・石で囲んだ所。［二］兵庫県北部。

14 狼恩を報いし事

寛政（一七八九～一八〇一）の頃、摂津国呉田より三、四里も山中に、唐戸村といふあり。ある人、同国三田《さんだ》といふ所にゆきて、日もたそがれ時におよびて、山の麓《ふもと》を独り帰れしに、犬のごときもの山中より走り出でて、その人の跡に付きて送る体《てい》なれば、手拭にて追へば跡寄りする体《てい》なりしかば、底気味悪くてしきりに追へば、かの獣、小川のありしが前にてまはり、川端にて出会《いであ》ひ、頭を下げ、何か礼する体とも見えながら、またはねらひなどして、かくするはいかなることならむと思ひ、その獣の後ろの方を通り抜けて、その村の番人の家にやう〳〵たどり着きて心を休めつゝ、憩《いこ》ひたるに、家より迎ひの人来たりければ、それにともなはれてわが家に帰りしが、家に入ると、そのまま悶絶し、しばしの内に正気になりしかば、家内の人々、「いかゞせし。なにごとかありつらむ」と尋ぬれば、途中の様子しか〴〵なりしと語りけるに、家人曰く、「それは定めて狼なるべし。君は秋の頃、かの道筋にて、その里の人どもが群れ集まりて、狼を落し穴にて捕らひたるをただちに大坂に持ちゆき、見世物に売らむか、と相ひ謀《はか》りてゐたる折から、君がそこを通りかゝり、その体《てい》を見かねて、「その狼をたとへ大坂に持ちゆきて売ればとて、道中の費《つひ》えもかゝり、また大坂にて儲金《まうけがね》を得たりともその金は空しく用ひ散らすべし。かつ、この狼を苦しむることいかばかりの罪ならずや。なぞも相応の価にてわれに売り給へ」といふに、里人いふには、「よしや売りても、この里に放ち置かれなば、かへりて狼荒れなどして、この里の難儀ともならむ」とて諾《うべな》はざりけるを強《し》ひて貰ひ得て、狼に向ひとくといひ含め放ち給へしが、げによろこべるさまにて山に入りしこと語り給ひしことあり。かの狼が命を助かりし恩を報はむがために礼せしならむ」と傍《かたは》らよりいひしに、主人始めて心付き、「実《まこと》か、しかるべし。さあらむならば、かくは恐るまじきものを」といはれしとなり。

〔一〕大阪府・兵庫県の一部。〔二〕もだえ苦しんで気絶すること。

15 毘沙門神に祈りて病平癒せし人の事

摂州東生《ひがしなり》郡今福村善兵衛といふ者、平生《へいぜい》神信心堅固にして大和国[一]信貴山[二]の毘沙門神[三](天手力雄命《あめのたぢからをのみこと》[四]なり)を信仰し奉りけるに、ある夜の夢に、毘沙門神来臨まし〳〵て告げ給はく、「苟《いやし》[五]くも、つねにわれを念ぜば、子孫長久に栄福を与へ守るべし」と御告げありしかば、夢さめて大きによろこび毎月参詣怠らざりしが、子の代に至るまで家門繁栄して、疫癘《えきれい》・邪鬼《じやき》[六]の祟《たた》りなく、子供の疱瘡《はうさう》も軽く、驚風《きやうふう》[七]・五《ご》疳《かん》[八]などの煩《わづら》ひもなく妻・妾の産も安穏なり。これひとへに毘沙門天神擁護の力なり。

また彼が妻、一日、中風の心地にて、七日が間言舌《ごんぜつ》聞えず半身不随して夢中のやうなるに、はるかに信貴山毘沙門神を祈誓するに、二日を過ぎて言舌分明なることを得たり。本復しては毎月参詣おこたることとなし。

河内国茨田《まむた》郡今津村、鵜野平右衛門[九]が母、正徳(一七一一〜一六)年中大病を煩ひ、一家悲歎しいかゞはせむといふに、和州信貴山の毘沙門神に祈誓して三年の間毎月参詣し奉らむと立願せしに、病たちまち平癒することを得たりとぞ。

河内国高安郡山畑村に半右衛門といふ者ありしが、つねに神信心厚くして和州信貴山の毘沙門神を信仰し、毎月参詣怠ることなきこと六年に及びける。時に元禄七年(一六九四)甲戌閏《きのえいぬうるふ》四月廿三日の夜の夢に、毘沙門神東方より飛び来たり、門内に入り給ひ金子拾両を賜ふと見て夢さめたり。有難く不思議に思ひ、夜の明くるを待ちかねて、門を開き見れば金子拾両あり。夢想に違《たが》はずとよろこびいよいよ信心堅固にして毎月参詣怠らず。

その家次第に繁昌して今にあり。信貴山は山畑村よりは東南の方に当りたれば、東方より飛び来たり給ふとは見えしなり。

［一］奈良県。［二］信貴山寺（朝護孫子寺）。聖徳太子の創建と伝え、平安時代中期、命蓮により再興。［三］四天王のひとりで、甲冑を着け、忿怒の武将形。多聞天とも。信貴山寺の本尊。［四］底本注。天照大御神の手をとって岩屋戸から引き出した大力の神。［五］かりそめにも。［六］疫病・怨霊。［七］小児の脳膜炎・脳水腫・てんかん。［八］小児の神経症、疳の虫。［九］奈良県。

16画工桑嗣燦が事

文化（一八〇四～一八）の頃紀州和歌の浦に住みける桑山嗣燦[一]といひ、字《あざな》を子琖、号を玉洲といひし名画工あり。その名四方に聞えたり。嗣燦も、今、皇国《みくに》においてはわれに勝《まさ》れる妙手はあらじと思ひ誇《ほこ》れる心なりしが、ある日、嗣燦が宅へ一人の容貌美しき童子来たりて宿を乞ひけるを、宿を免《ゆる》せしが、嗣燦は平常のごとく画を書きゐるに、かの童子も庭の土へ画を描きて、「某《それがし》が画は汝よりもすぐれたり」といふにぞ嗣燦怒りて曰く、「今、皇国中に、われに越えたる画人は無きはずなり。しかるに、汝小童、何故《なにゆゑ》かかる傍若無人の過語をなすや。妙画ならば、認《したた》めて見すべし」とて紙を渡せば、やがて山水を描けるが、凡人ならぬよき画にて大いに驚き感じつつも、嗣燦はなほ負けず魂に力を込めて山水を画きたれども、かの童の画にはおよばざるを憤《いきどほ》り、怒りてその絵を破棄すれば、童子の画も消え失せて見えずなり、その童子もたちまち行方知れずなりける。これより嗣燦狂人と成りて死去せり。

げに絶世の画工なれども、驕慢《けうまん》の心出でたるより愚賓《ぐひん》〔二〕に誑《たぶら》かされしならむ。かの童子は幽界の人なりといへり。

〔一〕桑山玉州（一七四六〜九九）。江戸時代後期の文人画家。『絵事鄙言』『玉州画趣』。〔二〕天狗。

17 亡父夢にわが子に告げて借物を返す事〔一〕

昔、武州のさる所にて、近き境に住み合ひて互ひに親しく暮す人々ありしが、一人は貧しく、一人は富みければ、貧しき方はつねに借物《しやくもつ》などしけるが、双方ともに死去して後に、二人の子ども、親どもの睦《むつ》びしごとく言通《ことば》はしける。

貧しかりし人の子、ある夜の夢に亡父来たりていひけるは、「某《なにがし》殿のものをいくらいくら借りて返さゞりし故にあの世にて責めらる。かの子息のもとへ返すべし」と告ぐ。夢さめて、親の時の後見[二]にことの子細を尋ねければ、「しかること侍《はべ》りき。夢の告げに違《たが》はず」といふ。さては不思議のことなりとて、急ぎ員数《ゐんずう》のごとく沙汰して、かの子息のもとへ、「かかる子細侍れば、かの借物進ずるよし」いひ送りける。

かの子息の返事に申しけるは、「このものいかでかわが身に給ふべき。あの世にて某《それがし》が父責めまゐらせむ上はまた重ねて給ふべからず」とて返しけるに、また押し返し送りていふ、「この世にて沙汰し参らせざらむに付きてこそ、あの世にては責められ参らせ候へ。親の歎きを休め、夢の告げを違へじと思ひ侍り。まげて留《とど》め給へ」とてまた遣《や》りけり。またいひけるは、「親のことを重くも思ひ、いたはしくも存ずることは、誰も劣り参らすべからず。しかれば、あの世にて親にこそとらせたく思ひ候へ。ここにて、わが身に給ふべきこと候はず」とて返しけり。

たびたび問答往復して事わからざりしかば、鎌倉[三]へ訴ひとなり、双方対決におよび、上《かみ》より、くだんのものを以て両人の亡父の菩提を弔ふべき旨御下知《げぢ》ありければ、国に帰り、両人相合はせて[四]亡父のために仏事を営みけるとかや。

しかれば人に借りたるものは早く返し償《つぐな》ふべきことなり。

[一]『沙石集』巻第九「亡父夢に子に告て借物返たる事」に準じている。[二]うしろだてと

なって補佐する人のこと。［三］もめごとをさばく問注所。［四］いっしょに。一致して。

18人を殺害せし報いの事［一］

洛陽［二］にある武士の郎等《らうどう》［三］、下人の手鋒《てぼこ》［四］を盗めるを捕らひて、柱に縛《しば》り付け、「汝が欲しがるものをとらせむ」とて手鋒の先にて縛りし下人の身をあまねく刺しける。三日が間になぶり殺しにせむとす。下人曰く、「下郎の盗みはつねのことなり。殺し給はゞただ一度に首をも召《め》さるべし。かくなぶり給ふ心憂さ」と深く憤《いきどほ》りけり。時《をり》ふし主君の、親に別れたる中陰《ちゆういん》［五］なりければ、許すべきよし言ひけれども、「承《うけたま》はりぬ」といひながら殺害せり。

主人、このことを聞きて、やがてその郎等を追ひ出しければ、その者尾州に下向して後に病気付き、「一向《ひたすら》に骸《からだ》をものの刺す」といひて泣き叫び、苦悩して死したりける。

［一］『沙石集』巻第七「人を殺して酬たる事」に準じている。［二］京都。［三］主人と血縁関係にない従者。［四］長柄の武器の一つ。柄短く片刃で、形は薙刀に似ている。［五］死んで、次ぎの生を受けるまでの四十九日間。

19前生の親を殺す人の事[一]

美濃国遠山といふ所の、百姓 某《なにがし》が妻、ある夜の夢に、先に死したる舅来たりて曰く、「明日[二]地頭殿の御狩りにわが命助かり難かるべし。この家に逃げ入ることあらばいかにもして隠してたべ。生々世々うれしと思はむ。われもとより片目の盲《めし》ひたりしが、当時も替らぬをしるしと思ひ給へ」とて泣く泣く語ると見て、夢さめたるに、怪しく、あはれと思ふほどに、次の日、地頭の鷹狩しけるに、雉《きじ》の雄家の内へ飛び入りぬ。その家の主は他行して妻ばかりありけるが、「夢に見えつるはこのことにや」と思ひ合せて、この雉を捕りて釜の中に隠し、蓋《ふた》をうちしめおきぬ。狩人ども入りて見けれども求めかねて帰りぬ。

　さて、主人その夜帰りければ、妻しか〴〵とくはしく語り、雉を取り出だして見れば、夢に違はず片目盲ひたる雉なり。主人かき撫《な》づるに恐れたる気色もなし。あはれなることかなとてその妻も涙を流しける。さて主人申しけるは、「げにも父にておはしけり。活《い》きておはせし時も[三]片目盲ひおはせしが、違はぬことのあはれさよ。親子の契《ちぎ》りなれば、父の慈悲いとほしく思ひて、子に喰はればやとてこそおはしつらめ」といひて、捻《ひね》り殺してけり。

　この妻、あまりに心憂かりければ、やがて家を出てゆくを[四]夫は逃がさじとすれども、はては地頭に訴へとなり、地頭にてことの子細を聞き、夫は逆罪の者にこそとて境を追ひ籠《こ》

[五]め、妻は情けある者なりとてその家を継ぎ、公事《くじ》[六]などもゆるされけり。

[一]『沙石集』巻第七「先世の親を殺事」に準じている。[二]鎌倉・室町幕府が荘園を管理・支配するために置いた役人。[三]子をかわいいと思って。[四]君・父にそむく悪を犯した罪。[五]村落を追われ。[六]税の総称。

20 好色の男狸に化かされし事

京師[一]下立売《しもたちうり》油小路に名高き俳諧師あり。名を馬南[二]と呼び、平生好色に耽《ふけ》りて、暇《いとま》あれば青楼《せいろう》[三]に遊むで娯《たの》しみとしけるが、ある時、東あたりより帰りしに、三条にて年頃廿一、二の女に逢ひしが、もとより女好きのことなれば、それに見とれてたたずみゐたるに、かの女もどうやら心[四]ありげなる様《さま》なれば言葉をかけみるに、心安くなびきける。伴ひ帰りて枕をかはしけるが、女いふやう、「私は室町三条あたりにゐる女なり」といふにより、いよ〳〵気遣ひなく思ひ、契りを結びしが、ある時、かの女いつものごとく馬南が方へ来たりて枕を並べ臥《ふ》しゐたるに、いつともなく遁《のが》れ帰れる体《てい》[五]なりければ、下男を呼びて大いに叱り、「女もし帰らば、何ぞわれに告げざるや」といふ。下男も知らざることなれば驚き、門など吟味するに、宵にとざせし[六]ごとくなれば、いかゞと家内中を探り求むれどもつひに見えず。

馬南その節より力なく覚えしが、次第に疾《やまひ》重りて医者など頼み、療治を求むれども叶《かな》ひ難く次第に元気衰へけるが、ある医者、脈していふやう、「これは鬼物に血を吸はれしものなれば、薬のおよぶところにあらず」といひしに、ほどなく痩せ衰へて死したりとなり。

[一] 京都。[二] 大魯とも。二百石取りの阿波の藩士であったが、三十歳を過ぎて、大坂の遊女と駆落ちし、三十七歳で浪人。蕪村の俳諧の弟子。[三] 女郎屋。[四] なんとなく。[五] ありさま。[六] 門を閉じて、錠を下ろした。

21横笛の上手なる人の事

[一]長州萩城下のあたりに松屋甚太郎といふ者あり。生質《うまれつき》横笛を好んで、小児の頃より明け暮れこれを翫《もてあそ》び楽しみとしければ家業をも治めず、夜中といへども合壁《がつぺき》[二]の夢を驚かすをも思はず吹きすさびし故、自然とその堪能《かんのう》[三]を極めしかども、その家事をなさゞれば次第に家貧しくなり、朝夕の烟《けぶ》りもたえ〴〵なり。妻はこれを歎きて諫《いさ》むれども聞き入れざれば、親族寄り集まりて、村長を頼みてその技《わざ》を止《や》めさせむ、と堅く禁《いまし》めけるによりてわが家にてこれを弄《ろう》することあたはず。

もとより好きの道なればやむことを得ず、夜深におよむで、密《ひそ》かに家を出であたり近き山へ至り、何の恐れもなしとよろこび、吹きすさび、楽しみけることたびかさなり、みづからもその所を得たりとよろこび、日の暮るゝを遅しと待ちわびて夜毎に通ひけるが、またいつものごとくかの山へ登りて、これを吹きすさびて独り楽しみゐたりしが、頃しも春の末つかた、闇はあやなき空の気色、夜も参《み》半《なか》ば過ぎて[四]山の端より出づる月の光りに若草の色青めきて、東風《こち》吹く嵐に山桜袖に散りかゝり、そのありさまじつに春宵《しゆんせう》一刻価千金[五]と口ずさみて笛を吹きならして楽しみゐたりしに、向ふの木蔭に人の姿見えしかば、「われならで誰《た》が夜深きに来たれるや」と怪しく思ひて、笛を止《や》めたりしに、近く進み来るありさまなれば、何とやらもの淋しく、今まで楽しみゐたりしも興ざめて、かやうの僻《へき》なからましかばこの山中に来たることもあらじ、と独り悔やみて、震《ふる》ひわななきて、笛を腰にはさみ、足早に山を下らむとするに、かの者、はや前に来たり、そのさま七十余の老人、白き服を着し、藜《あかざ》[六]の杖にすがり、甚太郎を見ていふやう、「あまり笛の音の面白く候まゝ、ここまで参り侍《さぶら》ふに、なにしに止《や》め給ふぞや。いま一曲吹き給へ」と望みしかども、甚太郎は何の返答なく、ただ震ひわななきて逃げむとするをかの老翁咲《わら》ひて曰く、「恐れ給ふことなかれ。われ人を害する者にあらず。そこもとの笛の音、天性その道に志深き故その妙なかなか世人のおよぶところにあらず」と称美しければ、甚太郎もやう〳〵気を治《なほ》して、「これは思ひもよらぬ賛《さん》を蒙《かうむ》り[七]申すものかな。老人はいかなる御人なるや」と尋ねしに、

「某《それがし》は人に非ず」といふによりさては山の神の、わが技を愛し給ふものならむと心嬉しく、また、「御姓名は何と申し候や」といふに、さしうつむきてしばし返答もせざりしが、や、あつて頭を上げ、「われもとこの山に住める野狐なるが、数千歳の星霜を経《へ》て、神道を得、かりに老翁と化し来たる者なり。今より心置きなく笛を吹き給へ。われも好きの道なれば来たり、望み申すなり。必ず恐れ給ふことなかれ」といひてそのまま消え失せたり。

それより、夜毎にかの老翁来たりて笛を聞きゐたりし故、いつとなくこころやすくなりて、ある時甚太郎いふやう、「このあたりは古《いにし》へ源平の戦場なるよし。老翁には定めし目《ま》のあたりそのありさまを見給ふべし。乞ふ、語り聞かせ給へ[八]」といひしに、「なるほどその時のこと詳しく見申し候ひて、話説のみにてはいまひとときはゆき届き申さぬことなれば、わが眷族[九]多ければ、彼らをしてそのことをなさしめて御目にかけ申すべし。今日より七日過ぎてこの所へ来たり給ふべし」と約して別れ去りぬ。

甚太郎その日遅しと待ちわびて指を屈し数ふれば、はや七日目になり、宵より山へ上りゐたりしに、程なく老翁出で来たれり。互ひに礼儀を述べ終りて、老翁いふやうは、「今宵合戦の次第を御覧に入れ申すべし。しかしながら一滴にても涙を催し給ふことなかれ。もし愁涙《うれひなみだ》をなし給はゞ[一〇]、それきりになるべし」といひ終りて、何やら指揮する体《てい》なりしが、程なく東の方しの、め近く白みわたりて、山上水無きに海水漫々《まんまん》として漲《みなぎ》り涌《わ》きて兵船数百艘浮かび出でたり。陸の方にも白旗翻然《しらはたほんぜん》として源氏の大将源廷尉義経[一一]を始めとして豪雄ならびゐたりける。平家の方にも能登守[一二]その外の勇将、弓箭《きゆうせん》をたばさみ待ちかけしが、次第に乱軍となりて、平氏大きに打ち負け、安徳帝[一三]入水し給ふありさま、あまりの御いたはしさに堪へかね、思はず愁涙を催し声を揚げて悲しみければ、今までありつる源平の両陣烟《けむ》りのごとく散じ、霧のごとくに消えて、たちまち黙然無色なりけるに、茫然として首《かしら》を仰ぎて空を見れば、景星《けいせい》[一四]の光り明けしあたりを見れば、老翁咲《わら》ひて曰く、「君、愁涙し給ふ故、かくのごとし」といふ。甚太郎惜《を》しめどもせむかたなし。

つひに家へ帰りしが、なにとぞ、今一度その跡を見ばやと思ひて、心付きしまゝ、かの狐の好めるものは鼠の油揚なれば、これを拵《こしら》ひ、数百頭を清き筥《はこ》に入れて、いつものごとくかの山へ至り、相ひ待つほどに老翁来たれり。甚太郎昨夜の労精を謝し、右の品を出だしていふやうは、「これは些少《させう》ながら、御眷族方へ御分ち、宜《よろし》く謝し給はれ」と差し出だしければ、老翁大きによろこび、礼謝するに、甚太郎いふやう、「近頃無体《むたい》[一五]ながら、昨夜の跡をいま一度見せ給へ」と望みしかば、さつそく諾《うべな》ひて七日目に来たるべしと約し、別れしが、こたびは友をも伴ひたきよしを頼みしに、「一人も二人も同じことなればともかくもせらるべし」といひしまゝ、その日の暮れ過ぎよりかの処へ友四、五人伴ひいたりしに、初更《しよかう》（午後七時〜九時）、二更（午後九時〜十一時）[一六]過ぐれども老翁出で来たらず。「いかゞのことなるや」と甚太郎は、友の手前《てまへ》気の毒なれば、腰にはさみし笛とりて、「いつもこの笛さへ吹けば老翁来たれり」といひてしばらく吹けども何の音もせざりければ、「いよ〳〵いぶかし、いかなることぞ」といふに、友の内に、甚太郎、われらをあざむきしと怒る者もあり、また人を欺きだます男にあらず、明夜来るべしといふもありて、大きに騒ぎけるに、甚太郎はなはだ気の毒に思ひて、いろいろなだめ詫びけるが、なかに、「甚太郎面映《おもは》ゆ[一七]る、なれば、柴を束ね、これを灯《とも》して松山を捜すべし。自然老翁の棲洞《すみか》もあらばともに頼むべし」と一同にて山をさがし見るに、棲洞も知れざりしが、やうやう東雲《しののめ》近くなりけるに、谷の中に白き筥の見えしまゝ、甚太郎、「これ、わが贈りしものなれば、このあたりこそ老翁の棲洞ならむ」と藤葛をよぢ伝《へ》ひて、下りて見れば、筥の中に鼠三頭を余してありしが、かの岩の後ろに年経たる白狐死してゐたり。

これ、数百頭の鼠を外の狐に与へず、みな独りして喰ひ尽くさむとして、食傷《しよくしやう》[一八]せるものならむといへり。畜生の浅ましさは、おのが好物故、味の旨《うま》きを惜しみ、外の者に与へず、独り喰ひ尽くさむと欲して、その命を失ふことを知らず。甚太郎はこれを歎き、「もしこのものを与へずば、生命を失はせまじきものを、千歳の星霜を保ちたる狐を殺せること恐ろし」とて廻国[一九]せしとなり。

〔一〕山口県西部・北部。〔二〕壁一つへだてた隣。〔三〕じょうず。〔四〕三更過ぎ（午後十一時〜午前一時）の意か。〔五〕蘇軾「春夜」の一節。〔六〕穂状の黄緑色の花をつける。〔七〕おほめのことばをいただき。〔八〕もう一段。〔九〕一族。〔一〇〕東雲・あけがた。

［一一］源義経（一一五九〜八九）。平安時代末期の武将。義朝の九男。［一二］平教経（一一六〇〜八五）。平安時代末期の武将。教盛の子。［一三］安徳天皇（在位一一八〇〜八五年）。高倉天皇の第一皇子。平清盛の孫。［一四］瑞星。めでたいきざしを示す星。［一五］無理。［一六］きまりが重い。［一七］面目が立つのであれば。［一八］食あたり。［一九］廻国巡礼。

22 三宅尚斎［一］妖怪を斬る事

京都丸太町に、往昔《わうじやく》妖怪住める屋舎といひて、人住まず、草生ひ茂りし家ありしが、奥州の書生、修学のために京都へ上りて、屋舎を求めしに、かの咄《はな》しを聞きて、書生北方の強者なれば、好んでその家を借り請けたく、そのよしを申し入れければ、旅舎の主人［二］、堅く止《とど》めて曰く、「これ、年久しく人の住み捨てし屋舎にして、鬼物怪異をなすよし」を語り、止むれども、「往古より豪傑の人に鬼の禍ひをなせしことなし。見給へ、われ住みし時、かの鬼必ず避け隠れむ」と大言を吐き、かの家へ移りしに、数日を経《ふ》れども、何の怪しきことを見ざりしにより、かの書生、心の中に、鬼われを怖ぢて去るよ、と少し慢心を起こして、ある夜、厠《かはや》へゆきて、手水《てうづ》をつかはむと手水鉢の杓《しやく》を上げゝるに、その下より大きなる鬼の手出で、書生を捕らひければ、放さむと揺動《えうどう》すれども少しも動かず、惣身《そうしん》に汗出で身の毛立ちて手足働くことあたはず、人を呼ばむとすれども口吃《ども》りてその声出でず。その時空中に声ありて、「思ひ知れるや」といふかと思へば、そのまま引きつかむで投げ倒しけるに、飛び石の上に打ち付けられ、面《おも》を破りて息絶えたり。

それより人いよ〳〵恐れて、そのあたりを往来する人も稀れなりしに、その頃、三宅尚斎、禄を辞し、京に帰り、家を求めむとせしに、思はしき屋舎も無かりければ、幸ひ住居も広ければかの家を求めむと望まれしに、その主人、右の咄しをなして、「御望みならばともかくもし給ふべし」といふ。尚斎笑ひて、「われ黄吻《くわうふん》[三]の輩《やから》と同じからず」と。すなはちその家を求め、はやその家へ移りけるに、何のこともなかりしに、頃しも、長き秋の夜なれば、灯火をかゝげ、書を読みゐたりしが、ふと思ひ出し、一絶句を壁の上に写しける。その詩に曰く、「荒屋無人鬼脚驕　佩刀携到駆冥夭　従来胸上存正気　何物令明心自撓[四]」。みづからもその作のよく言ひ得たるをよろこび、再び吟じて楽しみゐたりしに、壁の中に声ありて、

語らずと　をしへし道のあるものを　守らで住める人ぞはかなき[五]

といふ声せしに、尚斎刀掛けに掛けし刀を横たへ、壁を白眼《にらみ》て座しゐたりしに、思ひもよらぬ後ろの屏風の蔭より、大の法師現はれ出で、尚斎が髪をつかむで引き倒さむとするを、

もとより学術のみならず、武道にも達し、早業《はやわざ》に馴れたる者なれば、そのまま身をかはして、抜く手も見せず切り付けしに、そのまま消え失せしにより、奴僕を呼びて灯火をともし見るに、鮮血したひて[六]雨戸の方より庭の楊柳《やうりう》[七]の樹の後ろに到りしに、大きなる石ありてその下より洞穴のごとく窪下《わか》になりし所あり。その石をのけてなかを見るに、大きなる古狸死しゐたり。これよりその怪《くわい》[八]止みしとかや。

[一] 三宅尚斎(一六六二〜一七四一)。江戸時代中期の儒学者。山崎闇斎の晩年の門下生。[二] 宿屋。[三] 年が若く経験が足りないこと。[四] 荒屋人無く鬼脚驕/佩刀を携へ到りて冥夭を駆る/従来胸上正気を存す/何物か明心をして自らみださしめん。[五] 語るなと教えた道であるにもかかわらず、守らずに住むひとは愚かである。[六] 付着して。[七] かわやなぎ。[八] 不思議なこと。

23 成田治左衛門が事[一]

享保(一七一六〜三六)年中、大坂谷町あたりに住める浪人あり。元来西国方の侍なり[二]しが、故ありて国を立ち退き、大坂へ来たり新蔭流[三]の武術を指南して活計をなし、[四]後妻を迎ひたりしに夫婦の中睦《むつ》まじく、実に琴瑟《しつきん》[五]をひくがごとくなりけるに、その妻ふと病《やまひ》の床に臥《ふ》し、医者の助けもたよりなかりしかば、治左衛門大きに歎きて日夜枕を離れず看病し、悲しみけれども、命旦夕《たんせき》[六]に迫り、妻、治左衛門を呼びて手を取り、顔打ち守りていふやうは、「君と互ひに百年を添ひ参らせむと契りしに、妾《わらは》不幸にして、中途に別れむこと、その悲しみいふに尽くることなし。もし君、妾を捨て給はずば、たとへ形骸《からだ》は空しくなりぬとも、魂魄ここに留《とど》まり、君と偕老《かいらう》[七]の契《ちぎ》りをなしまゐらせむ」と涙とともにいひければ、夫もともに歎きて、「汝より活《い》き残るわが悲しみ、腸《はらわた》を断つがごとし。しかれども有為転変の世の習ひ、歎きてもかひなし。もしその辞《ことば》に違はずば、なほ死しても生くるに同じ」といひければ、妻打ち咲《わら》ひて世に嬉しげなる顔して、「幸ひに君の捨て給はざるを辱《かたじけな》ふす[八]。しかしながら他《ひと》に洩らし給ふことなかれ」といひて息絶えたり。治左衛門大きに歎き悲しみけるが、かくてもあられざれば死骸を寺に送りて葬埋の礼をなす。

しかるに、その夜より妻来たりて、治左衛門と枕を同じうして、活ける時のごとく少しも替ることなし[九]。始めのほどは、愛着に溺れて何とも思はざりしが、日《ひ》員《かず》重なるに随ひ、心よからざることに思ひて、その知己・門弟へは、播州廻りと披露して、播州の知るべの方へ到り、避《に》げければ、その夜、妻来たりて、「君、妾と深く契り給ひて、今心かはらせ給ふことの恨《うら》めしけれ。もし何方《いづかた》へ到り給ふとも、日本はおろか、唐土《もろこし》・天竺《てんぢく》までも随ひ参り申すべし。君、妾を捨て給ふとも、妾、君を捨て参らせまじ」といひてその来たることなほ止《や》まず。せむかたなくてまた大坂へ帰りけるが、これをさくるに術《すべ》なし。また、他《ひと》にも漏らさじと契りしことなれば、口外せむも怖ろしくて、ただ一人悶《もだ》え苦しみける。

次第に元気衰へて、人にも逢はず引き籠もり、打ち臥しゐたりけるが、その体《てい》を聞きて、朋友《ともだち》四、五人訪《と》ひ来たりしに、奴婢《ぬひ》の曰く、主人は他《ひと》に逢ひ給ふことを嫌ひけるよしを告げけるに、みな武を専らにする者どもなれば、「児・女子の疾《や》むるごとく、人に逢ふを嫌ふこと何ぞや。われらは苦しからず」と押して治左衛門が病床に到りければ、治左衛門驚き、涙を流して、「われはからずも、疾《やまひ》をうけて、すでに迫れり。きみらに対面せむも、はやこれきりなるべし」といふ。その形骸《からだ》、肉脱《ぬけ》おち、気息《きそく》短急なり。

皆これを見るに、その相形いと奇怪にして、鬼魅《きみ》[一〇]の禍ひせるがごとくなれば、「必ず怪事あるべし。包まず次第を語るべし」とねんごろにいひければ、治左衛門も打ち明け、始末を語らむと思へども、妻と堅く契りしに、人に語るまじといひしことなれば、いかゞせむと狐疑猶予《こぎいうよ》[一一]せしに、再三《さいさん》声を揃へて問ひかけられ、せむかたなく、妻と契りし始末を語りければ、みな驚きていふやう、「これ、足下《そくか》と愛着の深き故、狐・狸禍ひをなすと覚えたり。死したる人の再び来たらむいはれなし。幸ひにわれら罷《まか》りあり。除かずむばあるべからず」と。その夜、光燭を焼きてあたかも白昼のごとく、みな、治左衛門のかたはらに連座して、今や妖怪の来るかと待ちゐたりしに、夜半の頃、治左衛門苦しみもだえければ、みな、今こそ妖怪来たりけるよと刀を抜きて空中を払へども、当るものなく、また怪しきものも見えざりしが、治左衛門つひに絶え入りたり。

みな驚き、助けて薬など与へしに、やうくにして息出でたり。治左衛門涙を流して、「われ、きみらに言を洩らせしによりて、婦《をんな》大いに怒りて、わが命を断たむといひて帰れり。きみら、幸ひに長寿を保ち給へ」といひてあくる日死したりける。

［一］『駿国雑誌』巻二四下に準じている。［二］中国・四国地方。［三］上泉秀綱の創始した剣術の流派。［四］生計。［五］夫婦仲の良いこと。底本「琴瑟」。［六］命が今朝か今晩か。［七］夫婦仲良く、共に老いるまで連れ添うこと。［八］身にしみてありがたい。［九］気持の悪い。［一〇］妖怪変化。［一一］事に臨んで疑いためらうこと。

奇談雑史　巻八

1源三位頼政が歌の事[一]

源三位頼政[二]は保元の合戦[三]に官軍の御味方にて、一方の先陣を賜《たま》はり、凶徒を退《しりぞ》け、いみじき功績ありしかども、させる感賞[四]にも預《あつか》らず怨《うら》みを含みつゝも、大内の守護職として年久しく地下[五]にありて殿上[六]をも許されざりければ、

人しれぬ大内山の山守は　木がくれてのみ月を見るかな[七]

と一首の歌をよみければ、帝《みかど》[八]聞こし召され、ふびんに思し召し四位を賜はりて、始めて昇殿を許されける。それより四位の殿上人[九]にて久しく世に仕へ奉りけるに、

のぼるべきたよりなければ　木の本に　しゐをひらひて世をわたるかな[一〇]

とよみたりければ、帝感じさせ給ひて七十三にて三位を許され、後に、先途遂げぬとて出家・入道して源三位入道[一一]と呼ばれけり。

和歌の道においては手広き者におぼしめされ、[一二]帝より、藤鞭《ふぢかは》[一三]・桐《きり》・火桶・頼政と四つの題を下させ給ひ、こを一首の中に、隠してよみて奉れ、と勅諚ありけるに、

宇治川の　瀬々の淵々落ちたぎり　水魚《ひを》けさ　いかによりまさるらむ[一四]

とよみければ、帝、いみじく仕へたり、と叡感あらせられける。

鳥羽院の御内に、[一五]菖蒲《あやめ》[一六]の前とて世にすぐれたる美人ありける。かれ、君の御いとほしみも類ひなかりける。月卿雲客《げつけいうんかく》も艶書を通じ、情をかくることひまなかりけれども、心にまかせぬ身なれば、一筆の返事何方《いづかた》へもなさで過ぎけるほどに、頼政もたまさかに[一七]菖蒲の前を一目見しよりいつもその時の心地して忘るゝひまなかりければ、[一八]つねに文を遣《つか》はしけれども、一言の返事もせざりければ、頼政、こりずまにまたも文遣しけるほどに、三とせにもなりけるに、何にして洩れたりけむ、このよし帝聞こし召され、[一九]菖蒲を御前に召され、御尋ねあらせられければ、菖蒲は皃《かほ》うち赤めて御返事つまびらかならざりける。帝、頼政を召して御尋ねあらばやとて御使ありて、召されける。

頃は五月五日の夕暮れになむありける。頼政、木賊《とくさ》[二〇]色の狩衣《かりぎぬ》[二一]花やかに引き繕《つくろ》ひて、参上

し、縫殿《ぬひどの》〔二二〕の召見〔二三〕の板に畏《かしこ》まりて伺候す。帝、出御ありて笑みを含ませ給ひ、「頼政菖蒲を忍び申すなるは」と御諚あらせられける。頼政色を失ひ、恐れ畏りて侍《さぶら》ひける。

帝、憚《はばか》り思ふにこそ勅諚の御返事は遅かるらめ、菖蒲を一目見たりし頼政が眼精《がんせい》〔二四〕を見ばやとおぼしめされ、菖蒲が色貌《いろかたち》に少しも違《たが》はぬ同じ年頃の女二人に、菖蒲を具して、三人同じ装束・同じ重《かさ》ねになして出だされ、頼政が前に列居させたり。「頼政よ、忍び申す菖蒲侍《はべ》るなり。朕《ちん》、思し召す女なり。御免《ゆる》しあるぞ。相ひ具して罷り出でよ」と綸言《りんげん》〔二五〕ありければ、頼政いとゞ色を失ひ、額《ひたひ》を大地に付けて畏《かしこ》まり入りたり。心に思ふやうは、「わが愚かなる眼精およびなむや。ましてよそながらほの見たりし貌《かほ》、何を験《しるし》とも覚えず。見紛《まぎ》れつゝよその袂《たもと》を引きたらむもをかしかるべし。今の恥のみにあらず、後の世までも名をくたさむ〔二六〕も心憂きことにこそ」と歎きいりたる〔二七〕気色《けしき》あらはれければ、重ねて勅諚に、「菖蒲はげに侍るなり。とく給ひて出でよ」と仰《おお》せ下されければ、頼政畏《かしこ》まり、

五月雨に　沼の石垣水越えて　いづれ　菖蒲とひきぞわづらふ〔二八〕

と申したりける。

帝御感のあまり龍眼《りようがん》より御涙を流させ給ひながら、御座を立ゝせ給ひ、女の手を御手に取らせ引き立て給ひ、「これこそ菖蒲よ、疾《と》く汝に給ふなり」とて頼政に授けさせ給ひけ

る。頼政菖蒲を相ひ具して仙洞をまかり出でければ、上下の男女、歌の道を嗜《たしな》まむ者、かくこそ徳を現はすべけれ、とおのも〳〵感涙を流しける。頼政が子息伊豆守はこの菖蒲が腹に生れたる子なり。

治承四年（一一八〇）頼政、宇治の合戦に最後にのぞみ、

埋れ木は　花咲くこともなかりしに　みのなるはてぞ　あはれなりけり〔二九〕

と一首の辞世をよみ、太刀先、腹に突き立てて貫きとほし、みまかりける。

〔一〕『源平盛衰記』巻第一六「三位入道歌等附昇殿事」「菖蒲前事」に準じている。〔二〕一一〇四〜八〇。平安時代末期の武将。摂津源氏の嫡流。〔三〕一一五六年、後白河天皇方が崇徳上皇方に勝利した。〔四〕功を賞して賜わる褒美。〔五〕地下人。昇殿を許されない六位以下の官人。〔六〕昇殿。〔七〕大内山の山守であるわたしは隠れて月を見るように、みかどをかげからそれとなく拝見するほかはありません。〔八〕六条天皇・高倉天皇・後白河上皇のいずれか、定かでない。〔九〕昇殿を許された人。四位・五位以上の一部および六位の蔵人。〔一〇〕三位にのぼる手づるをもっていないわたしは椎（四位）の木の実を拾ってこの世を過ごすのであろう。〔一一〕知識などが深く、広い。〔一二〕鳥羽天皇（在位一一〇七〜二三）。

崇徳天皇に譲位し、六年後、院政をしく。［一三］藤蔓で作った鞭。［一四］宇治川の瀬々の淵の水が激しく流れ落ちている今朝はどれほど多くの氷魚《ひうお》が岸に近づいていることであろう。「宇治川（藤鞭）」「たぎり（桐）」「氷魚けさ（火桶）」「よりまさる（頼政）」［一五］内裏。［一六］頼政の正室。［一七］たまたま。［一八］懲りもしないで。［一九］はしばしまでよくわかること。［二〇］黒みを帯びた緑色。［二一］平安時代の貴族の常用略服。襟が丸くて、袖にくくりがある。［二二］縫殿寮。裁縫をつかさどる所。［二三］呼び出して面会する。［二四］眼力。［二五］みことのり。［二六］腐らす。捐ずる。［二七］ひどく歎く。［二八］五月雨が降って沼の水が石垣を越え出たので、どの花が菖蒲であるのか選び抜きとるのに難渋しています。［二九］一生埋れ木のように花が咲くことはなかったし、その行き着く最後は悲しい。

2 馬啼寺の事

武蔵国［一］川越《かはごえ》の近在平方《ひらかた》村の某《なにがし》、そこばくの財を散じ、その甥なる分家某《なにがし》に金子《きんす》拾六両を借りて遣ひしが、その金子済《すま》すことあたはずしてつひに身まかりける。分家某《なにがし》は本家の伯父に貸したる金なれば、あへて債《せ》むることなくて過ぎけるほどに、馬を買ひけるに、その馬力強く、重荷を負ふこと世に勝《すぐ》れたり。

ある日の夕暮れに、廻国修行者壱人その家に来たり、一夜の宿りを乞ひけるほどに、宿貸して止《と》めける。夕方にその家の主人家に帰り来たるを、修行者つら〳〵見るにいと美しき衣服を重ね着たり。やがて着替へなどして、その美服をたゝみ一間の内に重ね置かれける。

かくて夜に入りその修行者も床に入りて寝たるに、独り思ふやうは、世の中にはかかる美服を着る人もあるに、おのれはかゝるつゞれ衣〔二〕を着て世を過ごすも口惜しきことなり。かれも人なり。われも人なり。さらば、かの衣裳を今夜盗み出だし、この世の思ひ出に一度美服を身にまとひて、思ひをはらさばやとにはかに妄念起こり、夜半と思ふ頃、人の寝《ね》静《しづ》まりけるを伺ひ、かの主人が美服を盗み取り庭に出でて逃げむとするに、誰かは知らず人声ありて、「修行者待て」といふを聞きて、こは見付けられたり。もはや逃るべくもあらずと思ふに、人の形は見えず、厩《うまや》の内にてまたもいふには、「修行者ここに来たれ。逃るとも逃さじ」といふによりて、厩の入口にゆきて見るに人にはあらで馬なり。

その馬のいふには、「ただ今汝を呼びしはわれなり。いひ聞かすことあればよく聞くべし。汝この家〔三〕に宿借りて、主人が美服をうらやみ、盗み取りて身にまとはむと思ふ心なるか。いみじき罪なり。かかる妄念は起こすべきものにあらず。早くもとのごとくに返し置くべし。さすれば、汝が罪は消ゆべし。夜明けなば、主人にそのことをつゝみなく、懺悔して聞かすべし。また、ついでにわがいふことを主人にくはしく告げ給ふべし。わが身の前生は、この家の本家の主某《なにがし》といふ者にて、この家の今の主人がためには伯父にてありしが、そこばくの財を散らし、家貧しくなり、この家の主人に金子拾六両借りて、返すことあたはずしてつひに死したり。甥に借りたる金とはいへども、冥途にありてもその金子返さゞること心にかゝり、馬に生れ替りて、今この家に飼はれ、苦しかれども、つねに重荷を負ひて前生の借りを済すこと久し。すでに今一日、重荷を負ひて働きなば、前世借りたる十六両の金子は済《すま》しはつるわけなり。明日は、この家の主人必ずわれに荷物を負はせて川越の町にゆかでかなはぬ要用あり。われ荷物を負ひてゆくなるが、わが定業《ぢやうごふ》すでに尽きぬる故に、この家に帰らずして、川越の町かまたは途中にて必ず死すべし。このことつぶさにこの家の主人に伝ひくれよ」と頼まれける。修行者いたく驚き、かの盗みし衣服をもとのごとくに一間の中に入れ置き、床に入りて寝たりける。

あくる朝、主人に向かひ、「前夜は君が美服を羨み、にはかに妄念起こりて、恥しかれどその衣服を盗み出し、馬に呼び留められ、しか〴〵のことを君に告げしらせよ、とのことなり」とつゝみなく物語りしければ、主人大きに驚き、「げにわが本家の伯父[四]某《なにがし》はわれに金子拾六両借りて、その金返さずして、この何年以前にみまかりぬること、少しも疑ふところなし。されば、わが馬は、伯父の生れ替りにてありけるか。つねによく重荷を負ふこと、他の馬に倍してまめに働きぬ。伯父が生れ替りと聞きては、重荷も負はせ難けれど、今日は川越の町に是非とも荷物を送らで済まざることの侍れば、心無きに似たれども引きてゆくべし。しからば修行者、汝も馬に付きそひて川越の町にゆきてよ」といふによりて、修行者も馬とともにゆきてけり。

かくて、馬は、川越まで荷物を負ひゆきて、帰る路の途中にて、その馬倒れて死したりける。故《かれ》、その所に馬を埋めて、かたはらに庵室を立て、その修行者も、馬と物語りせしこと深き因縁あることなるべしとて、「生涯わが伯父を養ふ心もて養ふほどに、この庵主となりて馬の冥福を祈り、後生は人間界に生れ出づるやうに祈りくれよ」と頼みければ、修行者はその庵主となりて念仏修行怠らざりける。

このこと川越侯へ訴へになり、川越侯より公儀[五]へ言上におよびければ、そのよし御感ありて、禅宗の一寺を御建立あらせられ、馬啼寺と寺号を下し賜はり、また、寺領十五石、永世御寄付あらせられ、武州平方村の馬啼寺といふはこれなり。

[一] 東京都・埼玉県・一部神奈川県。武州。[二] やぶれ衣。[三] ひどく重い。[四] 亡くなったこと。[五] 朝廷。

3 網にかゝりし光り物の事

下総国香取郡 某《なにがし》の里にて、夜々網を張りて飛ぶ鳥を捕る者ありける。年の暮れの寒き夜に、網を張りて鳥の飛び来るを待ちてゐたるに、光り物飛び来たりて網にかゝりたり。

こは金にもやあらむ、と網を下ろして見るに、金にはあらで神社の御祓《はらひ》札・守《まもり》などを束ねたるなり。

この辺《あた》りの慣《なら》はしは、極月（十二月）十三日の煤掃《すすはら》ひには、大神宮［一］の御祓、その外神社の札・守の古きは、みな束ねて産土神《うぶすながみ》［二］の社に納めおくを、乞食・非人どもそれを取りてしとね［三］などに拵《こしら》ひて、寒さを凌ぐこともあり。まことに畏《おそれおほ》きことなり。これらの業《わざ》、神慮に叶はずして飛び去り給ふ時に光りを放ち給ふなるべし。こは、納むる人の、心無きにあらずや。

過ぎし頃、常陸国鹿島の田谷といふ所にて、出火して人家多く焼けたる中に、ただ一家焼けずに残りたる家あり。人々不思議に思ひしが、この家にかぎりて、師走の煤払《すすはら》ひにも、神の御祓札・守などは、みな家の二階の屋根に納めおくためしなりける。故に、つねに神祇敬信も厚かりしこともしられたり。焼けたる家々は、しからず、みな、御祓札・守は持ち出だして、捨つるがごとくに納めしとぞ。恐るべし。

［一］伊勢神宮。［二］生れた土地の守護神。［三］敷物。

4田に落ちたる光り物の事

下総国椿新田外口の里といふ所にて、ある人夏の夜にやぐらの上に登り涼みゐたるに、光り物飛び来たりて田の中に落ちたり。こは金にやあらむと、やぐらより下りて、田の中を探りみるに、金にはあらで石なり。その石をよく見れば、亀甲の形ある石なり。世にいはゆる亀石ならむといふに、その里の某《なにがし》、その石を買ひ得て、庭の築山の地を掘りて埋めしとぞ。心ある人と思はれたり。しかして、その家、益々富み栄えたり。

唐の刑氏〔一〕が家貧しかりしに、一つの亀形の石を得て宝とせしより、家富み栄えし、といふためしに似たり。

〔一〕巻三6「銭に飛び去られし人の事」参照。

5池より出でし光り物の事

昔、常陸国信田《しだ》郡日野沢村といふ所に藤兵衛といふ孝子ありける。一人の母に仕ふることいとまめやかなりしが、ある年、世の中悪《あ》しく凶年にて、御年貢〔一〕足らず、せむかたなく大井村の八郎右衛門といふ人の家に奉公に住みて仕へたり。

主人に願ひていふやうは、「わが家には老いたる母親一人を残し置きぬれば、夜毎に家に帰りて母の安否を問はまほし。夜の間は暇《いとま》給はりてよ」と乞ひければ、主人もその孝心を感じ、夜は暇給はりて家に帰らしける。藤兵衛いとよろこび、雨降り、風吹けども夜毎に家に帰りて老母の心を慰めて、孝心に仕へ、主人にも忠《まめ》[二]に仕へけるに、この日、野沢と大井村の間に目黒の池といふ大池ありて、その周《まは》り壱里八町ありて魚の住まざる池なりとかや。藤兵衛はこの池の堤を毎夜ゆき通ひけるほどに、この池より毎夜光り物飛び出だして、またこの池に飛び帰りける。

ある夜、いまだ夜も明けはなれぬに、わが家を出でて大井村の主人の家にゆかむとして、その池の堤を通りかゝるに、例の光り物池水に飛び入りて、「藤兵衛々々」と呼ぶことしきりなりければ、これは、母の身に何事かありつらむと心づき、そのまゝわが家に立ち帰り母を伺ふに何事もなし。かくて夜も明けたりければ、またその池の水際《みぎは》にゆきて、われを呼びたる光り物はこのあたりと尋ぬるに、水中に光り物あり。手に取りてみるに、金にて造れる神の像なりければ、やがて家に持ち帰り、斎《いは》ひ祀《まつ》られける。

その後、藤兵衛家に帰り、妻を迎へ、男子壱人を儲《まう》けたりしが、この子いかなる故にや、田畑の作物・稲穂・粟穂の類、何にても穂を摘みて喰ふ癖ありければ、里人に穂摘といふ字《あだな》をつけられける。

ある年、この穂摘五、六人連れ立ちて、伊勢大神宮に参詣し、京都に上り、二条の町松島屋 某《なにがし》が家に旅宿しけるに、連れの者どもみなみな、「穂づみ々々々」と呼びけるを、宿の主人聞きて、東国の人にて、穂づみといふ名前の人と思ひて、いひけらく、「わが親は穂積の姓にて公家の流れなるが、弟なる男、東《あづま》の国に下りて住み所知れずになりぬ。御身はその家の人にはあらずや。身兄弟の印には、金の瓢簞の片割れと短刀一つ持ちたるはずなり。君が家にその宝物ありや」と問はれて、かかる宝はあらなくにいかゞ思ひけむ、「その宝わが家にあり」と答へければ、主人いたくよろこび、「それこそわが家の血脈《けちみゃく》〔三〕の人なれ」とてさま〴〵にもてなし、さらばわが身も東国に下り、君が家を訪ひたしとて、まからむ時を堅く契りて、互ひに別れけり。

かくて人々国に帰り、穂摘思ふに、「はからずも京都にて偽言《うそ》をいひて、もし京都より尋ね来たらばいかにせむ」と思ひ、穂摘は夜毎に家の棟《むね》に上り、かの神像を祈ること二十一日におよびければ、不思議なるかも、空より金の瓢簞の片割れと短刀一腰天降《くだ》りぬ。これぞ天の与へと押し頂き、宝として秘め置かれける。

しかるに、契りし月日に至りて、京の人松島屋某《なにがし》尋ね来たりしかば、その宝物を出して見せけるに、京人の持ち来たりし宝と割符を合はせたるがごとく少しも違ひなかりければ、いよゝ兄弟の家となり、そこばくの宝を賜はられて、その家富み栄え、今の世にも、毎年正月・九月廿三日はかの神像参詣の人には宝物を見するとぞ。孝行の報ひ、尊むべし。

〔一〕租税として領主などに納める米や銭。〔二〕労苦をいとわずに。〔三〕血統。

6猿の恩を報いたる事

安政元年（一八五四）霜月《しもつき》（十一月）のことなるが、東海道鞠子《まりこ》の近辺に水呑み百姓にて九助といふ者あり。一疋の大猿を飼ひて日頃可愛がりゐたるに、霜月五日の大地震[一]に怖《お》ぢて、猿を連れて広野に逃げ出でたり。ほどなく日も暮れ、地震も鎮まりしかば、家に帰らむとするに、道を踏み迷ひ、山路へ深く入りけるに、猿を背に負ひ、せむかたなくその所に夜を明かしけるが、暁《あかつき》頃になり、骸《からだ》は寒く腹空《むなし》く飢渇に迫り猿に向かひ、「われ汝に食物をとらせたく思へども、時は冬のなかばなれば菓《このみ》とても無し。田畑無ければ取りて与ふべき藷《いも》・大根も無ければ、力無し。われもひだるくて、一足も歩行叶はず。天命ならむ、汝はなほ深山に分け入り、命を全ふすべし。われはこの所にて餓死すべし」といひ含めける。猿は涙ぐみ、九助が背中を撫《な》で摩《さす》り、口を教へ、腹を指さし、寝る擬《まね》をなして何地《いづち》へか馳《は》せ去りける。

時移れども帰り来たらず。不思議に思ふ折から、はるかに木を伐《き》る音しければ、よろめく足を踏みしめ〳〵谷を越え、峰を伝へてゆきみるに、日頃見知れる隣村の樵夫《きこり》なり。昨日のあらましを物語れば、樵夫の人ども昼の粮《かて》に持ち来たりし弁当を分けくれ、茶をも賜はりしかば、息休めにしばらく咄《はな》しゐけるに、かの猿のことを語り出だして歎きければ、人々あはれを催し、「休みの間に先の山のあたりを尋ねやるべし」といひければ、七、八人の者、九助を道案内として先に立て、先の迷ひし山路に至り、手を分けて尋ぬるに、岩の下に土を二尺ばかり掘りて、その中へ逆さまに落ち入りて猿は死してゐたり。よく見れば、自然生《じねんじやう》の薯蕷《やまいも》を掘りかけたり。

かくて見れば、先に仕形をして、九助に見せ、腹を撫たるは、食物を捜し取り来たらむと教へしなるべし。日頃の恩を報ぜむとせしに、魂気《こんき》尽きて、薯蕷を堀りはたさずして死したるなり。悲しむべし。

〔一〕著者は紀伊に向け旅立ち、その日に大地震に遭遇、『地震道中記』を記している。

7 天愚喜兵衛大蛇を斬りし事

摂州兵庫のあたりに住みける喜兵衛といふ樵夫《きこり》あり。この者生質《うまれつき》力強く、雄猛なり。そのあたり三里隔てて愛宕の観音といへる霊場ありしが、この径途《こみち》ははなはだ迂路《まはりみち》にして、参詣の人ならでは到る人なし。十七、八日は、御命日といひて人多く到れども、つねははなはだ人稀れなりしが、その頃、この途《みち》に妖怪出づるといひ伝へしを喜兵衛聞きて「何がな、ことあれかし」と思ひし矢先なれば、嬉しく思ひて、ただ一人かの愛宕山へ参りしに、もはや二里余りも来たりしと思ひしに、山径《やまみち》物すごく、吹く嵐も身にしむかと思はるゝ。人の通ひも絶えし所に、木を伐《き》る音の聞えし故近く進みみれば、年頃十六、七の小童《わらは》、大きなる斧を以て大木を伐ること自由自在にて神のごとし。

喜兵衛心に思ふに、「われも年来、樵夫《きこり》を業《ならはひ》とすれどもいまだこの小童におよばぬよ」と独り言いひて、前後を忘れ見てゐたりしに、かの小童つか〳〵と喜兵衛が前に来たり、「汝何者なればこの所へ来たるぞ」といふ声とひとしくかの斧を以て打ちて懸かる。喜兵衛こととともせず身をかはし、かの斧の柄を抓《つま》みて、[一]互ひにもみあひしが、喜兵衛が力や勝《まさ》りけむ、小童つひに斧を捨て逃げむとす。喜兵衛かの斧を以て小童に打ち懸けしが、そのまま林の中に入りて、飛ぶ鳥のごとく何地《いづち》ともなく消え失せたり。打ち付けし斧、かの小童に当りしにや、鮮血流れて林中に伝ひあり。

喜兵衛その斧を肩に負ひて、観音へ詣《まう》でて、家に帰りしが、里人伝へ称して、みな恐れて天愚《てんぐ》と異名《あだな》しけるとかや。その後、かの斧を以て木を伐るに、心のままに力を費やさず二人前も働きければ、みづからも大きによろこびけるとなり。

また、その後、近き寺の堂、地震もせざるに夜毎に動揺しければ、寺僧ら、はなはだ怪しみゐたりしに、ある時寺僧夙《つと》[二]に起きて方丈[三]の戸を開きみるに、堂の前に大いなる石の手水鉢ありしに、その上に大きなる蛇の頭見えければ、驚き怖れていかゞせむと騒ぎしに、みな、「天愚を頼むべし」といひしにより、人を遣はしてそのよしを語りければ、喜兵衛心よげに出で来たりて、見れば大蛇睡眠して頭を石にもたせ居る体《てい》なりし故、かの斧を以て頭を散々に打ち砕きければ、何かは以てたまるべき、大蛇はそのまま頭砕けて、惣身蠢《うごめ》くとも害をなすべきやうも無かりしかば、七、八断《だん》に切りて、渓《たに》に捨てしとなり。その名、遠近に響きて、諸侯方より召さるれども仕へず。尼崎侯・明石侯にも、はなはだ召し抱ひたきよしにて、懇望なりしかども、「卑賤の者に生れ付きし故、官途のこと覚束なし」とて仕へざりけると、里人の物語りなり。

［一］「掴《つか》みて」の誤りか。［二］朝早く。［三］寺の住職の住居。

8 侠客《をとこだて》平蔵野狐に誑《ばか》さるゝ事

明和（一七六四～七二）年中、大坂城南郊野《かたの》木津村に、侠《をとこだて》［一］を好み、日夜山野に狩りして楽しみとする田夫《でんぷ》［二］平蔵といふ者あり。年いまだ三十に満たず、ただ強きを以て、人の上に立たむことを好みける。

ある時、村中の若き者ども寄り集まり、怪談をなすに、一人進み出でて、「城南阿辺野《あべの》に、古狐ありて人を欺き、誑《たぶら》かすこといく人といふ数を知らず。多くは、人の髪を剃りて禿頭《とくとう》となす故、諸人怖ぢて、日暮れより人の通行無し」といふ。

平蔵これを聞きて、「われ、年来《としごろ》山野に狩りして、深夜に所々を遍歴すれどもいまだ怪異を見ず。阿辺野の野狐、何ぞよくわれに当らむや。妖は人によりて怪をなすといへり。われ世のために彼を除かむ」といふ。その勢ひはなはだ盛んにして当るべからず。皆々その辞《ことば》を聞きて、平蔵の強気を感じてやまず。なかに年老たる者曰く、「かの野狐、なかなか尋常のものにあらず。恐らくは禍ひあらむ。ただ一時《いつとき》の豪言〔三〕を以て進まむこと不可なり」と止むれども平蔵聞き入れず、「われ今宵《こよひ》、彼をつなぎ帰らむ」といひて席を立ちければ、つひに止むることあたはず。

なかに好事の男進み出でて曰く、「もし至り給ふとも印《しるし》なくてはいかゞなれば、古《いにしへ》へ渡辺の綱の金札〔四〕に準《なぞら》へ、これを樹に結び付け置き給ふべし」と壱封の文《ふみ》を与へければ、げにもつともなりとその文を懐中して、ほどなく阿辺野にゆきみれば、頃は秋の末なれば、月のけしきもいともの凄く、草むらに鳴く虫の声よりは松吹く風の音、しんしんとして心細げなり。

平蔵そのあたりを徘徊《はいくわい》して、封書を何《いづ》れの樹に結び付け置かむとあたりを見れば、林の木の間に人影見えければ、「さてこそ人の噂に違はず、これ野狐なるべし」と近く進み見れば、七、八人もより集まり、藁《わら》・竹などを束ね、いと奇《あや》しげなるものを拵《こしら》へをる体《てい》なり。平蔵これを見て、叱り曰く、「野狐、庸人《ただびと》を欺くとも、何ぞわれを欺き得む」といひて林中へ入りければ、みな驚き恐れて、低頭平身して、壱人平蔵に礼をなして曰く、「われわれ御明察《めいさつ》の通り、野狐にて御座候。われら村の大庄屋に、今宵《こよひ》新婦を迎ひらるゝよし。先年われら身分のことにつき、情けなくも謀《はか》らひける、その恨み骨髄にこたへ[五]たり。今宵新婦に先達《さきだつ》てかれが家に至り、欺き日頃の鬱憤を散じ申さむと存じ、かやうに寄り集まり居り申し候ところ、はからずも大爺《たいや》[六]のために咎められ、恐れ入り候。なにとぞ御見逃しくだされ候はゞ、生々世々長く御恩忘るまじ」と懇《ねもころ》に述べける。

そのありさま人のごとく見えければ、平蔵心に思ふやう、「われ始め来たりし時は、もし野狐出で来たらばつなぎ帰らむ」と思ひしかども、かれ礼を以て詫ぶることやさしければ、少し仁心を起して、敢へて害心を夾《はさ》まず。みづからもその俠《をとこぎ》を謾《まん》[七]じ、「われなればこそ、かく恐れけるよ」と思ひ、そのまま帰らむと思ひしかども、かれらがわれを恐れしも咄《はな》しの種なれば、後日の証拠に、この封書を人の取り難き木に結び付けむとて、平蔵莞爾《くわんじ》[八]と笑ひて曰く、「汝、多くの人を欺きしと聞きて、われ汝らを捕らひて帰らむと思ひ来たりしかど、いんぎんに断《ことわ》りを述ぶる故、そのままさし置くところなり。もし悪しく働かば、また来たるべし。しかしながら、われ朋友と争ひしことあるにより、この封書を人の力及ばざるところへ結び付けくれよ」といひければ、「畏り候ふ」とて一、二丈もありし松の木の枝に結び付けければ、平蔵すでに帰らむとせしに、「また、必ずこの御沙汰御無用」といひければ、平蔵、「その大庄屋といふは、何方《いづかた》なる」と尋ぬれば岡村の大庄屋なるよし申しけれども、外人《よそびと》のことにてわれにかゝはらざることなれば、そのまま急ぎ宿所へ帰ら

む と道を急ぎ歩みしに、帰路、思はずかの大庄屋の門前を過ぎければ、心にこれなるべしと門内を見れば、燭の光り瑩々《えいえい》［九］として白昼のごとく、新婦の来たるを待ち居る体《てい》なり。

そのまま過ぎゆかむと思ひしが、よくよく思ふに、「野狐が頼《たの》みしとて、何の義を立つることかあらむ。かれは畜生なり。これは今宵新婦を迎ひ人の大礼をなさむとするに、野狐に欺かれなば、なにほどか口惜しかるべし」と跡へ立ち戻り、案内して門内に入りければ、青侍《あをざむらひ》［一〇］出でて子細を問ふ故、平蔵手を突き、「私ことは、木津村の百姓平蔵と申す者にて御座候が、朋友と争ひ、阿辺野へ参り候処、林の中に何やら怪しき物を拵《こしら》へをる体《てい》故、近寄りて見候へば、尊家に婚礼あるよしにて、禍ひをなし申さむとたくみ候わけ、詳しく相ひ語り申し候。しかしながら、この沙汰いたしくれまじきやう申され候へども、大礼を畜《けもの》のために妨げられ給ふこと笑止千万に存じ奉り、御知らせ申し上げ候」と述べければ、そのよし奥へ通じて、年頃三十余りの士《さむらひ》、刀を提《さ》げて出で来たり、眼を怒らし、はつたと白眼《にら》み、「汝なんらの阿房《あはう》なれば、われら屋敷を恐れず、今宵、吉事の場へ妖言を吐き、衆《しゆう》をあざむきえむとするや。その罪赦《ゆる》し難し。今手討ちになすべき奴なれども、大礼の妨げを憚《はばか》りしばし赦しおく。なほ後日に糾明すべし」と青侍に命じ、門前の木に括《くく》り付けられたり。平蔵その無実を訴ふれども、誰《た》れ助くる者も無し。

時節《をりふし》門前を、僕《しもべ》を連れて急ぎゆく僧あり。平蔵声をあげて呼ぶにより、門の内に入りてこれを見れば、大木に括り付けられて、苦痛を訴ふ。よりてその始末を尋ぬれば、かの次第を詳しく語り、大庄屋の怒りにあひしことを告ぐ。かの僧これを聞きて、はなはだ気の毒に思ひ、段々詫《わ》びけれども、中々聞き入るべき体《てい》なし。いろ〳〵と詫びければ、僧のいひかかりしことをそのまま捨て置くもよろしからず。この上は、貴僧の弟子にいたさるべしとやうやう納得しければ、そのまま席上にて、髪を剃りけると、四方よりどつと笑ふ声、木霊《こだま》へ響きて物稜《ものいつ》[一二]く聞えれば、平蔵はじめて心づき、あたりを見れば、髪落ち散《ち》りて、草の上に座しゐたり。歯噛みをなして無念がれどもそのかひなし。はや暁《あかつき》の頃なれば、やう〳〵家に帰りけるが、その後正気なく、ただ気抜《きぬ》けのごとくになりしとぞ。

[一] 男気を行いで見せること。[二] 農民。[三] 大言壮語。[四] 歌舞伎役者中村芝翫演ずる渡辺綱（九五三〜一〇二五）が、金札を高く掲げている歌川国貞の浮世絵。[五] きつさが身にしみる。[六] 敬称。あなた。[七] おごりたかぶって。[八] にっこりと。[九] 光りかがやくさま。[一〇] 官位の低い侍。[一一] どことなく恐ろしく激しい威力を帯びて。

9 熊野の牛王霊験の事[一]

享保元年（一七一六）六月、武州埼玉《さいたま》郡船越村の百姓佐五右衛門とて、家内五人暮しの者あり。夫婦と男子二人女子壱人あり。男子は十五、六歳と十二、三歳にて、末子の女子は二歳なりしが、この頃、毎夜怪しきことありて、その女子の泣き叫ぶことはなはだし。その泣き出だす始めに、窓の方に火の光り明るくなりて、ものさびしく覚え、何か窓より家の内へ飛び入るやうに見え、その節、家内の奥の方よりも、また光り輝くもの飛び来たり、窓のもとにて光り争ふ時に至り、ほどなく小児《こども》も泣き止むこと夜ごとに同じ。

佐五右衛門夫婦も、当惑して心を悩まし、化物を除き払はむと、加持祈禱を頼み、他人にも語らひ、相談しけれどもせむかたなく、人々思ふに、何《いづ》れにしても、家内の奥よりも光りものの飛び出づるを思へば、納戸の内に怪しきものの隠れあらむも知れず。家内をよくよく払ひ清めなばよろしかるべし、とて煤払ひのごとく掃除しけれど、これぞと思ふもののもなし。その時奥の間なる三尺の壁に、何やら黒く燻《くすぶ》りたるものの張り付きてありけるを、塵芥《ちりあくた》とともに捨てたり。

さて、その夜はいかゞと思ひゐたるに、例のごとく、深更におよびて小児の泣き出だす声に両親は目を覚まし見れば、窓の光りはもつとも烈《はげ》しく、竹格子をばりばりと音して引き破り、たちまち家内へ飛び入るものあり。さて今宵は、奥より飛び出づる光りものは出でやらず、ただ外面《そとも》より飛び入りし光りもののみなりしが、佐五右衛門が起き上らむとする折から、早くも飛び懸かり、小児をかきさらひ、飛び走り去るやうなりしかば、主人は手近にありし鎌を以て飛び懸かり、怪物を切り懸けしが、手ごたへしながら取り逃がしたり。やがて妻も子供も起き上り、灯火を照らして騒ぎしが、小児はつひに奪ひ取られて行方無し。

翌日、窓のもとを見れば、血汐の跡ありて、軒下より背戸《せど》の方へ続き、裏の山へ滴《したた》りあるやうに見えければ、村の人々を頼み、大勢にてかの山へ分け登り、捜し見れば、山の横合ひに三尺ばかりの洞《ほら》ありて、その奥に、猿のごとくにして少し異なる獣の大きなるが、眼を光らし、泣く声凄くありければ、心強き人々一同に走り懸かりて、やがてこれを打ち殺したり。これなむ、狒々《ひひ》〔二〕になり懸かりたるものにて、猿の年経《ふ》りたる怪物なりとぞ。小児をば、かれがためにとられたるなるべし。その後、庄屋・村長・人々立ち合ひて、このよしを地頭の役所へ訴ひけるが、なほ、家内の奥の方より飛び出だしし光りものを糾《ただ》さるゝにその後は何ごともなし。

ある人、心付きていふやう、「このほど、家内の掃除させる以前は、奥の間より光りもの出でて、窓の際《きは》にて光り争ひしこと夜ごとなりしが、小児を奪はれず。掃除をなせし夜に、家内の光りもの出でずして、小児を取られしは、全く家内に尊き守か御札か神霊のありて、化物を防ぎ給へしものならずや。何ぞ掃除の節に神霊の御像か表具または御札などの類《たぐ》ひを粗忽《そこつ》〔三〕に捨てしことは無きか」と言ひ出しければ、主人も、村人も、げにも心付き、詮索するに、その家の妻のいふに、「納戸の壁に、煤《すす》び黒みし御札のごときものの張りてありしをば、引き剝《は》がして裏の泥溝へ捨てたり」と答へしかば、「しからば」とて人々走りゆきて捜しみるに、捨てたる塵芥の中にまじりて、黒く煤びて不分明なる紙札あり。とりあげてよく〳〵見れば、これなむ、年久しく佐五右衛門が家の壁に張りてありし、熊野牛王《ごわう》〔四〕の御守札にてありしとぞ。この外には家に尊きもの一つもなし。佐五右衛門も、昔を考ひて、祖父の代より尊信せしものをいつとなく忘れて、礼拝せざりしを後悔し、全く御札の、家内にありし内は、神威によりて、妖怪を退け給ひしものならむを、もつたいなくも、穢《けが》れしところへ捨てて、神力をくじきまゐらせしことの恐ろしとて、これよりこの御札を尊み奉りて、村の人々も敬ひ拝礼し、その後、怪しきことも絶えてなかりしとぞ。

〔一〕佐々木高貞『閑窻瑣談』に準じている。〔二〕大形の猿。娘をさらうとされた。〔三〕軽率。〔四〕熊野三社で配布した牛王法印。熊野の神使である烏を図案化したもの。

10馬を乗り違へし人の事

文化（一八〇四～一八）年中の頃なりけむ、下総銚子大米町といふ所に酒を売る商人ありける。ある時日の暮れ方に、この所より弐里ほど西の方なる野尻村の某《なにがし》、銚子の町に用事ありて、馬を引き来たりて、家に帰らむとして、この所に馬を繫ぎ、一人酒を飲みてゐたるに、またこの所より二里ほど東の方なる高神村《たかがみ》の某《なにがし》も、馬を引き来たりて、この所に繋ぎ、酒を飲みける。

互ひに見知らぬ人どちなるが、縁先に腰掛けて向ひ合ひて酒を飲むに、野尻の人のいふには、「おのれ酒はいたく好きなれども、独り飲みはうまからず。いかで杯をともにして、酌《く》みかはして飲み給はじや」といふに、高神の人答へて、「おのれもさこそあらまほしと思ひ侍る。さらば」とて杯をともにして、差しつ差されつ飲むほどに、「われは野尻の某《なにがし》といふ者。かの地へ御出であらばあばら屋ながらも尋ね給へ」といへば、こなたも、「われは高神の某《なにがし》といふ者にて侍る。かの里へ参り給はゞ尋ね給はれ」などと酔ひのまに〳〵、世の中の何くれの咄しの面白さに、日の暮るゝも知らずに飲みければ、酒屋の主人がいふやうは、「客人らは、もはや日も暮れたるに、馬を立たせおき、遅くなりては、家内の人らも案じ給はむほどに帰り給へね」といふに、二人ともに、「げにもっとものことに侍る。さらば、この大杯にて今一ぱいづつにて別れ申さむ」とて互ひに飲みて、暇乞《いとご》ひして帰らむとするに、暗闇に馬を立たせ置き、食物をも与へざりしかば、馬は何《いつ》れも帰らむことを欲してゐたるに、酒には酔ひ、暗き所なれば、野尻の人は高神の馬に乗り、高神の人は野尻の馬に乗り、さらば後日に再会せむ、と互ひに馬の尻を打ちて乗り出だせば、馬は急ぎわが家をさして馳せ来たる。

高神の某《なにがし》、つひに野尻村某《なにがし》が家に乗り付けたり。家を見れば、わが家ならず。家内の人々もみな知らぬ人なり。人々出迎ひて見るに知らぬ人乗り来たれり。人々曰く、「御身は何方《いづかた》の人にましますや。馬はわが家の馬に違ひなし」といはれてその人答へて、「われは高神村の某《なにがし》といふ者にて、大米町の酒屋にて野尻村の某《なにがし》と一所に酒を飲みて別れしなるが、さては暗闇にて互ひに馬を乗り違へしなり。さらば、ここは野尻村に侍るか。さても恥かしきことかな。酔ひのまに〳〵馬にまかせて来たりしなり。今乗り返さむも道のほど東西に隔りて互ひに遠くなり、夜も更けゆけば、帰り難し。なぞも一夜宿貸し給へ」とてその家に宿り、あくる日、またその馬に乗りて大米町の酒屋に帰り、酒飲みて待ちゐたり。

〔二〕

さて、野尻村の某《なにがし》は、高神の馬に乗り、酔ひ紛れに、「今日知る人になりし高神の人は面白き人にてありし」など独り言いひつゝ、闇の夜の空を眺め、高神村の某《なにがし》が家に乗り付けたり。この人、酔ふ時は高声《たかごゑ》して人を叱る癖ありければ、家に着きて、「汝ら、かく遅くなりしに、いかで途中までも迎ひに出でざるや」など叱りければ、家内の人々何者が来たりしかと出でてみれば、馬はわが家の馬なれども、知らぬ人なれば、「御身は何方《いづかた》の人ぞ、馬はこの方の馬なり」といはれて、「ここは何国《いづくに》の村なりや」と問へば、「ここは高神村某《なにがし》なり」と答へられ、始めて馬を乗り違へしことを心付き、「われは野尻村の者なるが、今日、大米町の酒屋にて、当家の主人と酒を飲み合ひ、知る人になりて、暗闇にて馬を乗り違ひしことの恥かしさよ。さらば当家の主人もわが家に乗りゆきたらむ。馬は物覚えよく、わが家に帰るに、人間ながら酒に酔ひては、馬を乗り違へしことのをかしさよ」

と大笑ひして、その夜はその家に宿借りて夜を明かし、翌日その馬に乗りて、また大米の酒屋に来て見れば、高神の某《なにがし》は酒を飲みて待ちゐたり。互ひに大笑ひして、また酒を飲み合ひ、馬を引き替へて西と東へ別れける。

［一］どうか。

11 頓死してよみがへりし人の事

信州某《なにがし》の里にて、病もなく頓死したる者ありしが、夢のごとくに、いかめしき門の立ちたる所にゆきたると思ふに、その門の内より、前かた知りたる人出で来たりて、「汝はここに来るにはまだ早し。疾《と》く帰るべし。われは、何年以前に身まかりし何某《なにがし》なるが、われ現世にありし時、ことをたくみ、公事《くじ》［二］を好みて訴訟ごとに勝ち、他《ひと》の田畑を奪ひ取りぬ。その罪によりて、日々責められてその苦痛堪へ難し。汝現世に帰りて、わが子孫にこのよしを言ひ聞かせ、かの田畑をもとの持ち主某《なにがし》と誰々に返させくれよ」と頼まれて、その所より帰らむと思ひしかば、息吹きかへしてよみがへりける。

かくて、その家にゆきて、冥途の言伝《ことづ》てを届けて、問ひ聞くに、はたしてその親たる人公事に勝ちて、他《ひと》の田畑を奪ひ取りしことありて、その田畑をもとの持ち主に返させけるとぞ。

〔一〕訴訟や裁判。

12 盲人喜助焼け死にたる事

下総国銚子の浜に、小船に乗りて漁猟《ぎよれふ》稼ぎをなしたる男ありてその名を喜助と呼べり。悪心なる生れ付きなり。文政（一八一八～三〇）の頃、常陸国大宝の八幡宮へある人の奉納せし刀を盗みて売りたる金を遣ひける。その神罰にて両眼潰《つぶ》れて、盲人となりたり。その頃、銚子飯貝根《いかひね》といふ所に、他国者にて吉弥といふ盲人ありて按摩《あんま》を業《なりはひ》とし、盲女を妻として、一人の娘を産めり。盲人喜助悪人なる故に、その吉弥が女房を密会して己が妻にせむとせしに、吉弥は病気付きて死したり。

女房も盲目にて、幼き女子あり。たよるべき者なき故に、喜助が妻にならむとす。喜助思ふに、吉弥が娘が邪魔者なりとて、女にいふやう、「汝、娘を他《ひと》にくれるか、または捨て来たらば、われ養ひて妻とせむ」といひければ、その女、数日行方知れざりしが、その娘を川に流して捨てたりとぞ。

かくて、その身も病気づき、十一月十二日の夜、寒風にその女は喜助が家に来たりしかば、戸を閉ぢて喜助は内にゐたり。女曰く、「わが娘は捨てて今帰れり。この寒風に、ことに病気なり。早く戸を明けて内に入れくれよ」と泣き悲しむに、病気と聞きて、その女を捨て去らむとして内に入れず。女は、寒さに堪へかねて、戸を押し破りて内に入りしかば、喜助その盲女を縊《くび》り殺したりける。喜助は、弟某《なにがし》と二人にて、その夜の内に死骸を持ち出だして、人知れず何方《いつかた》へか埋めたりとぞ。

さて、その翌年の某月某日の夜に、喜助が家の内、火事の出で来たるごとくに見えければ、近所の人々寄り集まりて見るに、大きなる火の玉二つ、喜助が骸《からだ》に付きて、喜助は真黒に焼けて死したり。その火の玉は消えたるに、畳にても少しも焦げたる所なし。女の怨霊なり、と人々いひあへり。喜助が弟は乞食となれり。天罰恐るべし。

13 流船にて助かりし人の事

安政三年辰《たつ》（一八五六）八月の大風に、下総銚子の内浜に松下五兵衛といふ富家あり。漁猟船《ぎよれふ》を持ちて、下人をもあまた仕《つか》ひけるに、大風に付きて、内川の岸に繋ぎし小船の番に、僕《しもべ》両人を付け置かれければ、若き小男壱人に守らせて、年長《た》けたる奴《やつこ》は密かに本城といふ所の娼家《しやうか》に遊びにゆきて娯《たの》しみゐたるに、風はげしくなり、若き小男の守りゐたる船も流されて沖に漂ひけるに、三度海に落ちけれども、小船なれば取り付きて船に上りければ、異人来たりて帯にて、その小男を海に落ちざるやうに船の中に縛《しば》りくれたりとぞ。

　さて、風鎮《しづ》まり、夜明けて見れば、沖にその船漂ひゐたるが遥かに見えければ、助け船を出だしたるに、船には人二人見ゆるなり。側近く寄りて見れば、かの小男壱人、船に縛りつけてあり。不思議なり。さて、その主人松下といふ人は、つねに金比羅神を深く信仰の人なりしかば、その小男を助け給へるは金比羅神の御加護なり。かの本城といふ所へ娼《をんな》を買ひにゆきたる男はそのまま暇を給はりて追ひ出されける。

14 人を殺して禄を得たる士の事

　安政四年（一八五七）巳《み》の年春の頃、江戸浅草猿若町の芝居にて、その頃大坂より下りたる狂言役者中村市蔵とかいふ者、天竺《てんぢく》徳兵衛[一]といふ者になりて、親不孝の真似をするに、げに不孝者のやうに見えて、はなはだしくも悪《にく》らしく見えて、大当りの評判なりき。

　ここにある大名の家中の士《さむらひ》某《なにがし》、至りて親孝行なる人にて、芝居見物にゆき、かの天竺徳兵衛親不孝の芝居を見て、いとも〳〵その役者憎くなりて、忍び難く中宿《なかやど》[二]より刀を取り寄せ、舞台へ上りて、その役者市蔵をただ一討ち、と切り懸かりしが、人々取り鎮めむとして三人斬り殺され、市蔵は衣裳を斬られたるのみにてその身に害なし。しかれども、かの士より金子《きんす》八十両を出して内々にてこと済みける。

そのこと主人に聞こえ、「孝心の至り、武士の本意もっとものことなり」とてかの士へ禄を五百石加増ありて称し給ひけるとぞ。これ孝心の報いなるべし。斬り殺されし三人は不孝者にてもありしか。いづれにしても罪ありて、天罰を蒙《かうむ》りし者どもなるべし。

［一］江戸初期の商人。十五歳から再三インド方面に渡り、仏跡を探り貿易した。その生涯が鶴屋南北により劇化された。［二］寝宿。

奇談雑史　巻九

1和気清麿宇佐八幡宮参詣の事[一]

孝謙天皇[二]の御時に、弓削《ゆげ》道鏡[三]、帝《みかど》の御寵愛浅からずして、みづからほこり、天位を望み、謀《はかりごと》をめぐらしけるによりて、帝、詔《みことのり》して神護景雲三年（七六九）七月十二日、和気《わけ》清麿[四]を豊前国[五]宇佐八幡宮[六]に遣《つか》はし給ふ。

この時道鏡人なき所に清麿を呼び入れていふやうは、「八幡大神使を乞《こ》ひ給ふその故は、帝位の事を告げ給はむがためならむ。神勅はともかくもあれ、汝帰らば、「みづからを位につけらるべしと宣《のたま》はせ給ふ」と奏すべし。われ、思ひのままに位に即《つ》きなば、汝を大臣になして、国の政《まつりごと》をすべ行はすべし。もし本意ならず申しなしなば[七]、重き罪に当《あ》て、命をも失ひてむ」といひて、いよゝ恐ろしげなる皃怒《かほいか》らして、太刀に手をかけ、腰をなむゆすりあげゝる。されば、清麿いふやうは、「よし御覧ぜよ。ただ思《おぼ》し召さむまゝに、帰り参りて申し候はむ」といひて宮をば出でにける。

かくて、清麿は宇佐に参りて、帝より奉らるゝ神宝などを広前《ひろまへ》[八]に居並べて、事のよしを申しけるに、「道鏡をば帝位に即《つ》けまじき」との神託あり。清麿祈りて申さく、「今、大神の教へるところはこれ国家の大事なり。託宣[九]ありともにはかに信じ難し。願はくは一つの神異を示し給へ」と深く祈念しけるに、晴天にはかにかき曇り、黒雲下《お》り降《くだ》り、雷鳴して頭の上に落ちかゝるごとくにて心も消ゆるばかりに覚えければ、神前にうつぶしゐたりける。しばしありて、御殿の上を見上げたれば、三丈ばかりの五色の光り、炎のやうにひらめき上りければ、いと〳〵恐ろしく、肝魂も失せて、くはしく見え奉らざりき。この時、大神重ねて神託あり、「この国は、天降りの御代より代々、皇胤《くわういん》[一〇]のほか下《しも》よりして天祚《てんそ》[一一]を伺ふこと能《あた》はず。まして無道の法師をば、いかでか位に即くべきぞ。速《すみ》やかに帰り参りて、このよしをありのままに奏すべし。道鏡を恐るゝことなかれ」と御告げなり。

清麿、神託を承りて、やがて都に帰り、少しも諂《へつら》はず、始終ありのまゝに奏聞しければ、帝聞こし召し、いと興なく思し召しける。道鏡は血眼《ちまなこ》になり、面を青くし、赤くもしていひけるには、「この清麿はえもいはれぬ盗人《ぬすびと》なり。おのが心をもて神託を飾り、空言を奏するなり。さらにさることあるべからず。このことによりて、死罪に行ふべし」と申すに、帝聞こし召し、「死罪までにはいかに[一二]」と宥《なだ》め給ひければ、道鏡も力なく、清麿が姓名を改めて別部穢麿《わけべのきたなまろ》と号《なづ》け、足のよぼろの筋を断ちて、大隅国[一三]に流しける。

清麿胆《い》駒山《こまやま》[一四]を過ぐる時に、道鏡人を遣してこれを殺さむとせしかども、たちまち雷電晦冥《くわいめい》[一五]して、殺すことあたはず。その間に勅使来たりて免《まぬか》るゝことを得たり。よぼろ筋を断たれし故に、足立たずして荷《にな》はれて大隅国に赴きしが、宇佐の宮も近よりにければ、大神を拝せむと豊前国宇佐郡楉田村に至るに、猪三百ばかり来たりて路の左右に歩み連なり、清麿を助けて、宇佐の宮のあたりまでゆきて、山に走り入りぬ。見る人奇異の思ひをなせり。

やがて清麿神前にいたりぬれば、

ありきつゝ　来つゝ見れども　いさぎよき　人の心をわれ忘れめや〔一六〕

と神託の御歌ありける。また、内陣より五色の蛇出で来たり、清麿が足をなぶりければ、たちまち元のごとく足立ちぬ。また、託宣ましく〱て、神封〔一七〕の綿八万余屯《とん》を給はりき。かくてもあるべきにあらねば、つひに配所に至りぬ。参議〔一八〕藤原百川《ももかは》〔一九〕といへる人、清麿が忠節をあはれみ、備前国にその封郷〔二〇〕ありけるを、二十戸分かちて、清麿の配所に贈られしとかや。

宝亀元年（七七〇）八月四日、孝謙帝崩御ならせ給ひて、白壁王〔二一〕皇太子となり給ふ。道鏡が罪を悪《にく》み給ひ、死罪一等を宥《ゆる》め下野〔二二〕国に配流せらる。清麿は、太子の勅によりて赦免せられ、同年九月京に帰り、本官に復し、家富み栄えけるとぞ。清麿没して後に、その霊社を、京高雄の神宮寺〔二三〕境内に建て祠《まつ》られしを、数百年の歳霜を経て、弘化年中（一八四四〜四八）、光格天皇[二四]の叡慮を以て、護王大明神[二五]と神号を奉り、神領三十石永久御寄付あらせ給ふとぞ。

〔一〕『続日本紀』の記述に準じている。〔二〕在位七四九〜七五八。聖武天皇第二皇女。母は光明皇后。重祚して称徳天皇（在位七六四〜七七〇）。〔三〕七〇〇〜七七二。奈良時代の僧。河内の人。〔四〕七三三〜七九九。奈良時代末期から平安時代初期の官人。備前の人。〔五〕福岡県東部・大分県北部。〔六〕宇佐神宮。八幡宮の総本社。古来から皇室の守護神として尊崇された。〔七〕わたしのかねてからの意向に反したようにとりなして申しあげるならば。〔八〕神仏の御前。〔九〕神が人にのりうつり、意思を告げること。〔一〇〕天皇の子孫。〔一一〕皇位。〔一二〕膝の裏側のくぼみ。〔一三〕鹿児島県東部。〔一四〕奈良県と大阪府の境にある山。〔一五〕暗闇になること。〔一六〕何度も足を運んでくれることを見ているが、あなたのような廉直なひとの心を忘れることはないであろう。〔一七〕神社の所領である封戸。屯は綿の重さを計る単位。〔一八〕令外の官。大・中納言に次いで政治に参与した。〔一九〕七三二〜七七九。奈良時代の官人。〔二〇〕所領。〔二一〕光仁天皇（在位七七〇〜七八一）。天智天皇の孫。六十二歳で天皇になる。〔二二〕栃木県。〔二三〕神護寺。和気氏の氏寺。〔二四〕孝明天皇の誤りか。光格天皇は一八四〇年歿である。巻五2「千種三位有功卿御歌の事」参照。〔二五〕護王神社。和気清麻呂・広虫・藤原百川らを配祀。

2平家の一族宇佐の宮参籠の事[一]

昔、寿永二年（一一八三）七月廿五日、平宗盛《むねもり》[二]を始め、平家の一族、安徳帝を守護し奉り、都を落ちて、摂津国福原に下りぬ。ここにもたまらずして、筑紫に下られしに、かれにも背く者出で来て、身を寄するに所なかりしかば、神助をも祈らばや、と九月の始め、安徳帝を供奉《ぐぶ》し、その一族残らず宇佐八幡宮に詣で、宮籠《みやごも》りし、神宝・神馬を奉り、七日祈願せられしかども、その霊験もなかりければ、七日の夜半ばかりに宗盛が、

おもひかね　心尽くしに祈れども　うさにはものもいはれざりけり[三]

とよみたりける。かくて、その暁宗盛のために夢想の御告げありて、御幸殿[四]の御戸を押し開き、ゆゝしうけだかげなる御声にて、

世の中のうさには神もなきものを　何祈るらむ　心尽くしに[五]

宗盛夢さめて胸打ち騒ぎ、浅ましさに、

さりともと思ふ心も　虫の音《ね》も　よわり果てぬる秋の夕かな〔六〕

と詠じければ、これを聞く人々まことにあはれを催し、みな袖をぞしぼりける。

かくて、平家の一族は、西国四国に沈淪《ちんりん》し〔七〕、こゝかしこにて討たれ、なほ残りし輩《やから》も、文治元年（一一八五）三月、長門国赤間が関〔八〕にて、あるいは討たれ、あるいは入水し、ことごとくわたつみ〔九〕の底の水屑《みくづ》となりにける。

〔一〕『源平盛衰記』巻三三「平家太宰府落並平氏宇佐宮歌」に準じている。〔二〕一一四七〜八五。平安時代末期の武将。清盛の子。重盛の弟。〔三〕思案にあまって心のたけを尽くして祈っているのだが、宇佐の神は何も応えてくれない。〔四〕天皇を迎える建物。〔五〕世俗の憂さは神も助けることができないのに心を尽くして何を祈っているのであろうか。〔六〕そうであってもなお望みをかけるわたしの心も、虫の音も、すっかり弱くなってしまった秋の暮である。〔七〕おちぶれること。〔八〕山口県西部・北部。〔九〕海原。

3手之子大明神の事

出羽国米沢領の内に手之子《てのこ》村といふ所あり。昔、延宝二年（一六七四）のことなりしが、その村に夫婦二人暮しの者ありて、故ありて、その夫は領主の命によりて、遠き所に奉公に出づることとなり、妻壱人家に遺《のこ》しおくこと心遣ひにて、もしや密夫のために犯されむもはかり難しと思ひ、親族の中に七十余歳の老爺《らうや》ありければ、その老人を頼み、密夫の防ぎとして夫は奉公に出でゆきける。

老人は、男の頼みを堅く守り、毎夜その婦《をんな》のかたはらに枕を並べて臥《ふ》しけるに、初めの夜より、その老人手を出だして婦の陰所に掌を載せて寝たり。婦思ふに、「この老人、われを犯さむと思ふとも、七十に余る身なれば、とても犯すことは叶ふまじ、いかゞするか」と思ひゐたるに、何ともせず。毎夜、陰所に掌を載すること前《さき》のごとし。かくて月日を送りけるに、その婦腹《はら》大きくなりて孕みたるごとくなりければ、婦、密かに医者に見せけるに、医者これを見て、「病にあらず、全く妊娠なり」といふ。

とやかくして、臨月になりければ、その夫某《なにがし》は、奉公の勤め済みて家に帰りけるに、妻は孕みてすでに子を産まむありさまなり。夫怒りて、妻と老人を責めののしるに、婦は、「さらに不犯にて慎みたり」と答ふ。老人いふには、「われは、主《ぬし》の頼みによりて、密夫に犯されむ用心のために、毎夜、主の妻女がかたはらに寝て、妻女が陰所にわが掌を当てて終夜陰所を押へ通して昨夜まで伽《とぎ》したり」と答ふ。

男不審に思ふ内に、妻は産の気つきてあたりの人々もうちつどひたるに、何か産み出だしたるを人々取り上げ見るに、赤子にあらずして、人の手を産み出だせり。また、跡より追々産み出だして、都合人の手を六つ産みける。目鼻も口も無き故に泣きもせざれども、その手はみな活きて動きければ、人々思ふに、「こは、毎夜老人に陰所に掌を当られしによりて、その掌に感じて自然と手を孕みたるものなるべし」とて、その手を神に祀《まつ》りて、土中に納め、祠《ほこら》を立てて、手之子《てのこ》大明神と称し、これによりてその里を手之子村といふなりとぞ。

昔、唐戎《から》に、夏の暑きを苦しみて鉄《くろかね》の柱《はしら》をいだきし婦、自然に孕みて鉄丸を産みしためしあれば、手を産みしも理《ことわり》なるべし。

4盲女雀を翫びし事

嘉永五年（一八五二）の年に、奥州会津領の内□□〔一〕といふ所に、ある農家の娘五、六歳の時に、眼病を疾《や》みて盲人となりけるに、性質愚鈍にて、小歌・三味線を習ふこともかなはず、何一つすることなくして、家内の人々田畑に出でて稼ぎをなすに、日中にはその盲女壱人家にありて、家を守るのみなりける。

家の人々竈《かまど》を塗らむとして、庭の中に泥土をねりて置きけるを、その盲聞き知りて、その泥土にててづから雀の形を六つ、七つ造りけるに、その形は、目明きの時に見覚えあれば、ほぼ雀の形に似たるのみなり。

盲にて、心気足らぬ女童の手細工なれば、粗相《そさう》[二]ながらも、六つ、七つ製《こしら》ひて、つねにこれを愛すること厚く、夜中は筥《はこ》に収め、昼は持ち出だして、「これ雀よ、わが頭にとまれ、わが肩にとまれ、懐ろに入れ」などいひて翫《もてあそ》ぶを娯《たのし》みとして日を暮しけるに、ある日、その盲女壱人家を守りゐたるに、近所の人その所を通りかゝりしに、家の内に人多く居りて物語りするごときやうに聞えければ、怪しく思ひて、その家に立ち寄り戸の透間《すきま》より家の内をのぞき見るに、かの盲女壱人にてほかに人なし。ただ、盲女が膝の上に、雀六、七羽活《い》きたるがゐて、「雀よ、首にのぼれ」といへば首に飛び上り、「肩に乗れ」といへば肩に乗りて、自在に雀を翫ぶさまなりける。

見し人々感心して、「盲女は、手細工の土雀を何よりの翫び物として愛する故に、自然と雀の霊、その土雀に乗り移りて、活《いき》ものとなりて、盲女が心気を慰むるならむ」と人々噂して感心しける。このこと、領主会津侯に聞えて、その盲女召し出だされ、土雀上覧の上、その盲女をば駕籠《かご》に乗せて、故郷に送り返し給ふとぞ。

昔、ある女が雛人形をつねに愛して、筥《はこ》に収めて秘蔵しけるに、その人形に霊憑《つ》きて霊異を現はせし説《こと》もあり。ただし、これらはかの妖魔のつきて霊異を現はすなるべし。

また昔、遠国大名の家中の士《さむらひ》江戸へ勤番[三]に来たり、独り身勤めなれば、売女を娯《たのし》みけるに、これも金子《きんす》の費《つひ》え多き故に、吾妻形《あづまがた》といへる美女の形の人形を買ひ得て、密かにその人形に精を漏らして娯しみけるに、勤番済みて本国に帰らむとする時に、かの吾妻形を地を掘りて埋めたりける。さて、その後その所より毎夜女の幽霊現はれ出でければ、その長屋の跡に住みたる人、その所の地を掘りて見たるに、吾妻形を埋めてありしとぞ。これも妖魔の憑きたるなるべし。

[一] 底本、地名欠字。[二] 粗末なこと。[三] 大名の家臣が、交代で江戸の藩邸に勤めること。

5 俳諧師に化けたる狸の事

佐渡国の俳諧師 某《なにがし》といふ者、越後国を経歴《けいれき》して[一]所々の俳人を尋ねまはりけるに、文字を書くこと、人間の書風に替りて怪しき書体なりける。また、その人の歯の形ことごとく尖《とが》りて畜類の歯のごとくにて、犬と猫を恐れて駕籠に乗りて往来せしが、佐渡国に帰らむとして、越後国寺泊[二]より船に乗らむとせしに、風悪《あ》しくして船を出だし難く、旅籠屋《はたごや》に逗《とう》留《りう》し、二階の一間に昼寝してゐたるに、その家の古猫一疋《ぴき》、二階座敷に至り、その人の寝姿を見てその人に向ひ背を高くして眼を怒らしすでに噛《か》みつかむありさまなり。その家の下女その体《てい》を見て、摺小木棒《すりこぎばう》[三]を持ちゆき猫を制せむと思ひしに、昼寝せし客人狸の形になりしかば、その狸の首を打ちければ、狸は死したり。大きなる古狸にてありける。

さて、狸は人の形に化けても、歯は畜類のごとく尖《とが》りてありしと聞けば、歯は骨なる故に、化け難き理《ことわり》なるにや。しかれば、歯の尖りたる者は畜類の化物と知るべし。佐渡国には狸多く、二つ岩の弾三郎［四］ならびに関の佐不登《さむと》などといふ神通を得し古狸昔よりありときけば、かの俳諧師に化けたる狸はその眷族《けんぞく》の狸にてもあるべし。かの狸の書きたる認《したた》め物《もの》、越後国俳人の家々に多くありとぞ。

［一］経めぐりあるいて。［二］新潟県中部の港町。佐渡渡航の要港。［三］すり鉢でゴマなど摺る棒。山椒の木を用いた。［四］次説話参照。川路聖謨の『島根のすさみ（佐渡奉行在勤日記）』などにも見える。

6 古狸弾三郎が事

佐渡国雑太《さはた》郡相川［一］の湊より北に当りて一里四方の山林あり。こは公儀［二］の御林にて、佐渡御奉行［三］の御支配なり。この山中に家のごとくなる大岩二つ並びてあり。その間に穴ありて、穴の中は窟《いはや》なり。ここに昔より住みぬる古狸ありて、その名を二つ岩の弾三郎といひ伝ふ。この古狸弾三郎は、人の形に化けて、京都へも、伊勢大神宮へもいく度《たび》も、参りしとぞ。神通を得て自在の術を行ふこと、世人の知るところなり。

ある年、弾三郎、伊勢参宮の道中にて旅亭に宿り、盲人按摩《あんま》に手足をもませ、多分の財《たから》を賜はりしにや、盲人思ふに、こは豪家の人なるべしと推量し、「君は何国《いづくに》の御方にて侍《はべ》るぞ」と尋ねければ、「われは佐渡国二つ岩の弾三郎といふ者なり。この度《たび》伊勢大神宮へ参るなり。もし佐渡が島に渡りなばわれを尋ね来たるべし。二つ岩の弾三郎と聞けば、佐渡の国において誰れ知らぬ者はなし」とて別れける。その後、かの盲人按摩、とかく忘れ難く思ひけむ、つひに佐渡が島に渡りて、二つ岩の弾三郎といふ人を尋ねければ、土人《くにびと》のいふには、「それは人間にあらず。二つ岩といふ山に住む古狸にて、昔より、伊勢へも京都へも、数度参詣する者なり」と聞かせられ、盲人呆れたるさまなりしが、つひには尋ねゆきたりとぞ。

佐渡御奉行よりかの二つ岩の御林へ出役ある時は、役人の前に美しき菓子《このみ》を奇麗なる器に盛りたるが、自然と出るためしなりとぞ。こは弾三郎より御役人へ御見舞ひなりとぞ。いつにてもかくのごとし。その菓子たべ終れば、その器は消え失せて無くなるといへり。

先年、同国加茂郡大田村に菊地与三郎といふ人ありしが、その家困窮して、船人となり、相川の湊より同国関の湊まで岸辺を通ふ小船を造り、荷物を運送せむとせし時に、異人来たりて荷物を出だし、「この荷物を関の佐不登《さむと》が方へ積み送り給ふべし。かの地に着船せば、これは佐不登が荷物といひて浜辺に積み置き給ふべし。間違ひなく届くなり」とて運賃として銭百文を賜はりければ、与三郎いふやうは、「ここより関までは二十里のみちのりを、これほどの荷物を送るに、百文にてははなはだ少なし」といふに、かの異人、答へて曰く、「われは二つ岩の弾三郎が使の者なり。この銭僅《わづ》か百文なれども、尋常の銭と違ひて、百文の内九十九文まで遣ひて一文残し置く時は、たちまち元のごとく百文になりて、一日にいく度《たび》遣ひても、一文だに残し置けば、たちまち元のごとく溜まる銭なり。このこと必ず他人はさらなり、親子、妻妾たりとも、必ず語るべからず」と教へられければ、与三郎大きによろこび、その荷物を関の湊に積みゆき、「こは佐不登が荷物」といひて浜辺に積み置きければ、たちまちその荷物は消えて無くなりける。この佐不登といふは、関の湊のさる所に住む古狸にて、弾三郎が娘狸を娵《よめ》に貰ひて縁者なりし故に、弾三郎より荷物を送り遣《つかは》したるなりとぞ。

さて与三郎は、その銭を遣ひて試《こころ》みるに、かの異人の教へに違はず、百文の内一文残して九十九文まで遣へば、たちまち元のごとく百文に殖え、いく度《たび》遣ひても同じことにて、いよいよ、財宝殖え、すでに大船・小船ともに七拾余艘の船持ちとなりしが、その富みける基を、妻子にも絶えて語らざりしかば、世に知る人なかりける。

ある時、与三郎夫婦の争ひ起りて、妻のいふには、「かくまで家の富めるはわが働きの功なり」といひつのりければ、与三郎忍びかねて、「さにはあらず。これはわが働きにて富めるなり。その始めといふは、二つ岩の弾三郎よりしか〴〵のわけにて、船賃の銭百文を請け取りしより、かくまで財宝殖えて富めるなり」と思はずそのことを始めて語り洩らしければ、不測なるかな、家蔵に積み置きし金銭・米穀・衣服・器物見てゐる内にたちまち消えうせて、何もみな無くなり、船もから船となり、かくて七拾余艘の船も残らず売り払ひ、元のごとく家貧しくなりける。

また、相川の町に住みける医者某《なにがし》、二つ岩の弾三郎方へ療治に頼まれてゆきけるに、薬礼として銭百文を貰ひけるに、これも他《ひと》には秘して語らず、一文残して遣ふべしと教へられ、教へのまに〳〵遣ひけるにたちまちもとの百文になりければ、医者はよろこびて遣ひける。さればその医者が銭の遣ひかた、何となく人の目に立ち、怪しく見えければ、さる盗人がその医者の持ちたる銭を付けねらひ、つひに盗み取りけるが、銭はつねの通用銭にて、何も替ることなかりしが、一文残すといふ秘事を知らずして、みな遣ひはたしければ何の益もなかりしとぞ。

〔一〕江戸時代初期から幕府の鉱山が開かれ、金・銀を産出。〔二〕幕府。〔三〕老中に属し、相川に駐在。鉱山や海上の警戒をつかさどった。

7 胡桃下稲荷明神の事

常陸国笠間の城下に紋三郎といふ者ありける。生質《うまれつき》、正直・律義者にて、屋敷の氏神は稲荷明神にて、胡桃《くるみ》の樹の下に宮ありければ、胡桃下稲荷大明神[一]と称して、紋三郎は、つねにその氏神に奉仕すること殊《こと》に厚く、信心浅からざりしかば、稲荷明神の神霊、紋三郎に乗り移り、祈禱・占ひ・神託などをうかがふに、霊験まことにあらたかにして、諸人信仰しける。

　その頃、領主笠間侯の御内に病人ありて、紋三郎へ仰《おほ》せ付けられ、病気の全快や否《いな》やを神託の御告げ[二]を伺はしめ給ふに、「この病人、命数かぎりありて、助かり難し」と申し上げれば、この病人を助くることならざる稲荷はわが領地に置くこと相成《あひな》らざるむね仰せ渡され、紋三郎も家を立ち去り、行方知れずになりける。

　さてその後、日数を経て、京都禁廷より笠間侯へ御沙汰ありて、「その領内紋三郎が氏神胡桃下稲荷、住所を払はれ居所なくこの度《たび》上京し、右の次第難渋のよし、これを奏せり。しかれば、紋三郎屋敷・地面は、朝廷へ御取り上げによりて、差し上げ申すべき」むねおほせられ、その地所、朝廷の御支配となりて、稲荷明神鎮座となりける。

　さて紋三郎は、その身のまゝ、幽界へ体行[三]して稲荷明神の御使者となり、時々は今にも人界へ現はるゝことありて、すでに摂州池田伊丹のあたりの酒造家に現はれ、「われは常陸国笠間の紋三郎といふものなり」といひて銘酒の造り方を伝へ、腐酒の直し方などを教授しければ、かの地よりその恩頼《みたまのふゆ》[四]を尊み笠間に来たり、礼物として種々の品を携ひ来たり、紋三郎を尋ぬるに、その人笠間に居らず、名のみなりしかば、その品々はみな稲荷明神に奉納して帰りけるとぞ。これによりて、国々の酒造家より参詣の人来たりて祈願することなり。

また、ある時、紋三郎江戸に現はれ出でて、「われは常州笠間の紋三郎といふ者なり」[五]とて金子を出だし、相撲《すまふ》を買ひて、笠間にて、興行の約束して別れける。その後、その約束の期日に、江戸より相撲取りあまた常州笠間に下り、紋三郎を尋ぬるにその人無し。よりて稲荷明神へ相撲興行奉納せしとぞ。

また、紋三郎、奥州某《なにがし》の里に現はれ出でて、馬を数十疋買ひて金子を渡し、「われは常州笠間の紋三郎といふ者なり。馬をば笠間まで牽《ひ》き送るべき」約束して別れける。その後、奥州より笠間に馬を送り来たる人ありしが、紋三郎を尋ぬるに名はあれどもその人無し。よりて馬は稲荷明神へ奉納せしとぞ。

紋三郎は稲荷神の御使者となりしかば、今は紋三郎稲荷と申すなり。毎月十九日を御縁日として、遠近より参詣の人々群集して、霊験まことにあらたなり。

〔一〕笠間稲荷。白雉二年（六五一）創建。〔二〕「御告げを」は「御告げに」の誤りか。

〔三〕その身のまま幽冥界に行くこと。〔四〕神の恩恵。〔五〕茨城県の大部分。

8 大友稲荷明神の事

駿河国岩淵宿に幸助といふ農夫ありける。生質《うまれつき》、正直・律義なる男にて、夫婦の中に壱人の男子ありて暮しけるに、弘化五年（一八四八）といふ年に、ある日、幸助つねならず狂気のごとくになりければ、近所の人々寄り集ひて介抱するに、幸助は上座に居直り、辞《ことば》を改めて曰く、「われは参州豊川稲荷の眷族《けんぞく》〔二〕にて、大友の白狐といふ狐なるが、この度主《たびぬし》神《がみ》豊川稲荷の御使として、江戸赤坂の出張所に用事ありて下るなり。昨夜、行き暮《く》れて一夜の宿を借りたり。この家の主人は正直者なるに付きてわれ頼むことあれば、こののち江戸より帰る時に、また〳〵宿を貸し給はるべし。今よりわれは江戸に下る」といひて、打ち伏して正気なし。人々思ふに、「こは、かの大友の白狐の付きたるに紛《まぎ》れなし」とて介抱せしかば、つねのごとく正気になりしが、先のことは覚えなし。

さて、それより日数を経《へ》て、幸助はまた〳〵つねの体《てい》ならず、言語改まりて曰く、「われは先に宿を借りたる大友の白狐なり。主神《ぬしがみ》の用事済みて今帰るなり。この家の主人に頼みたきわけは、われは今五百余歳にあまる老狐にて、子孫数多《あまた》あり。この処は、富士川の岸にて土地清く、富士の高嶺を近く眺めて景色すぐれたる所なれば、われこの地に隠居いたしたく思ふなり。なにとぞ一つの祠《ほこら》を立ててわれを祀《まつ》りくれよ」といひて、打ち伏しける。

その後また、本心にかへり、大友の白狐の頼みを承り、幸助は参州豊川に赴き、くだん

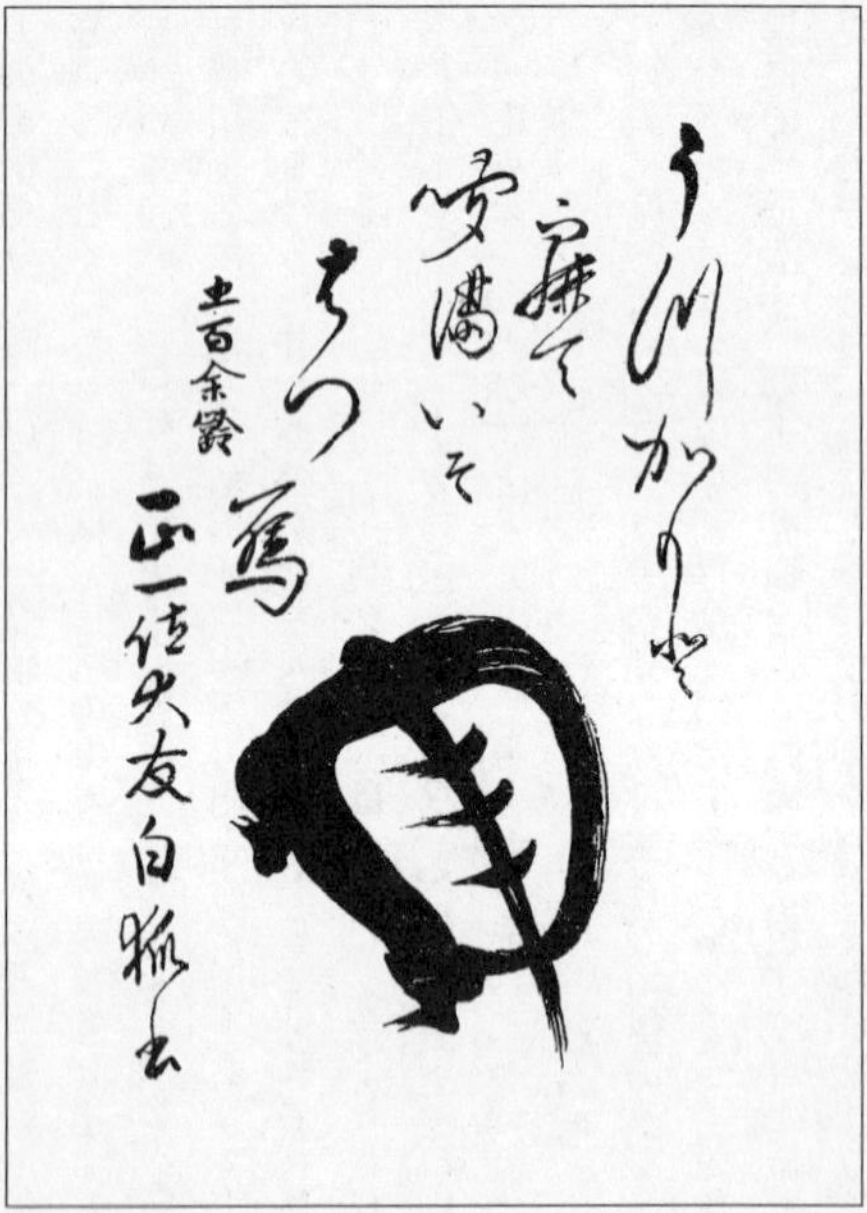

のわけを咄《はな》し、正一位の官位を願ひ来たりて、屋敷内に宮を立てて正一位大友稲荷大明神と祀りければ、霊験日々にあらたかにして、参詣の人々多く、ことに伊豆の国の浦々より漁猟《ぎょれふ》の願ひを懸くる人多く、みな鳥居を奉納する者多し。

大友稲荷の神託に、「われ二月初午《はつうま》[三]には、主神《ぬしがみ》豊川稲荷に参府して奉仕するからに、毎年二月二の午の日にわれを祀るべし」との仰せにて、二月二の午の日を祀るなり。幸助神主となりて、病人あるいは漁猟《ぎょれふ》の祈

禱に頼まれて諸方へ出づるに、験《しるし》なしといふことなし。家に帰れば、先のこと少しも覚えなし。

　時々、大友稲荷、幸助に付きて神託をいひ、また、神霊乗り移りたる時は、幸助自然に画を書き、文字を書くこと運筆自在にて奇妙に書くなり。その霊離る、時は少しも書き得ず。もとより書画は少しも出来ざる生質《うまれつき》なり。神託に、「われは歌はよめず、発句は好きなり」とて筆を取るに、すべて画と発句なり。

東海道往来の武士ら、こ

のことを聞き知りたる人は、幸助が家に立ち寄り、その書画を乞ひて賞翫《しやうぐわん》せり。幸助翁は嘉永六年丑《うし》（一八五三）の六月五日五十九歳にて歿す。今は幽界にて稲荷の神に奉仕せるなるべし。幸助翁諸方を遊びて集めたる書画帖二巻あり。『富士景色』と号《なづ》く。

［一］妙厳寺。本尊は千手観音。平八狐を祀る。［二］二月の初めの午の稲荷神社の祭の日。

9 生霊祭の事

備中国松山侯の藩中に、懇意に付き合ふ士《さむらひ》三人ありけるに、ある時、江戸屋敷にて、「人間死ぬる時は、七月の盆祭に、その霊魂幽界よりその家に来たるといふ説《せつ》あれども、現《うつつ》に目にかゝらねば、その実否分り難し。しかれば、三人の内、壱人先に死したる時は、残る二人の者、新盆祭には必ず霊前を拝礼にゆくべし。げにその霊、幽界より来たることならば、来たりし験《しるし》に、何か不思議のことを現はして見すべし」と互ひに約束を固め置きける。

その後、はたして三人の内にて、壱人死したり。約束のことなれば、残る二人新盆祭に霊拝にゆきたるに、夜中なりしかば灯明員々《かずかずとも》灯して白昼のごとくなりしが、拝する内にその灯明ことごとく消え失せて暗闇となる。次の座に退《しりぞ》きて、また拝せしかば、消えたる灯明、一時にみなもとのごとく光り耀《かがや》きて明らかになりける。これ、不思議にして、全く霊魂の来たりたる験なりと思はれける。

人間死して霊となり、幽界に入る時は、その人々の徳行によりて幽界の官位定まることにて、尊卑・軽重あるよしなり。通例の凡人は、休仙ならびに木仙といふ官になるとぞ。この休仙・木仙は、七月盆祭に必ず幽界より来たる定めなりとぞ。それより上なる異人・山人・神仙・大神の官位の人は、盆祭に来たることなしとぞ。

10 妹妋《めをと》松の事

下総国香取郡諸徳持村の産土神《うぶすながみ》、脇高《そばたか》明神の社《やしろ》のあたりに長永寺といふ小寺あり。この寺の住持の僧、安政四年(一八五七)巳《み》の六月下旬に、ある夜の夢に、大木の松の根に男根と女根の形せるがありておのづから動くありさまを見たりしが、またの夜も同じ夢を続けて見しかば、不思議に思ひ、あたりの人々をさそひて、「このあたりを尋ねみばや」とて先づ三人連れ立ち、産土神脇高明神の社にゆきて、社木の松の根を木毎に探りみしが、その社の前なる大道のかたはらに、社木の松の大木あり。その根には落葉積もり、芝草など生ひてありしを、搔《か》き分け見しに、その根左右に分れて、左の方の根に男根と睾丸の形まさしくありて、右の根に女根の形あるに、その男根の首をさし入れて全く男女交合《まぐはひ》の姿

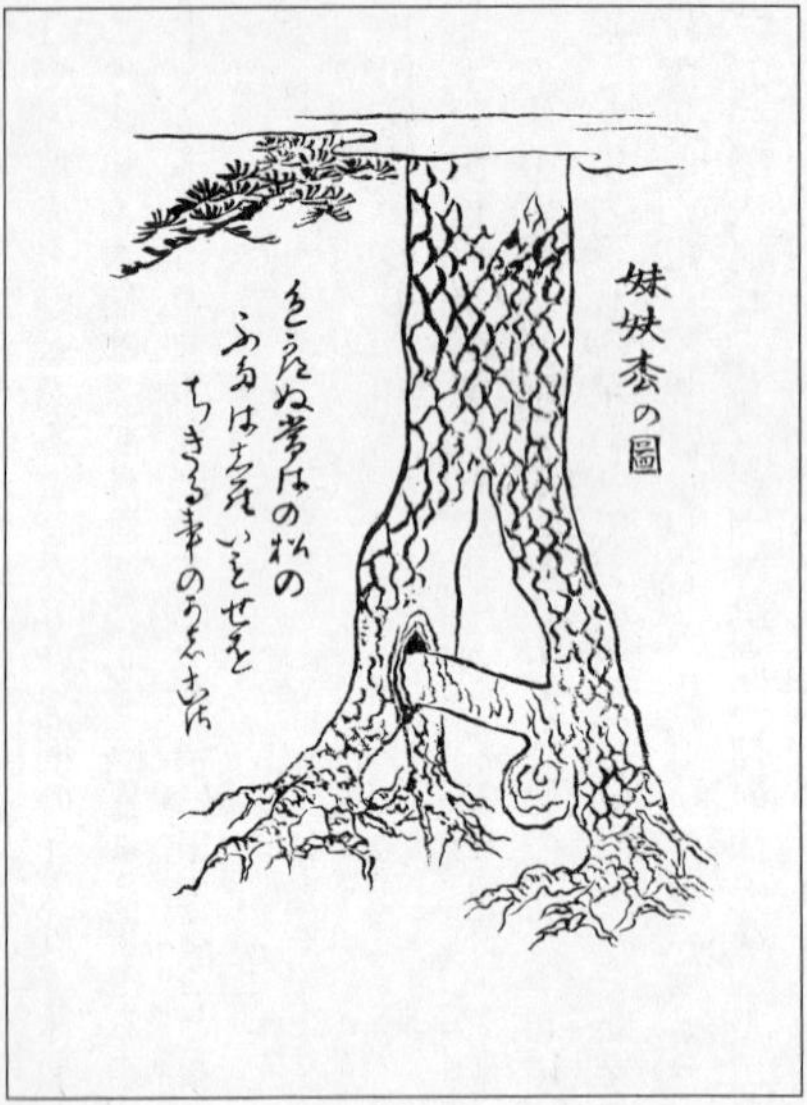

あり。

これぞ、産霊《むすび》の神の霊によりて、自然に出で来たる神木なり、と人々信心を起こし、鳥居を立て祀りければ、祈念する人々その霊験を蒙り、病人などあまた平癒しければ、いよ〳〵、諸人群集して、拝することとなりぬ。この松、大木になるまで年久しく知る人なく、落葉隠れに埋もれありしを、このたび夢の告げにて現はれ出でしは、世に現はるべき時の至りて、天の下の青人《あをひと》草《ぐさ》を助け給はむために神の御計《はか》りなるべし。

11 信州根津明神の事

信州小県《ちひさがた》郡根津村根津大明神の神体石は、男根・女根の交合《まぐはひ》したる自然石なりとぞ。昔、ある悪人ありて、その神体たる交合石を砕かむとして山上より大石を転ばし落してその陽石を折りたりとぞ。その神罰によりて、その悪人を始めとして、家内親族の人々残らず癩病を悩みて死に絶えたりとぞ。今は、その陽石の下に柱を立てそへて、欠口《かけくち》を合はせ、交合石にしてその上に宮を造り立てたりとぞ。陰石より清水涌き出づるといふ説《こと》なり。

○常陸国筑波山は、男体山・女体山と両山に別れて、男体山は男根の自然石の上に宮を立て、女体山は女陰石の上に宮を立て、未申《ひつじさる》（南西）の方に向ひて、江戸の方へ真向きなりとぞ。よりて江戸の大都は繁昌するなるべし、とある人いへり。[二]

○出羽国湯殿山の奥の院といふは、男根石と女陰石にて、その女陰石より温泉涌き出づるといふ説《こと》なり。

○越後国三島《さんとう》郡石地村の浜辺に、自然石の陽石ありて、子の無き婦《をんな》、この陽石に陰門を摺《す》り付くれば子を孕《はら》むといふ説《こと》なり。同所海中に陰石ありて、干汐の時には現はるゝといふ説《こと》なり。

○下総国葛飾郡上飯山満村林氏の氏神の神体は、自然石の男根にて巾着石《きんちやくいし》といふなり。昔、その家の主人、伊勢参宮して、大和国を廻る時に、小さき男根石を拾ひて、腰に着けたる巾着にいれてふるさとに帰りしが、その石漸々《やくやく》に育ち、今は大石となりたるを地に植ゑて、

その上に祠を造りてあり。腰より下の病を患ふる者、祈願するに必ず霊験ありとぞ。〔二〕

〔一〕巻四3「筑波山祭礼の事」参照。〔二〕巻三13「男根石の事」参照。

12 山の神木を吝み給ふ事

伊豆国〔一〕加茂郡雲見村雲見山は山の神岩長姫命《いはながひめのみこと》〔二〕の鎮《しづ》まり坐《まし》ます御山なり。その村の窮民忠兵衛といふ者、雲見山の麓に住みて、ある日雲見山に登り、薪にせむとて斧を以て木を伐《き》りけるに、その斧を失ひて見えずなりければ、不思議に思ひ、木の葉を掻き分け終日尋ねけれども見えざりける。日暮れに及びて丈高き異人現はれ出で、かの斧を出だし給ひ、「この斧汝に返すべし。このの ち神の御山に登り、木を伐り、薪を取ることあらば、たちまち汝が身に神罰を与ふべし」とてその姿は消え失せぬ。忠兵衛いたく恐怖して山を逃げ下り、そののち薪を取らず。

○また、雲見山の続きに低き小山あり。神主高橋氏の持ち地なり。嘉永三年（一八五〇）戌《いぬ》の年の秋、高橋氏、炭焼職人を雇ひて、その山の木を伐りて炭に焼かしむ。そのついでに山境なる神木の枝を取らせて、これをも炭に焼かせける。ある日の夕方、丈高き異人現はれ出でて炭焼く男を叱りて宣《のたま》はく、「汝神木の枝を伐り、悪《にく》むべき奴なり」といたく咎められ、身を震はして山を逃げ下り、そのよしを神主にいひ聞かせ、もとより他村《よそ》の人なりしかば、雲見村を逃げ去りしとぞ。このこと、雲見村の村長善兵衛といふ人の咄《はな》しに聞きたり。

［一］静岡県東部・伊豆半島・伊豆七島。豆州。［二］巻四5「豆州雲見山の事」注［三］参照。

13 道了権現霊験の事

昔、関東のある国に、幸助といふ小商人ありける。夫婦の中に壱人の男子ありて、今年廿三歳にて幸次郎といへり。親子ともに正直・律義の生質《うまれつき》にて、僅《わづ》かの商ひにて暮しける。幸次郎、兼て小田原道了権現［一］へ参詣いたしたく思ひ、親幸助も参らせたく思ふに、日々のことに追はれ、せむかたなく年々いひ暮すのみにて、旅用も届かず、縁無きことと諦《あきら》めて過ぐしけるに、ふと思ひつき、心安き富家に至り、年来の望みをつぶさに語りければ、主人曰く、「さほどの信仰、ことにたま〳〵の無心故、金子は遣はすなり。参詣いたすべし」とて金三両渡しぬ。幸助悦び、家に帰り、その子幸次郎にそのよしを咄し、「早々参詣すべし」と金子を渡せば、有難く思ひ、支度《したく》を調《ととの》ひ、隣村より参詣の講中ありしかば、その中に頼み加はり、一同に出立せり。

さてその翌日、幸助が家に山伏壱人来たり、茶を一杯貰ひたしといひて、腰を掛け、種々《いろいろ》の咄しをいたし、「貴殿は小商ひにて暮せりと見請《う》け申すなり。われよき薬方を教へ進ずべし。この薬は、何病にても用ひさへすれば、たちまち治《ぢ》すること妙なり。これを売り弘めなば、家の繁昌顕然《けんぜん》なるべし」とて薬方書を出だし給へば、幸助は大きによろこび、妻子ともに厚くその人を饗《きやう》せば、山伏も慇懃《いんぎん》に挨拶して帰りける。

さて幸助は、薬種問屋に至り、薬種を調合し、まづ近所に七、八年も煩ひ、何病気とも医者も名を付けざる病人あり。これに、二、三貼《は》り用ひて試みければ、たちまち平癒《へいゆ》せり。その身のよろこび、いはむかたなし。近所より聞き付け、それぐ\の病人どもに薬を乞はれ、用ひければ一、二貼りにてたちまち治《ぢ》し、その評判諸方に聞こえ、僅《わづ》か十日ばかりの内に、五里、十里の遠方よりも尋ね来たり、この薬を、この所にも十貼り、かの所にも廿貼りと売れける故、薬種の製《こしら》ひ、夫婦の手に余り、人を雇ひて製ひける。

〔三〕

さて、幸次郎は恙《つつが》なく小田原道了権現を参詣せしが、御山にて山伏壱人来たり、先達《せんだつ》に向ひていふやうは、「この何村の幸助倅《せがれ》幸次郎は、正直なる者故、われ三箇年借りたり。すなはち何日に幸助が宅に参り、断り置きたればわれに渡すべし」といふ。先達曰く、「さやうなれども、親幸助より頼まれ、預り参りたることなれば、一旦連れ帰り親幸助に安堵いたさせ、その上にてまた連れ参り候やういたすべし」と申せば、山伏の曰く、「かくあらむと存ぜし故、その証拠預り来たれり。この品、幸次郎見覚えあらむ」と懐中より金唐革《きんからかは》［三］の巾着と守り袋を取り出して与へ給ふ。幸次郎手にとり見て曰く、「これは私所持の品に相違なし」といへば、山伏の曰く、「親幸助これを出だし、われに渡し「これを証拠に御見せあらば、疑ひなく渡し申すべし。その身も疑ひなく貴坊に遣《や》るべし」といへり」と告ぐれば、先達申すには、「かかる証拠ある上は相違あるまじ。幸次郎は止《とど》まるべし」とて山伏へ渡し、国に帰り、先達は幸助宅へ参り、そのよしを語れば、幸助夫婦曰く、「幸次郎出立の翌日、山伏壱人来たり、われらへ薬方を教へて帰り給へり。幸次郎を三箇年貸したる覚えはさらになし。その上、かれが巾着・守り袋を証拠に渡したる覚えもなし。まづ幸次郎が入れものを見む」と開きて尋ぬれば、その品無し。ここにおいて、その山伏は凡人にあらず。定めて愚賓《ぐひん》ならむと思ひ、始めて安堵し、先達に厚く礼謝して返しける。

さて、これより日々益々薬の売れることおびただしく、一年立たざる内、出入りの人市《いち》をなし、俄か分限《ぶんげん》［四］となり、同じ続きに間口六間・奥行廿五間の家を買ひ求め、立派に普請《ふしん》いたし引き移り、下男・下女・薬刻の僕《しもべ》［五］などを抱ひ、つねに袖《そで》［六］の身となりければ羨まざる者なし。

かくて三年立ちて、幸次郎は、山伏より暇《いとま》をくれられ、その町の入口まで送られて帰りける。わが家を見れば空家となりしかば、「何《いづ》れへ宅替《いへが》へせしや」と尋ぬるに、「この家なり」と教へられしが、なかなか親どもにはかにかかる家居を造るごとき身上になるべきやうなし、と思ひけるが、声を聞き付けて、幸助夫婦中より出でて、「やれ倅か、幸次郎か。これがわが家なり」といはれて、不思議ながらも内に入り、家内を見まはし、「私《わたくし》山にありしことは僅かに三年なるに、この住居といひ、御身のまはりといひ、いかなることにや」と問へば、「山伏来たりて、薬方を教へられしよりのことにて、それ故にかくなりし」と語りしかば、幸次郎曰く、「その山伏と見えしは愚賓にて、われは三年の間に、日本国中の霊山にともなはれ、諸方を見廻りしことども」話しければ、近所の人もこれを聞き、幸助の富貴になりしわけもわかり、人々その正直の徳を感じける。

その愚賓は道了権現の使者にて月舎坊といふ愚賓なりとぞ。幸助親子が正直・信心を神も感応あらせられ、かかる御恵みを授け給へるなるべし。されば、人はつねに正直を心懸くべし。

[一] 妙覚。室町時代の禅僧。最乗寺開山了庵慧明の随身。天狗としての民話がある。[二] 案内者。[三] 薄いなめし革に金泥で種々の模様をおいたもの。[四] にわか長者。[五] 薬になるものを刻むこと。[六] 袂のある着物を着ていられる身分。

14 紀州にて狐恩を報ぜし事

慶長の初年（一五九六）に、紀州浅野家の士《さむらひ》に庄田助右衛門といひし士ありける。ある時奥の間の欄干に寄りて、庭の草花を詠《なが》めゐたるに、狐壱疋《ぴき》出で来たり、見るうちに人に化け、たちまち袴を着《つ》け跪《ひざまづ》きて礼をなす。

助右衛門問ふ、「汝、何故に眼前に人に化け来たりて敬ふぞ」といふ。狐答へて曰く、「某《それがし》は君の慈愛深きを知り、頼み奉るべきことありて来たれり。君が一家の中に狐を釣り、殺すことを好む悪人あり。わが一族・子孫、大半かれがために亡ぼされて老狐の歎きに堪へず。君の諫め言ならでは止《や》むまじき人なり。なにとぞ向後《かうご》狐を釣る「わな」を掛けざるやうに教へ給へかし。このことかなひなば、いかやうの願ひにも心に任せ奉らむ」とて涙を流し申しける。助右衛門聞きて、「もっとも安きことなり。制し止《とど》め申さむ。重ねて来たるべし」と契約す。狐大きによろこび、三拝して失せける。

その後、助右衛門かの悪人を招きて教訓し、「わな」を取り上げておきぬ。狐よろこび、また人に化けて来たりて曰く、「我輩も、大事を頼み奉りしに、速《すみ》やかに停止せしめ給ふこと有難き御恵み、いかでか忘れむや。何ごとにても願ひあらば返礼を報ひ奉らむ」といふ。

助右衛門曰く、「家蔵に満つるほどの金銀を与へよ。このほかに好みなし」といふに、狐手を拍《う》ちて笑ひて曰く、「愚かなる願ひなり。某《それがし》は稲荷明神の使者にて、貴狐神と位を賜《たま》へり。しかれども、畜類の悲しさには、餌に臨《のぞみ》ては命を失ふことを知らず。人は万物の長にて、神仙と同性、知恵明らかに利害を弁《わきま》ふ。いかんぞ金銀を貪り給ふや。世に徳無くして富めるは吉《よ》きことにあらず。貨財多き人に礼儀正しきは稀れなり。財《たから》多ければ奢《おご》り生じ他《ひと》を侮《あなど》り、おのれを高ぶり、欲心盛にして足ることを知らず、終《つひ》に不思議の禍ひに陥る。これ金銀の害なり。全盛の人、末三代の孫に至り、乞食・浪人の身となる類例歴然たり。ただ武家永代の宝は相応の所領なり。この外の願ひ無益なり。君にいささかの所領を授け奉らむ」といひてたちまち失せける。その後、助右衛門立身して、二千五百石の所領を得たりとなむ。

［一］今から後。［二］底本、片かな。

15 穴に籠もりし人の事

昔、備前国松浦郡岸山のあたりに、石炭を掘りにゆく人穴深く掘りゆきしに、つひに山崩れて一人埋められ、出づることなり難く、また掘り出だすこともなり難く、家内の歎きはなはだしかりしが、死したる者と諦《あきら》めて弔ひを営みける。

さて、その年より十三年を経《へ》て、また、その山の横の方より、石炭を掘りにゆく者ありて、段々穴深く掘りゆきければ、穴の先に空き地あり。のぞき見れば人あり。「何者なるや」と問ふにその人答へて曰く、「われは年久しき以前、石炭掘りに来たり、山崩れ、この穴塞《ふた》がりて、出づることあたはざりし某《なにがし》なり」といふ。手を捕らひて、引き出だせば、顔色土のごとく髪《かみ》・髭《ひげ》長し。その男、「われは世に無き者とおもひしに、甦《よみがへ》りたる心地せり」といふ。このよしさつそく庄屋へ知れければ、その家に告げたりける。

やがて、その母・子馳《は》せ来たり、取りすがりて、嬉しく、よろこび歎きける。母の曰く、「その方埋もれしより、今年十三年なり。親父殿はすでに死したり。存生ならば、さぞよろこびも多かるべきに残念なり。汝今まで何を食して命をつなぎしや」と問へば、「われ埋もれし日より、毎朝額に穴のある僧一人、飯を一椀づつ持ち来たりて給はりし」といふ。「汝が埋もれし日を命日として位牌を製《こしら》ひてたべ、と親父殿に頼みしに、上の方に小さき穴ある板を削りくれしが、その板に寺にて法名を書き貰ひ、一日も欠かさず今日まで霊供《りやうぐ》[一]を供へたり。その飯通じたるなるべく、額に穴のある僧と化したるは位牌にてありけるにや」といひけるとなむ。

不思議のことなれどこれにはわけのあることなりとぞ。

[一] 死者の霊魂に供える食物。

16元禄年中関東地震の事

元禄十六年（一七〇三）未《ひつじ》の十一月廿二日、関東国々、大地震・大津浪にて、山岳崩れ、大地は裂け、民家潰れて火災となり、浜辺に付きたる所は津浪のために流されて、数十万人死亡す。房州・上総〔一〕・下総・常陸の浦々にて津浪に引かれて死したる者、二十二万五千七百余人、この余の死人は数知れず。

ここに、上総国勝浦の浜辺も、大津浪押し上げて、人家三百軒余り浪に引かれ人多く死す。この時、人々散り散りに逃げ出し、父母も、妻子も、互ひに見失ひ、山に逃げたるか、海に引かれたるかもしれぬ騒ぎの中なれば、人々の泣き声は浪の音より高く、実にあはれなることとなり。すでにその夜も明け、地震鎮《しづ》まりしかば、海上も浪静かになりしが、渚《なぎさ》に寄りたる死人の老若、櫃《ひつ》〔二〕・筥・衣類取りまざりて、筏《いかだ》のごとく組み寄りたり。幸ひに逃げのび、存命せし者どもは、親の死骸、子の屍を尋ね捜し、その歎き、目も当てられぬありさまなり。また、沖の方にも、もしや浪に引かれし者の中に助かる人もあるやなしや、と役所より船を出して尋ねさせ、陸の方は、富家より施行の粥《かゆ》を焚き出し、あるいは酒を持ち出だして与ふる者もありける。

かかる難儀の中に、この土地に、三之助といひて、勝浦に隠れなき網引の頭《かしら》と呼ばれし金持ありけるが、人の難儀も思はずして、家来両三人連れて船に乗り出だし、浪に引かれて沖に流れ出でたる人の財宝を拾ひ取らむ、と心がけ、沖の方に漕ぎ出だし、ここかしこに目を配り、櫃・筥・簞笥《たんす》などの類《たぐひ》、浪に浮きてあるを多く拾ひ上げて、わが船に積み帰らむとするところに、弐間四方ばかりの小家一軒、丸引に引かれて浪に浮び、その中に年頃廿歳ばかりの女が二歳ばかりの子を懐き、浪に随ひ、流れ来たるに、かの女、三之助が乗りたる船を見て、高声に呼びけるやうは、「あはれ、われらが命助け給へ。御恩報じとして、親子ともに一生奉公仕《つかまつ》らむ」と涙を流していひけるを、三之助は、その声を聞きつゝも聞こえぬふりにて、渚をさして船を漕ぎ寄せ、拾ひ物をあげてよろこびて家に帰りしが、その夜より三之助が女房狂乱して、沖にて見懸けし女を助けざる恨《うら》み言を口走りて、三歳になる稚子《をさなご》を懐きて外に駈け出だす。三之助取り付きて止《とど》むれば、抓《か》きつかみあるいは喰ひつき、鬼女のごとくになりて駈け出だし、母・子ともに川の淵に飛び入りて死したり。

しかるに、三之助は、狂乱の妻に抓き破られたる所腫《は》れ出だし、痛み堪へ難く、発熱して大病となり、三日の内にその夫婦子ども三人死したり。強慾非道の天罰にて、家蔵に財宝多く積み置きて、その家人死に絶えて、家断絶したり。天罰恐るべし。

［一］千葉県中央部。［二］長びつ・からびつなど。大型のはこ類。

17鬼橋幷地獄穴の事

備後国[一]帝釈山の峯に、昔、梵天《ぼんてん》[二]・帝釈[三]降り給ひて宮社《やしろ》を立て給ふ所といひ伝ふ谷川に、鬼橋といふあり。長さ二十余間、広さ三間、切り石の反《そ》り橋なり。俗説に曰く、神代に数万の鬼、この所に来たりて、一夜の中にこの橋を掛け渡すといへり。昔は、この橋を渡る者は仏果[四]を得、渡ることを得ざる者は地獄に堕《お》つといへり。また、その近辺に穴あり。深きこと限り無し。地獄穴といふよしなり。

さて、今の世には人渡らざる故に、橋の面《おも》に草木生《お》ひて、山のごとし。大石を以て反り橋を掛けしこと、人力のおよぶところにあらず。よりて鬼橋[五]といへり。かの深き穴は龍宮城の路ともいへり。一里ほどはゆく者あり。行く先はなはだ鳴動して、人みな怖れて逃げ帰るとぞ。

［一］広島県東部。［二］梵天王。仏法の守護神。［三］帝釈天。仏法の守護神。［四］さとり。［五］鬼橋について、菊岡沾涼『諸国里人談』に類似の記述が見出される。

18酒の涌きし清水の事

下総国埴生郡酒直村といふ所の谷間に清水の涌き出づる所あり。昔、この里の隣り村福田村窮民某《なにがし》、生質《うまれつき》酒を好みけるが、家貧しくて、酒を買ひ求むる価なし。しかるに、その人つねに日暮れに至れば、家を出でゆき、酒に酔《ゑ》ひて帰りける。

その子なる男、怪しくおもひて、ある日、例のごとく、その父日暮れに出でゆきければ、父のゆく所を見とどめむと、密かに跡をつけてうかがひゆくに、酒直村の谷間にゆきて、涌き出づる清水を飲むさまなり。その子、藪蔭に隠れゐて、なほ伺ひ見るに、その父、「うまき酒ぞ」といひてその清水を酌みて飲みける。さて、また酔ひて家に帰れり。その子跡にまはりて、その清水を酌みて飲みけるに、全く清水なりけり。

この清水、その親が酌めば酒となり、その子が酌めば水となりける故、今に、子者清水《こはしみづ》といふて、乳汁不足の女この清水を飲めば、乳汁涌き出づるといふ説《こと》なり。

このあたりにさかさが池といふあり。その堤に片葉の梅といふ名木あり。

○子者清水の上に山あり。大木の松あり。穢《けが》れある人この山に登る時はたちまち神罰あり。山の中段に窟《いはや》二つ並びてあり。隠里《かくれざと》[一]の窟《いはや》といふ。昔、幽界の神の住み給ふ窟なり。
昔、この近辺の人は、膳・椀・調度やうの器物入用なる時は、この窟の前に来たりて、膳・椀何拾人前借用いたしたきよしをいへば、その窟の前に、わが望みの器物現はれ出づるを借り来たりて用ひ、そのこと終れば返しける故に、何器にも不自由は無かりける[二]。

しかるに慾深き人ありて、膳・椀を借りたるまま返納せずして、借り取りにせしかば、それより後は何の器物も現はれ出づることなしとぞ。

かの借りたる膳・椀を所持する家々もあり。いつも破る、ことなく新たにして人作の物にあらず。珍器なり。

隠里とは幽界のことなり。九州あたりにては隠国《かくれくに》といひて、ともに幽界のことをいふなり。

酒直村に名井八つあり。八ツ井戸といふ。このほかに井戸一つにても掘る時はたちまち両眼潰《つぶ》る、といひ伝ふ。一奇事なり。（これらのこと詳しくは『下総名所図絵』[三]に記す）[四]。

［一］世間から隔絶した世界。［二］巻一6「北海粟島の事」参照。［三］著者が『江戸名所図会』にちなんで、下総をくまなく歩いて碑文や寺社の扁額を筆写し、風景を写生し述作した。弘化四年（一八四七）頃成立。［四］底本の注。

19酒の涌き出でし井の事

下総国印旛郡酒々井《しすゐ》の里に酒井山円福寺[一]といふ寺あり。この寺の庭に古き井戸の跡ありて、古碑一基立ちてあり。

昔のいひ伝へに、酒の涌き出でし杯の井といふはこれなりとぞ。

東路《あづまぢ》にさして来むとは思はねど　杯の井に影を写して

道興准后《だうこうじゆごう》〔一〕

〔二〕

〔一〕『下総名所図絵』で、宮負定雄が円福寺を訪ねた頃、寺はもう朽ちかかっていたと記している。〔二〕一四三〇〜?。左大臣近衛房嗣の二男。『廻国雑記』。〔三〕それと目指して東国への路を歩もうとは思っていなかったが、いま杯の井に映っているおのれの姿を見ていることだ。

奇談雑史　巻十

1 神路山百枝の松の事

今は昔、伊勢の神路山[一]の奥に百枝《ももえ》の松といひし大木の松ありける。大神宮の御神木にて、その大枝百枝に別れし故に、百枝の松といひ伝へしとぞ。人皇七十二代白河天皇[二]の御宇《ぎよう》、承保三年（一〇七六）三月八日といふ日に、その枯木倒れたるよし『水左記《すいさき》』[三]といふ書に記し遺《のこ》されたり。

俊成卿[四]の歌に、

人知れず百枝の松を頼むかな　藤の末葉もあはれかけゝむ[五]

とよみ給へり。
かかる名木なりしが、齢《よはひ》限りありて枯れたるは惜しむべし。
その松のありしあたりに、今俗に、灯台松といふ大木の松あり。この松は、かの百枝の

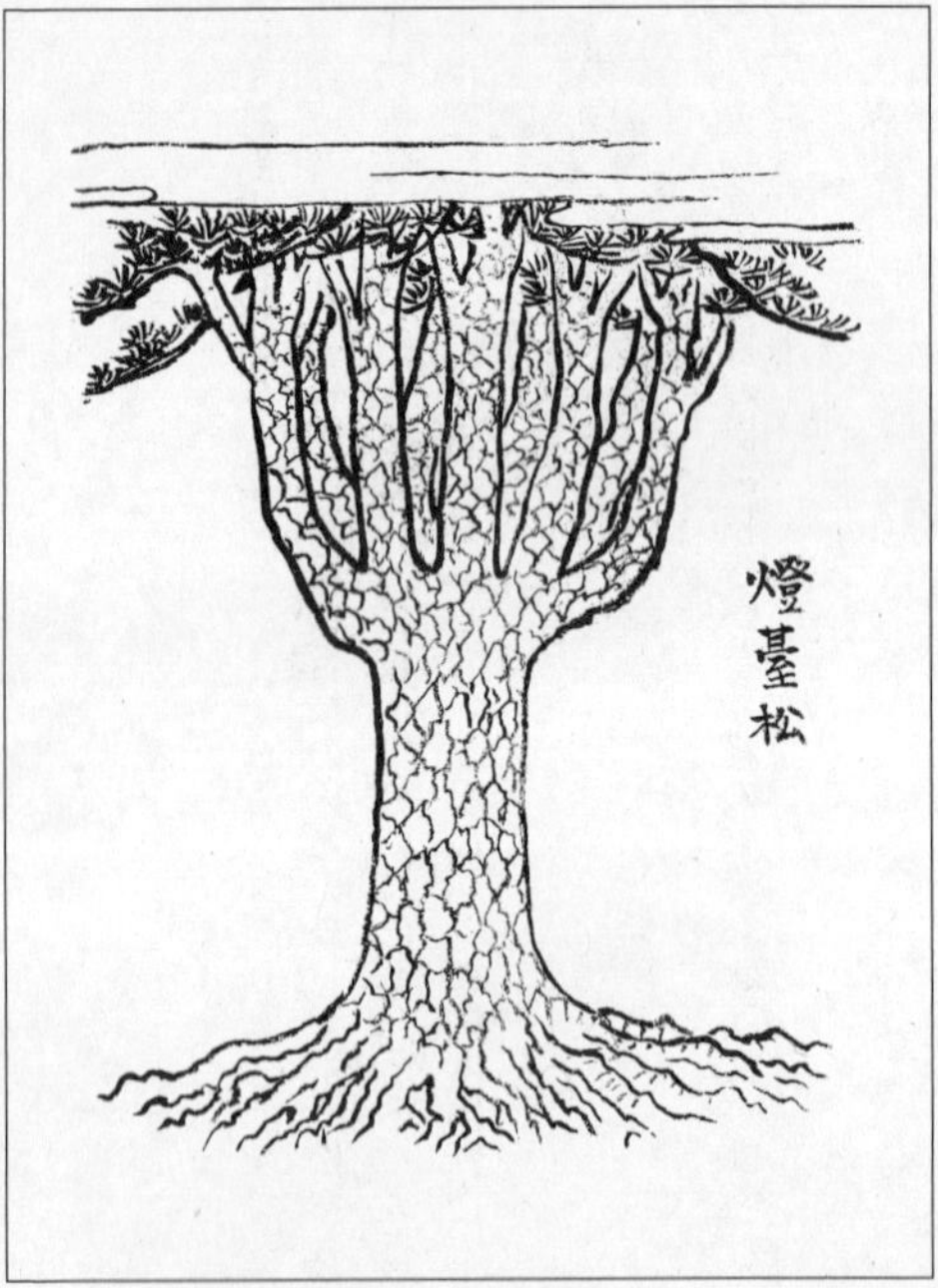

松の実生ひ松なりといひ伝ふ。その形、灯台の形にて、木の周り三丈余、その丈《たけ》壱丈ばかり上にて、その枝十枝に別れて上に伸び、あたかも蛸の足のごとくにて、枝の別れ目に、九尺四方ばかりの平地あり。木の元より、木の枝を葛《かつら》にて結びたる梯《はしご》をかけてあり。この梯を上りてみれば、その平地にいたるなり。ここは、神仙の遊び所にてもあるか、時々音楽を奏する音を杣人《そまびと》な

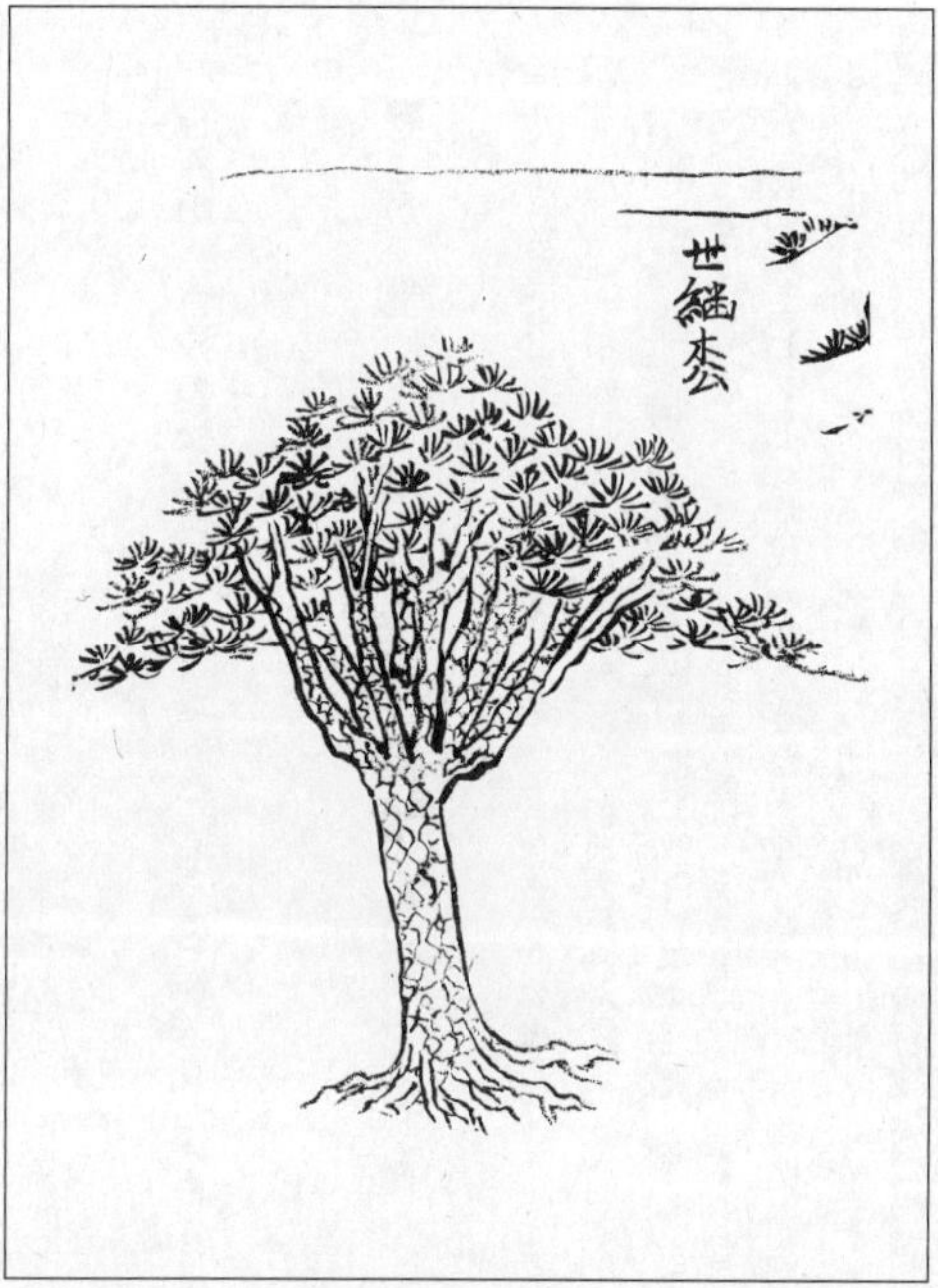

どが聞くことなりとぞ。根の末は、石に化《な》りたるが多くあり。

さて、この松より北の方へ二十間ばかり距《へだた》りて、世継松といふ松あり。その周り三尺余りにて、この松も元より壱丈あまり上にて、その枝十枝に別れて、灯台松の形に少しもかはりなし。これ全く灯台松の実生《みしやう》にて、その後の世を継ぐなるべし。

ある人の説に、灯台松といふは、俗説にて、実は十枝松なるべしといへり。さもあるべし。宇治の里より五十鈴川《いすずがわ》の流れにつきて二里余り神路山の奥にあり。定雄実見せるに付きてその図を記す。

神路山　百枝の松もさらにまた　いく千君に契《ちぎ》りおくらむ[八]

『風雅集』[六]　土御門院小宰相[七]

幾春か　世に和らがむ[一〇]神路山　百枝の松の花の光りも[一一]

宗清[九]

[二] 内宮南方の山。[二] 巻七2「平忠盛が歌の事」注［一］参照。[三] 源俊房（一〇三五〜一一二一）の日記。後三条天皇・白河天皇時代の一次資料。[四] 藤原俊成（一一一四〜一二〇四）。平安時代末期の歌人。[五] ひそかに百枚の松にいのち永かれと期待をかけることだ。藤原一族の末孫にもあわれをかけたのであろう。[六] 勅撰和歌集。二十巻。一三四九年頃成立。[七] 平安時代の歌人藤原家隆の娘。[八] 神路山の百枝の松もまた幾千年の栄えをあなたに約束していることでしょう。[九] 平宗清か。存疑。平頼盛（池の大納言）の家人。[一〇] 平穏に静まるであろう。[一一] 神路山の百枝の松の花の輝やくような美しさも、何回もの春の光りに平穏に静まるであろう。

2飛び松の事

下総国海上郡飯岡村玉崎大明神、祭神は玉依姫命《たまよりひめのみこと》[一]にましまして、神主神原氏世々祭祀を司《つかさど》る。

本宮の後ろに松の樹あり。本宮の上に覆ひて屋根を損ずるによりて、神官止むことを得ずして宝暦元年（一七五一）辛未《かのとひつじ》の年、近村永井村の杣人某《そまびとなにがし》に仰《おほ》せてその松を伐《き》らしむ。終日伐れども伐りはてず。日暮れにおよびしかばその日は止《や》みぬ。その翌日、神官、杣人とともにゆきて見るに、その松、伐り口をおのづから飛び離れてかたはらなる楠の樹に付きて、本宮の屋根にさはることなく栄えたり。神の惜しみ給ふ神木なる故なり。人みな神意を感じ、恐れざるはなし。こを飯岡の飛び松といふなり。

文政（一八一八〜三〇）年中、平田大人《うし》[二]この宮に参詣し給ひ、飛び松を見て、

岩楠と　常磐《ときは》の松の相生《あひおひ》に　千代を契《ちぎ》りしことのかしこさ[三]

とよみ給へり。

さてこの松、昔、宝暦（一七五一〜六四）年中楠の樹に飛び付きてより永く栄えたりし

に、いかなる神の御心にや、安政の初年（一八五四）頃つひに枯れたり。楠の樹は昔のまゝに常葉なるに、松の樹の枯れたるは惜《を》しむべきことなり。

［一］記紀神話の神で、綿津見神の女。豊玉毗売《とよたまびめ》の妹。［二］平田篤胤（一七七六〜一八四三）。江戸時代後期の国学者。本居宣長に師事。著者は門人。［三］堅固な楠と永遠不変な松とが並んで育ち、千年の栄えを約束したことの霊感よ。

3曲がり松の事

下総国香取郡松沢村産土神《うぶすながみ》［一］熊野大神の社《やしろ》の拝殿と神楽殿の間に大木の松あり。寛政初年（一七八九）の頃、拝殿立て替へになりしが、くだんの松の樹、拝殿の屋根の方に斜めに伸びたる樹なり。拝殿立て替への障《さは》りになりければ、その木《き》を伐るに定まりける。しかるに、神の惜しみ給ひけむ、その夜の内にくだんの松の樹東方に斜めに伸びたるが、地上より二丈ばかり上にて西に曲がり、拝殿立て替への障りになることなし。直《すぐ》なりし松、一夜のうちに矩《かぎ》の手に曲がれり。神意畏むべし。
氏子《うぢこ》の村に凶事あらむとする時はこの松の葉萎《しぼ》むことあり。

［一］著者の住んでいる村。

4 松の木霊上京せし事

昔、越後国柏崎の西光寺といふ寺の庭に古木の松ありける。寺の住僧、灌頂《くわんちやう》のために上京しけるに、京都にて柏崎の西光寺といふ僧に逢ひて、「われ西光寺の真《まこと》の住僧なり」といへば、かれも真《まこと》の住僧なりとて互ひに争ひにおよびけれどもさらに分らず。

ここに、壱人の僧のいふやうは、「かく争ひても、はてしなきことなれば、わが身の上を現はさむ。そもそもわれは汝《なむぢ》が住む西光寺の庭松なり。幾年となくかの寺の庭に住むからに、われ西光寺の真《まこと》の住僧なり。この度《たび》、伊勢二宮参詣、および灌頂して帰らむと思ふ故に、ここに至れり。汝、早く灌頂して国に帰り、庭松をよく見べし」とて伊勢大神宮の御祓ひを渡し、「われ帰らずとも、汝国に帰らば、この大神宮の御祓ひを檀中の家々に配るべし。われは跡より帰るべし」とて別れける。

かくてその僧、国に帰りて庭松を見るに、その葉落ちて枯るゝがごとく、はなはだ衰へける。それより三十日ばかりを過ぎて、その松、元のごとく緑の色を現はし、栄え初めける。その伊勢の御祓ひは檀中の家数ほど全くありける。

こは、松の木霊《こだま》の、人に化して伊勢参宮せしなり。

5 田毛木の木霊の事

越後国三島郡田毛木《さんたう》村といふ所に田毛木といふ怪しき木あり。その周り一丈余りにして、村境に立ちたる木なりしが、ある年、春の末、諸木芽立ちて萌《も》え出でしかども、かの田毛木は、久しく木の芽出でずして、枯木のごとくなりしかば、里人みな奇《あや》しみ思ふに、何国《いづくに》よりかその村に、書状壱通、人に頼まれて持ち来たりし者ありける。

里の人々開き見るに、「われは田毛木の木霊《こだま》なるが、この度《たび》伊勢参宮に出でたれば、枯木のごとく見ゆるとも必ず木《き》を伐ることなかれ」と書きてありける。

その後、日数を経《へ》て、時後《おく》れに田毛木の木の芽萌え出でたりける。

6 番屋杉の木霊の事

越後国女谷《をんなだに》村といふ所に番屋の杉といふ大木の杉の樹ありける。ある年、この杉の木、春の末久しく、木の芽萌え出でずして、枯れたるごとく葉ぶり衰へける。

ここにその村長某《なにがし》伊勢参宮にゆきけるに、道中にて、女連れ出で来、伊勢に至りしかば、その女のいふには、「わが身は女なれば、道中にて男ども慰みつきて通り難し。これより僧の姿となりて、上方をめぐり、本国に帰るなり」とて書状壱通を認《したた》め、「この書状女谷村の番屋の茶屋に届け給はれ」とてその村長に頼みて、遣《つか》はしける。

その人国に帰り、その書状を開き見るに、「われはこの所の杉の木なり。この度、伊勢参宮に出でたれば、葉ぶり衰へたりとも、われ帰らぬ内には、木を痛むることなかれ」と書きてありける。

里人みな怪しみ、巫《かんなぎ》に頼み、占はするに、杉の木霊なることまさしく知れて、その後、日数を経て、杉の木の芽も萌え出でて、杉の木に伊勢大神宮の御祓ひを結び付けてありける。

7 貞操《みさほ》桜の事［二］

昔、丹羽国桑田の郡小林の里といふ所に、大工某《なにがし》が妻に、てふといふ婦《をんな》ありけり。娘の子二人未《いま》だ稚けれど、その夫は、大江戸の広く焼けたりし頃、わが業《なりはひ》のしげからむことを頼みに、あづまに下り、妻を設けてふるさとに音信《たより》もせざるに、元の妻は貞操《みさほ》を守り、二人の娘をはぐゝみ、縫針業《わざ》洗濯物などを世の営みとして貧しきを堪へ忍びぬ。

庭の面に、夫が愛でたる桜の樹一本ありけるを、夫のかたみと守り、明け暮れ夫に仕ふるごと、木の根を清め、枝をいたはり、仮初《かりそめ》にも他《ひと》に折らすることなく、二十年ばかり過ごしつるほどに、桜はます〳〵に栄え、二人の娘子も生ひ立ちてそれ〴〵にをさまりぬ。かくてその婦みまかりければ、庭の桜たちまち萎《しぼ》み、衰へたりける。世の人みな貞操桜とた、へてけり。情なき草木も人の信《まこと》には感じたりけりとぞ。

［一］京都府・一部兵庫県。

8 枯れ桜の事［一］

菅原右大臣道真公、時平《ときひら》公の讒言《ざんげん》によりて、筑紫の大宰府に左遷し給ふ時に、つねに愛し給ふ御庭の梅を御覧じて、御名残りを惜しませ給ひて、

東風《こち》吹かば　にほひおこせよ　梅の花　主《あるじ》なしとて春な忘れそ［二］

と遊ばしければ、草木情なしといへどもこの御歌に感じけるにや、後にその梅が枝、裂けて筑紫に飛びゆきて、栄えける。これいはゆる飛び梅なり（このこと第一の巻に詳しくいへり）。［三］

さて、桜も御所にありけるが、御名残りの御歌なかりければ、梅・桜同じ籬《まがき》の内に生《お》ひ

たるに梅は御言葉にかゝり、われは余所《よそ》に思し召さるらむと思へるにや、その桜一夜のうちに枯れにける。

されば源順《したがふ》［四］朝臣の歌に、

梅は飛び　桜は枯れぬ　菅原や　ふかくぞ頼む　神の誓ひを［五］

［一］・［二］『源平盛衰記』巻三二「平家着太宰府附北野天神飛梅事」に準じている。巻一1「飛び梅の事」参照。［三］底本の注。［四］九一一～九八三。平安時代中期の歌人。三十六歌仙の一人。［五］天満宮の神の誓いに身を任ねて梅は飛んでいき、別れの歌がないことを悲しんで桜は枯れたことだ。

9 赤染衛門が歌の事［一］

昔、赤染衛門《あかぞめゑもん》［二］といふ婦《をんな》ありける。その子某《なにがし》［三］、久しく病の床に臥《ふ》し、命危ふくなりければ、いたくうれひ悲しみて、住吉の社［四］に参籠してその子の命に代らむことを祈り、みづからみてぐら［五］を奉りて、

代らむと祈る命は惜しからで　さても別れむことぞ悲しき［六］

と一首の歌をもよみて奉りければ、その夜の夢に、住吉の神現はれ給ひ、みてぐらを御殿の内に納《い》れ給ふと見て、その子の病たちまちに癒《い》えたりける。

［一］『沙石集』巻五「神明の歌を感じて人を助給へき事」に準じている。［二］平安時代中期の歌人。三十六歌仙の一人。大江匡衡の妻。［三］大江挙周。［四］住吉大社。祭神は表筒男命・中筒男命・底筒男命・神功皇后。［五］神に奉る物品や御幣。［六］子に代りたいと祈るわが命は惜しくはないが、それにしても子に別れることはなんとも悲しいことだ。

10大和国義婦の歌の事［一］

昔、大和国某《なにがし》の里に、貞操正しき婦《をんな》ありける。その夫、妾《めかけ》の女に淫《たは》れ、閨《ねや》を並べてをりしかど、妻は妬《ねた》む心なく、ある夜、灯火をかゝげて終夜いねもやらずてありしに、鹿の鳴く声を聞きて夫は閨の壁一重隔てて、「ただ今の鹿の鳴き声を聞きしや、いかゞ」と妻に問へしかば、妻は、「聞き侍《はべ》りぬ」と答へて、

我も鹿鳴きてぞ人に恋ひられき　今こそよそに音をのみぞきけ［二］

とよみければ、夫たちまち悲しみに堪へずして、身の過ちを悔やみ、妾を放ち退けて、その妻にいよ〳〵むつまじくなれりける。

［一］『沙石集』巻第七「無嫉妬事」に準ずる。［二］わたしも雄鹿が鳴くようにひとから慕われたことがありましたが、今はその声を他人事として聞いている身です。

11野州の義婦の歌の事

昔、下野国某《なにがし》の里に、貞操正しき女ありける。その夫は、妾《めかけ》の女に淫《たは》れて、新たに閨《ねや》を造り、妾をその所にをらしめて、家の財宝・器物までことごとく妾の閨に持ち運び、妻のもとには馬槽《うまふね》［一］一つのみ残してありしかど、妻も、さらに妬《ねた》みもせずして、日数経しかば、夫また、その馬槽をも奪ひ取りてゆきにける。その妻

船も今まかぢ［二］も見えず　けふよりは　うき世の中をいかで渡らむ［三］

とよみければ、夫その歌に感じて心をあらため妾を捨て、その妻に永くむつびけるとぞ。夫婦の中を睦ぶも歌なり。

〔一〕大きな桶。〔二〕左右そろった櫓。〔三〕今は船も櫓も残っていません。今日からこの憂き世をどのようにして渡っていったものでしょうか。「ふね（馬槽《ふね》）」。

12 夫に捨てられし婦の歌の事

昔、さる所に婦《をんな》ありける。夫に捨てられて出でむとせし時に、雨いみじく降りければ、夫いひけらく、「雨晴れて後に去りゆくべし」と。その時婦は

ふらばふれ　ふらずばふらず　ふらずとて　とてもかはける袖ならばこそ〔一〕

とよみければ、夫そのまごころの厚きに感じて、その婦をとゞめ、永く睦《むつ》まじくなりにける。

〔一〕降るなら降るがよい。降らないなら降らずともよい。降らなくてもしょせんわたしの袖は

涙で濡れしょぼっているのですから。

13神童寅吉が事

文化（一八〇四～一八）の頃、江戸下谷萱《かや》町といふ所に、越中屋与惣次郎といふ侘《わび》しき商人ありけり。見世先にはいささかの菓子・刻莨《きざみたばこ》などならべて売りひさぎ、その身はつねに日雇ひ稼ぎなどに出でて、妻子を養ひける。その子四人ありて、兄を正吉といひ、次の娘をそよといひ、三男を寅吉《とらきち》といひ、その次の娘もありて、この寅吉といふは、文化三年（一八〇六）寅の年寅の月寅の日に生れし故に、寅吉と号《なづ》けたりとぞ。生質《うまれつき》、異人にて、その近辺に火事の出で来るをも前日に知り、父が車に足を敷《し》かれて怪我するをも前知して他出を止《とど》めたる類《たぐ》ひのこと、五、六歳の頃よりいく度《たび》もありける。

稚《をさな》き頃より占ひを習はむことを欲して、下谷萱町境の稲荷といふ神の社地に、その頃、上方の人にて道意といふ占者毎日出でをり、占ひをなしければ、寅吉七歳になりしが、毎日その境の稲荷にゆき、道意がかたはらに遊びゐて、「われに占ひを教へ給はむや」と頼みければ、稚子《をさなご》のことなれば、道意は戯《たはぶ》れに答ひけらく、「占ひを習ふには、七日手の裏に油をつぎ、灯火を付けて手灯《てとぼし》の行をなして来たらでは教へ難し」といはれて、それより家の二階に上り七日手灯の行をなして、道意がもとに行き、灯火に焦《こ》げたる手を見せて、

「占ひを教へ給はれ」と乞はれければ、道意もこれには困り、とやかくといひ紛《まぎ》らし教へざりけるに、ほどなく道意は、上方に登りて、その後絶えて逢はざりければ、寅吉は残り多く思ひ、さてその後は、日々上野の広小路あたり、山下五条天神のあたりに遊びゐたるに、その所にて薬を売る翁ありて、かたはらに一つの壺を置き、日暮れには売れ残りの薬も、銭も、敷物の類《たぐ》ひまでもことごとくその壺の中に入れて、後《のち》にはその翁もその壺に入ると、たちまちその壺大空に飛びゆきける。

それは外《ほか》の人の目には絶えて見えず、ただ寅吉が目にのみ、かくのごとく見えたりける。寅吉は、子どもの稚心にも奇《あや》しく思ひ、日々その翁がもとにゆきて遊ぶに、翁は神仙にましませば、寅吉が占ひを習はむと思ふ心をさとり、菓子などを賜はり、慈《いつく》しみ給ひ、「汝は占ひを習ひたくばわれとともにこの壺に入りてゆかずや」といはれて、日頃習はまほしく思ふ占ひを教へ給はむとのことなれば、「壺に入りてゆかむ」といひければ、日の暮れ方に翁とともに壺の中に入りたりと思ひしかば、はなはだ高き山の頂きに至りける。

この山は、常陸国加波山《かばさん》[一]とわが国山の間なる南岱岳[二]といふ所なりける。かくて、日は暮れて、かかる高山の頂きにいたりければ、寅吉は心細くなり、「家に帰らむ」といふに、「さらば送り返さむ。しばらく目をつぶりて、われに負はれよ」と申されければ目をつぶりて負はれ、かくて大空に飛び上りしと覚えて、いと〳〵寒くからだ冷《れい》になりしが、やがて地に落ち、翁の背よりおろされて目を開き見れば、たちまち江戸上野の広小路となりける。「ここより汝が家はほど近ければ、ゆきて寝《い》ねよ」とて別れぬ。

またの日も、山下五条天神のあたりにゆきてみるに、翁はいつも替らず薬を売りてをりける。されば寅吉は毎日その翁のかたはらに遊びゐるに、菓子など賜はりて慈しみ、また〳〵翁とともに山にゆきて、三日も五日も過ぎて家に帰りけるに、その家貧しきまゝに、寅吉が家に帰らずとても少しも苦労にも思はず、「誰《た》が家にをるか、世話なく遊ぶことぞ」など思ひて、迷ひ子にならむなどの心遣ひはもとよりせざりける。寅吉家に帰りても、かの翁に示されしにやかの境にゆきたることは絶えて両親にも語り聞かすることなく、時々翁にともなはれてゆきけるほどにつひに家に帰らず、永く山に隠れたりけり。

その後五年ばかり過ぎて、文政三（一八二〇）庚辰《かのえたつ》の年の九月ある日の夕方に雨の降る日に、寅吉は江戸に帰りけるに、髪は螺髪頭《らほつあたま》[三]にて、破れたる着物着て、はだしにて帰りしが、足に少しも泥はつかず、これは大空を飛び来たりし故なるべし。時に寅吉は十五歳なり。かくて、聞く人珍らしく思ひ、江戸中の評判となり、見に来る人夥《おびただ》しかりしが、かの境界のことは人には絶えて語るまじき定めなりとて何も語り聞かせざりける。

その頃、下谷長者町といふ所に、雅名を山崎美成[四]といひて、長崎屋新兵衛といふ薬店ありて、この人、寅吉を預りて、ねんごろに養ひ置かれける。寅吉、禁厭《まじなひごと》・占ひなどに、奇妙に験《しる》ありて、問ひ来る人の多き中に、湯島天神下のあたりに住みけるさる学者ありて、つひにその学者のもとに招かれ、学問を教へられけるに、をり〳〵かの仙境より使の者来たるには、二階の上の火の見に来たり、寅吉を呼ぶ時に、寅吉は火の見に登り、その使の者に逢ひて物語りしけるに、その使の者は夜の間に来る故に、人の目にかゝることなかりける。その後、またかの境より迎ひ来たりて再び山に隠れ、その後いくばくもなくしてまた湯島の師のもとに帰りける。

かの境にをりし時に、かの翁にともなはれて東海道を通り、江の島・鎌倉などを見て、伊勢大神宮に参り、上方に赴き、遠き外国のはて、夜の国の境までもゆきたりける。道中を通るにも、この方より往来の人は見ゆれども、世の人絶えて翁と寅吉を見付くる人なかりける。さて、常の路をも通り、また雲か何か白き綿のやうなるものに翁とともに乗りて、海の上をも、大空をも飛びありくに、自由自在にて、その飛行速《すみ》やかなる故に、耳の穴に風の当る音烈しく聞え、大空の熱き際《きは》と冷《つめ》たき際《きは》の間を通る故に、頭の方は焼くるほど熱く、腰より下の方はいと〳〵寒く冷たくなりける。大空の中をさま〴〵のものの飛びありくを見るに、水中に魚の泳ぎありくごとく、下辺を飛びゆくもあり、中ほどを飛びゆくも、上を飛ぶもありとぞ。

さて、その雲のやうなるものに乗るにも、寅吉一人にては乗り得ず。翁にともなはれて自在に乗りあるき、また飛び上り、飛び下るも自在なりしが、それにも羽団扇《はねうちは》といふものを持たでは、自在に上下すること叶《かな》はじといへり。その羽団扇といふは、鷲の羽十三枚ならべて団扇に造り、柄の中に鎗《やり》の穂のごとき鋭き刃ありて、つねにはそれに鞘《さや》をさして団扇の柄となし、鳥獣を捕ふるにはその鞘を抜きて投げ付くれば、箭《や》のごとく飛びゆきて、自在に捕れるものなりとぞ。大空を雲に乗りありくに、その羽団扇は船の楫《かぢ》のごとくなるものにて、飛び上るにも、飛び下るにも、その羽団扇にて見通しを定めざれば、飛び下るに、一時の間に二、三十里位は逸《そ》れて下るといへり。それは、高き所より礫《つぶて》を落しても、すぐにその真下には落ちずして必ず逸れて脇に落つる理《ことわり》なりとぞ。

寅吉、仙境にては高山平馬と名乗りしが、この境に帰りひとゝなり、石井数馬篤任と名乗り、もろもろの細工事《さいくごと》に妙を得、また医者を業《なりはひ》として、療治に妙を得たり。また、疫神などを引き払ふこと心のまゝなり。さて、江戸は人情の薄きところなりとて江戸を立ち去り、下総国香取郡に住まゐして医を業とせり。この人の事蹟、詳しくは『仙境異聞』[五]といふ書に詳らかに記せり。

[一] 山頂に加波山神社があり、古くから修験道場として知られる。[二] 難台山。天狗の行場とされる。[三] ほら貝のようにたばねた髪。[四] 一七九六〜一八五六。薬種商長崎屋に生れる。平田篤胤の門人。[五] 平田篤胤の述作。文政五年（一八二二）成立。

14 薩摩国善五郎が事

薩摩国日置郡市来郷伊作田村、半兵衛といふ者の三男、善五郎といふ者あり。安永三年(一七七四)寅の年[一]寅の月の寅の日に生れし故に、産名《うぶな》を寅と呼べりとぞ。稚《をさな》き頃より木に昇ることに妙を得て、猿のごとくなりける。十五歳になりし時より霧島山の明礬《みやうばん》[二]製作に雇はれ人となりて、その所に廿六年ありき。それより霧島神社[三]の別当華林寺にゆきて、飯焚き・薪採りなどして仕《つか》へたりける。

十六歳になりし時、霧島山明礬製作の所を夜歩行して通りけるに、身の丈《たけ》七尺ばかりなる山伏法師の姿なる化けもの出でて善五郎が通る前に立てり。善五郎いふやうは、「そこもとは何ものぞ。たとへ変化《へんげ》のものたりともわが身を喰ふことはなるまじ」とその化けものの皃《かほ》を打ち守りてゐたれば、やがてその化けものは消え失せぬ。その後も右の化けものに三年の間に六度まで逢ひてみたりしが、露ほども人に語りしことはなかりしとぞ。

ある時、夏の夜に端近く寝てありけるに、外より「善五郎々々」と呼ぶ者ありければ、善五郎起きてみるに、年の頃五十歳ばかりの男来たりて、「われは山の神の使なり。神様より御許《おもと》を召すべきことありて迎へに来たりつれば、とくわが後に付きて来るべし」といへるによりて、すなはちその人の後に付きて出でゆくほどに、夜なれども、昼のやうに明るくして、大路あり。一町もゆかぬやうにて、大きなる門のある所にゆきたり。その門を入りてみれば、檜皮葺《ひはだぶき》[四]なる広き家の、清く、奇麗なるがあり。その家の内に入りてみれば、年の頃十七、八歳と見えたる女六人、さげ髪にて、御衣は白・黒・赤色々ありて、裾《すそ》長く引きたるが相迎《あひむか》ひたり。いづれが主ともわからず、皃《かほ》形の麗《うるは》しきこと世にある類ひにあらず。宮の内は限りなく広く、清く、奇麗なることいふばかりなし。台所と覚《おぼ》しき所に至れば、調度やうのものも見えず、ただ小さき炉と棚とありて、炉はいつも蓋を掩《おほ》ひ、火などおこしたるは見えず。茶菓子などはいつもかの五十ばかりの翁《おきな》が立ちふるまひて、棚の中より取り出だしける。こなたより菓子など奉る時も、その棚の中に納め給へり。庭ははなはだ広くして、桃・柿・柑子《かうじ》［五］・梨子など、四季の菓生《このみな》り満ちてあり。むく犬の、一尺ばかりなるが壱疋《ぴき》、また髪の毛長き馬一疋、放し飼ひにしてあり。また、鶏百羽ばかり群れゐたり。

さて、その所にゆきそめしより後、ゆかむと思ふ心起こる時は、月に二度も三度も、ただ片時の間に夢の心地してゆきけり。ゆく時は大かた夜なりけれども、昼のやうに明らかなりける。多くの年月の間には、ふるさと伊作田村に帰りゐたる時もありけるが、その時とてもゆかむと思ふ心起こる時には、二十里ばかりの道のほどを夜の間にも往復せしことありける。もし途中にて異なる所に立ち寄りなどする時は霧島山にゆきいたること叶はざりける。またかの所に客人などおはすやうの気配する時は速《すみ》やかに門に入りやらず、門に立ち休《やす》らひなどしてあれば、神たちよく知り給ひて、「かの所に善五郎来てあり。早く内に入れよ」といひなど宣《のたま》ひしこともありけるが、その客人たちはいかなる御方にや、かつて御姿を見しことなかりしが、さる時には琴の音のやうなる音も聞えけるとぞ。

さて、その宮のある所は、明礬山より七、八町ばかり上の方なりと思はるれど、つねにゆきてみれば、ひた続きの繁山《しげやま》［六］にて、そことも知れずとぞ。ゆかむとする前方《まへかた》には、目の色替り、万《よろづ》のことつねやうならぬことのあるを、人も目を付けて、出でゆく跡を尋《と》めて試《こころ》むる者もありけれど、一町ばかりゆくと覚えて影も形も見えずなりける。

さて、神たちの御物語は、人界の上のことを宣ふことなけれど、善五郎がとかく人に語りしこと、また、女などにたはれたりしことどもなど、かねてありしに違はず宣ひ出て、それをいましめ給ふことはなけれど、笑ひののしり給ふことはありける。

神たちより、打手《うちで》の小槌《こづち》といふものを賜はりしことありしが、銀にて作れるものにて、七、八分ばかりのものなりしが、何一つ打ち出さむと思ふ心もなく秘蔵せしうちに、つひに無くなりしとぞ。また、壱分銀・豆銀など二つ、三つ賜はりしこともありしが、ただに遣ひ捨て、女などにも与へたりとぞ。

かの五十歳ばかりの使男《つかひをとこ》は平瀬甚兵衛といひし人にて、昔、五十歳ばかりの時にかの境に入りて、山の神の使者となり、今に至るまでいつも五十歳位にて、年老ゆることなしとぞ。善五郎かく若かりし時より幾度となくゆき通ひ、近くは文政元年（一八一八）の八月も、同二年卯《う》の二月もゆきける。二月の度《たび》に、神たち宣へるには、「そこもとは永くここに止《とど》まらむの心あらば、親子の道を断ちて来たるべし。もしさばかりの心あらずば、ともかくものしてよ」と宣ふまに〳〵、「今は永くも仕《つか》へまつらじ」とてそれより暇《いとま》給はり、罷り帰りぬれば、今はふつに通ふべき路も絶えたりといへり。

なほ詳しくは『幽現通話』[七]にも記し、『神仙正語』に詳らかなり。

[一] 庚寅明和七年（一七七〇）。誤りか。[二] 八面体の結晶で無色透明。医療などに用いる。[三] 霧島神宮。五四〇年創建。祭神は瓊々杵尊《ににぎのみこと》。[四] 檜の皮で葺いた屋根。[五] みかん。[六] どこまでも続いている草木の茂った山。[七] 著者の述作。上下二巻二冊。天保～安政年間（一八三〇～六〇）成立。

15 紀州島田幸安仙境へ往来の事[一]

紀伊国若山西瓦町裏住まひに、島田幸安重信《しげのぶ》とて十八歳になる童《わらは》あり。夜ごとに仙境に往来し、仙人の差図《さしづ》を請けて、幽界・現界の薬種数々調合《てうがう》して諸人の難病を療するにはなはだ効験あり。

この幸安は、両親貧窮にて、子五人ありしうち、この者をば西要寺といふ浄土宗へ小僧奉公に出だしたり。初の字は、善竟と称せしが、毎々《まいまい》仙境へ往来いたす風説ありしゆゑ、わが友町方吟味役茨木英寿郎村親と申す仁《じん》、[二]右異童の始末相ひ糺《ただ》し候ところ、めづらしき実説にこれある趣き、明《あきら》[三]へ語りけるは、嘉永五（一八五二）壬子《みづのえね》年七月七日なり。

明《あきら》さつそく幸安が宅へ行き、そのわけ承《うけたまはり》しに、世間の風評を憚《はばか》り、容易に答へ難く申すにより、「下様《しもざま》[四]は平田大角先聖[五]門人にて、幽・顕両界にわたる神国の玄理を学ぶ者なり」といひて、誓ひ状一通認《したた》め遣《つか》はし、それより日々面会致すこととなれり。

幸安曰く、「その平田様と申すは、私《わたくし》幽界にてよく存じをり候。神仙にて」云々《しかじか》[六]。このこと、わが師の博学・勲功、幽境にても尊崇せられて、閼宮《ひきゆう》大神帝[七]より任官・勅号もありて神仙と成りたまへるにつき、この学風を伝へしめ給はむ神義と知られて、後には御撰書を幽境へも献納せることとなりたりける。

さて、幽行の由縁を問ふに、「私、去年三月十日西要寺の一間に寝《い》ねをり候。暁方夢に、白髪の老翁差貫《さしぬき》[八]をはき給へるが現はれ来たるを見て、夢さめ起き出でしが、不思議や、夢のごとくなる老人現《うつつ》に来たり、相ともに雲に乗り、東を指して花山といふ山へともなひゆきくれたり。われを「結縁ある者なり。両手の紋理《もんり》[九]に徴《しるし》あり。中指と無名指《くすりゆび》を囲みたる筋なり。汝がためになり、諸人の助けにもなる業《わざ》教へむから、重ねてはその処へ連れ参るべし」といふに、「君はいかなる御方ぞ」と問ふに、「われは薬師菩薩といふ神なり」といひて老翁は行方しれずなりにける。この神人後々には青真小童君《せいしんせうどうくん》少彦名神[一〇]と唱《とな》へ給へり。花山は小さき山なれども、幽界より見れば一仙境なり。この山は往古、当国にて仙人登山の始めの境故に、紀伊国にて仙界へ参る輩《ともがら》は先づこの処へ到る定《さだ》りなりとぞ。

さて、私西要寺へ帰り、翌十一日夜、眼覚る暁頃、また昨日逢ひたる神人来たり、ともに虚に乗じ、九州の地へ行き、日向国赤山〔一一〕(霧島山の幽名〔一二〕)に登り、仙人の館へ参り清浄《せいじや》利仙君《うりせんくん》平次命と申すに拝謁す。この神仙は、もと人間に出でし時の名は藤原広継〔一三〕と称し、官人にてありけるよし。入幽より当壬子《みづのえね》年までは、齢《よはひ》千五十九歳になり給ふ。その御姿、頭は惣髪《そうはつ》〔一四〕にて長く打ち垂れ、黒き兜巾《ときん》〔一五〕を冒《かぶ》り、口髭《ひげ》は白く、長くのびたり。腰に白き差貫を着《ちやく》し、前にて紐を結び、上には赤袍《せきはう》〔一六〕を着す。両腋下と後ろを裂きたり。胸に紐長く括《くく》り下げたり。足に黒き木沓《きぐつ》を履《は》き、手に赤・白弐色の鳥羽を合はせたる団扇《うちは》を持ち、床几《しやうぎ》に腰掛け給へり。傍《かたは》らに白髪の老翁一人、黒髪にて兜巾を戴《いただ》き白衣を着たる人弐人、ならびに刺髪にて青色の衣を着たる人あり。この三人は上等の愚賓《ぐひん》なり。

さて、館は板屋根にて大竹を割り瓦のごとくに葺き、柱は松樹の四割にて造れり。地は大抵敷瓦《しきがはら》なり。また厠《かはや》などもあり、竹葺きなり。竹にて包みたる柱もあり。家作みな彩色ありて、はなはだ奇麗なりとぞ」。これらのこと、追々図にも認《したた》めて詳しく伝へくれたり。

幸安、幽界にては名を清玉心異人といひて、利仙君の弟子なる故、つねにその館へ往来すれど、当国の清離仙人・紀法仙人の山へもたびたび参り、または鞍馬の僧正坊〔一七〕の方へも行き通ひいたす者なり。

さて明《あきら》が嘉永五壬子《みづのえね》年七月より安政四(一八五七)丁巳《ひのとみ》十月のころまで、五箇年の間、かの幸安を以て、現界にて知り難く、疑はしきことども思ひ出づるまに〳〵書き記して、可否をみぎ仙君のもとへ窺《うかが》はせしに、その答語の趣き、幸安より語り伝へ、または利仙みづから筆にて書き加へたるなど数百条あり。その日記を『神界物語』〔一八〕と号《なづ》けて凡そ二十巻あり。かの幸安、後には幽界へ体行せるよし聞えけるが、残る家内も諸々へ別れ、死去せるもありて、跡は知り難くなりにけり。事実、『神界物語』訂本十巻ならびに『幽界伝図』などに詳らかなり。

〔一〕参澤明の自筆の文章が挿入された一話。〔二〕事件の事実を詮議する役人。〔三〕参澤明（宗哲）。平田篤胤の門人。安政元年（一八五四）著者が（紀州に）参澤明を訪ね、以後安政五年著者が逝去するまで親交があった。〔四〕しもじも（私）。〔五〕平田篤胤。〔六〕帝から賜った称号。〔七〕神の心。〔八〕袴。裾を紐でくくって着用する。〔九〕手の内のすじ。〔一〇〕『古事記』では神皇産霊神《かみむすひのかみ》、『日本書紀』では高皇産霊神の子。〔一一〕宮崎県。〔一二〕底本の注。〔一三〕藤原広嗣（?～七四〇）。奈良時代の官人。大宰少弐。太宰府で挙兵し敗死した。〔一四〕江戸時代の儒者・医者・山伏・浪人・神官の髪型。月代《さかやき》を剃らず、全体の髪を束ねる。〔一五〕修験者のかぶる頭巾。黒色の布で作り、頤に結ぶ。〔一六〕束帯・衣冠の時に着る丸襟の上衣。〔一七〕牛若丸に武術を教えた鞍馬天狗。和気清麻呂の子孫で壱演僧正とも。〔一八〕島田幸安が、神仙の異界と通交し、霧島山の幽界について話し、参澤明が聞き取り編集した述作。

16鈴木環翁の事

水戸家の国老〔一〕山辺侯の領内某《なにがし》の里に生れし鈴木環《たまき》南瀬といふ人あり。寛政十一（一七九九）未《ひつじ》年の産にて、当安政四年（一八五七）丁巳《ひのとみ》年五十九歳になりける。その父は医者なり。環翁は幼稚の時母親歿し、伯母のために養育せらる。

六歳の時に、ある日伯母に懐《いだ》かれてゐたるに、衣冠正しき神人来たり給ふに、伯母の目にはさらに見えず。環見てゐたるに、座敷の襖《ふすま》の引き手落ちて、丸き穴の明きてあるに、神人その穴より次の間に入り給ひ、その穴より首を出だし給ひて環を招き給ふ。環見て、伯母に告げて曰く、「神人来たり給ひ、襖の穴よりわれを招き給ふ。われゆかむ」といふ。伯母懐《いだ》きて放さず、しからば、「われともにゆくべし」とて環を抱《かか》ひて襖を明け、次の一間に至るに、何も目に懸《か》かるものなかりける。

環、幼稚にして広く書籍を読み、筆道に達し、学問に秀づ。十四、五歳にして、山辺侯の師範となり、『左伝』〔二〕を講釈し、政事方を申し上げしに御用ひなし。よりて仕《つか》へを辞して退く。諸家中の士《さむらひ》と不和なり。その領地にをらばわづらひあらむことを怖れて、十七歳の時に国を去りて江戸に出でたり。

その頃、江戸一人と呼ばれたる大医某《なにがし》の先生に随身す。同門の医学の友四十余人、先生の塾にあり。先生の留守には、門人ども四十余人、夏日二階にて丸裸になり、寝《い》ね臥して書を読み、その体《てい》はなはだ不行儀なり。環、この体を見て、かかる門人どもの不行儀を改むることなき先生は師とするに足らずと思ひ、破門して退き、東叡山〔三〕に遊学す。

その学徳を聞きおよびて、武州玉川の祥福寺といふ大寺より頼みに付きて、かの地に移り専ら儒学を教授す。土人《くにびと》みなこれを慕《した》ふ。その後また水戸に帰り、専ら仏法破滅の学を立て、神祇敬信厚く、つねに手を拱《こまね》き、信心観念して目を眠《つぶ》りてをれば、たちまちその心魂幽冥に通ひ、神教を承《うけたまは》りて何ごとも知れざることなし。

ある人、駈け落ち人の行方をうかがひしに、環答へて曰く、「この人、奥州南部 某《なにがし》の里なる誰《たれ》が家にゐるなり。九月十日には必ず家に帰り来たるべし」と教ゆ。その人はたして九月十日に帰る。南部の住所・村名・家名少しも違《たが》はず。すべてのうかがひごとみなかくのごとし。さらに卜筮《ぼくぜい》にあらずして、神教なり。

酒造家、酒を持ち来たりて後日に味の変否をうかがふ。未然にその変否を決断して教ふるに少しも違はず。水戸の湊《みなと》なる浜屋 某《なにがし》・南部屋 某《なにがし》は大商人にて、環先生のためには甥なりとぞ。嘉永の初年（一八四八）頃、環先生この人々に教へて曰く、「今年より六年過ぐる時は外国より官船《くわんせん》〔四〕来たることあり。また続きて諸国大地震・大津浪にて人民多く死亡すべし」と書き付けに認《したた》めてかの甥なる人々に与ひ置かれしが、はたして六年目に亜米利加《あめりか》船来たり、安政元（一八五四）寅《とら》十一月、諸国大地震・大津浪にて人民の死亡多し。これらもみなかねて前知したるなり。

医業をすれどもみづから匕《さじ》をとらず。門人どもに匕をとらしめ、産療・外治はけがれごとなりとて絶えて預《あづか》らず。僧尼の輩《やから》は門内に入ることを許さず。

家の内に別に神を祀る一間あり。神鏡一面を掛け置き、外《ほか》に掛軸の類《たぐ》ひ無しとぞ。時々神仙この一間に来臨ましますことありて、門人どもも拝することあれども、御全体を拝することは叶《かな》はず。ただ御装束の裾の方を聊《いささ》か拝することありとぞ。また、この一間に先生と門人ら伺候《しこう》する時、人々に神がゝりしてにはかに舞をまふやうになり、歌を吟ずるもありて、酒も飲まずしていと〳〵面白くなることありとぞ。

環先生の近所の家々焼けたること両度ありしが、近村より見れば、先生の家焼くるごとくに見えしかば、近村の人々焼失見舞ひの品物を持ち来たるに、先生の家のみ焼けずに残れり。南方より見れば焼くるごとくに見え、北方より見れば先生の家の屋根に奇《あや》しき人々数多《あまた》集まりて、火を防ぐ様《さま》見えしが、後に見れば屋根の上に人の昇りたる足跡はさらになし。かかること二度ありて、不思議なり。

先生著述の草稿、細書数十巻あり。和歌は一時百首を詠ずるに、執筆の者、算《かぞ》へみるに百三十首ありしとぞ。詩も一時百篇を作るに、執筆の者書き果《おほ》せずといへり。また筆法に妙を得たる人なりとぞ。

遊歴の人尋ね来たりて、先生の御高名承《うけたまは》りおよび、伺ひ侍《はべ》るといふに答へて、「われは高名の者にはあらず」といひて眼をつぶり、少しも取りあはず、食事を与へ、銭を賜はりて返すのみ。故に、尋ね来る遊歴人も稀れなりとぞ。入門を願ひても、その人により猥《みだ》りにゆるさず。

すべて先生の行状は、現身《うつしみ》ながら心魂は幽界に通ひて、神仙の教へを承ることなれば、幽理を知らざる人々のみ多き世の中なれば、心なき凡人は幻術・魔法のやうに思ひ誤る者もある故に、みづから徳を隠して他《ひと》に知られざるやう、名をも隠し、住所の名を隠して、水戸の城下より三里ばかり山里なりといふのみにて、縁無くては尋ね難し。

水戸家にも縁家ある故に、かねて水戸侯へ召し抱ひらるべき人なれども、仕官を望まず。仕官の身となりては、人に諂《へつら》ふ行ひならでは武士の付き合ひなり難し。諂ひありては神仙の御心に叶はず、とて仕官を厭《いと》ひ、隠士の境界を立てて、名・所をも隠すによりて水戸の城下にも知る人稀れなりとぞ。

環先生の門人、常陸国人佐藤信南といへる医者はおのれ定雄が知る人にて、その人に聞きしままを記す。

かくて見れば、鈴木環先生は、尊き神仙の、仮に人間界に現はれ出でたるなるべし。

[一] 大名の家老。[二]『春秋左氏伝』。『春秋』の注釈書で、左丘明（魯国の人で孔子と同時代の人）の著と伝えられる。[三] 上野の寛永寺。寛永二年（一六二五）創建。開山は天海。

[四] 官船。

17 和州三昧田村助五郎が事

天保三年（一八三二）のことなるが、大和国山辺郡三昧田村といふ所に、助五郎といふ者あり。生質《うまれつき》、正直・律義にて、孝心深く父母に仕へけるに、父は早く身まかりて、母一人ありける。この者、年は廿八、九歳なりしが、発明なる者にて、領主より村長役を仰せられ、家も富み、奴僕あまた召し仕ひ、専ら農業を営みて暮しけるに、この助五郎、天保三年辰《たつ》の九月廿四日の朝、その村より二、三町隔つる権現村といふ所に、つねの衣裳のまゝ、莨入《たばこいれ》も持たず、朝飯過ぎて出でゆきけるが、その日暮れにおよびしかども帰り来たらず。

その母大きに案じて、権現村に人を遣《つか》はし尋ねるに、「今朝用事調《ととの》ひ、すぐに帰られぬ」といふによりて人々騒ぎ立ち、そこかしこ尋ね捜すといへども、知れざる故に占ひなど頼みけるに、「狐狸の仕業《しわざ》にてもなし」とのことなりしかば、一向《ひたすら》に神明をなむ祈りける。ここに助五郎が妹、近村に嫁したるが、その騒ぎを聞きて、そのまま兄の家に来たり、先づ竈《かまど》の神の神棚に、八峰といふ柿を三つ供へ奉り、「兄助五郎が行方を早く知らしめ給へ」と一向《ひたすら》に祈りける。かくて、村中の人々騒ぎ立ち、尋ねるといへども、その翌日、廿五日の日暮れになれどさらに行方は知れざりける。

しかるにその夜、門口より声震はしてわなゝき[一]泣きて入り来る者あり。誰ならむと集まりゐたる人々戸を開きて見るに、助五郎なり。昨日出でしままの姿にて帰り来たりければ、みな〳〵驚き、その故を問ふに、助五郎いふやうは、「かく泣くといふも、年老いたる母に苦労をかけ、村中の人々の世話になることの申しわけ無き故なり」といふ。人々、「それは泣き給ふにおよばず。いかさま故こそあらむ。心を鎮めて語り給へ」といふに、助五郎答へて、「これには不測なる物語りあり。みなみな落ち付きて聞き給へ」とて語りけるは、「権現村より帰るに、妙号といふ所にて神に出逢ひしに、その神の宣《のたま》はく、「われは氏神大倭《おほやまと》明神[二]なり。出雲の国にゆかむとす。汝ともをせよ」としきりに頼み給へるに、否《いな》といふことなり難き故、「畏《かしこま》り候」と答へ奉りて、その御姿を見上げ奉れば、絵に書きたる唐人の着たるやうの御装束にて、色は萌黄《もえぎ》[三]、小紋のあるさまの上着にて、頭に冠を頂き、御足に木沓《きぐつ》を履《は》き給へり。身の気よだち、怖ろしかりしことといふばかりなし。

さて、明神もの書きたる包紙を出して、「これを早く三輪明神[四]へ持ちゆくべし」と宣《のたま》ふ故に、その教へのごとく三輪の神殿へ持ち参りしところ、神殿の御扉打ち開きたるやうに思へば、持ちたる紙は早く掌に無し。それより早くわが家に帰りたく思へども、何となく帰られず、また元の妙号に帰りしに、明神ここにゐまして宣はく、「早かりし。汝はまことにまめなる者なり。われ今年は年預《ねんよ》[五]に当りて、つねより早く出雲[六]にゆくなり。汝わがともに立ちて来るべし」と。思はず御後に付きそへ、十七、八町ばかり北へゆくと覚《おぼ》えしが、わが住む里の人に逢へり。母に言伝《ことづ》てせまほしと思へども辞口《ことば》より出でず。

また、二、三町北へゆき、丹波市の町に夷《ゑびす》の神の宮あり。この所まで足駄《あしだ》〔七〕はきながら来たりし故、「足駄を脱ぐべきや」と問へば、「この所に括《くく》り置くべし」と宣ふ故に、御教へに随《したが》ひ、鳥居の北の柱に括り付け置き、それより素足になりて、南都猿沢の池のそばまでゆきけるに、向ふより年老いたる人荷物を荷《にな》ひ来たれり。その時神の宣はく、「すなはち汝が着替への衣なり。早く装束を改めよ」と取り出し給ふは、紬《つむぎ》にあらず、木綿にあらず、色は藍《あゐ》にて単物《ひとへもの》なり。その上に白衣を着《ちやく》し、万歳烏帽子《えぼし》〔八〕を頂き、元着たりし衣裳は、そのまま松蔭に捨て置き、御後に付きそひてゆくに大鳥居の前に出でたり。明神宣はく、「われを背に負ひてよ」と。仰《おほ》せのまに〳〵ものせむとするに、明神懐《ふところ》より、木綿綱の三つよりにしたるやうの縄を出だし、腰を括らせ、その上に明神御足をかけ、肩にかゝり給ふ。春日の社〔九〕の楼門の前にて下り給ひ、「汝この所にしばし待つべし」とて明神は神殿に入り給ふ。しばらくありて立ち出で給ひ、もとのごとく背にかゝり、それより八幡〔一〇〕に至り、男山の石壇を登り、神殿までゆくところに、八幡宮出で給ひ、これより二神連れ立たせ給ひて、出雲の国をさしてゆき給ふ。

程経《ほどへ》てかの国に至り、「大社より二、三丁ばかり手前、並木松の茂みにて待つべし」と宣ひて、ゆき給ふ。しばしありて八幡宮帰り給ひ、「大倭明神は大社に止《とど》まり給ふなり。汝われに随ひ来たるべし」と宣ふによりて御後に付きそひ、男山に帰り、神殿に入ると思へば、八幡宮宣はく、「汝この衣を着替へよ」と出だし給ふを見れば、前に猿沢にて脱ぎ捨てしわが衣服なり。八幡宮また宣はく、「汝を頼みしことどもは事終りぬれば、早く帰るべし」と宣ふ故に神殿を下り、そのあたりの茶屋にて草鞋《わらぢ》を買ひ求めて、日の暮々に木津まで帰り来たり、南都に着きしは四つ（午後十時）頃と覚ゆ。丹波市に帰りしは九つ（夜中の十二時）過ぐる頃なり。夷《ゑびす》の宮の鳥居に括り置きし足駄をとり、妙号といふ所まで帰りしに、草鞋はしたゝかに破れし故、この所の露川といふ川にて足を洗ひ、足駄に履き替へてここに帰りしなり」。

さてまた、廿四日の朝より廿五日の夜の九つ過ぐる頃まで食物など打ち絶えたるに、何ともなき皃色《かほ》故、人々怪しみて、「何を喰ひし」と尋ぬるに、「八峰といふ柿を三つ喰ひたり」といふ。こは、先に妹が竈の神へ供へて祈り奉りし柿に紛《まぎ》れなし。されども〔一一〕、供へ奉りし柿は神棚にそのまゝ遺《のこ》れり。かく詳らかに物語りけるを、「いちじるき事は人の力のおよぶところにあらず」と語りあへり。

なほ湯などすゝめ、口を潤《うるほ》し、心を鎮めさせて詳しく尋ぬるに、「助五郎立ち出でし跡にて、何人《なにびと》に占はせ、何人に祈らせ、見舞ひには第一先に誰々来たり、此方《こなた》へは誰を尋ねに出だし、彼方《かなた》へは誰々を尋ねに出だせし」など少しも違《たが》はず物語りける〔一二〕。さて、「廿四日の夜に、家に盗人の入り来たりて、蔵の錠をはづし得ずして、いたづらに柿の木に昇り、柿を取り喰ひしこと」まで詳しく物語りける故、人々不思議の思ひをなし、「いかゞして知りたるや」といふに、「出雲へゆく道すがら明神しらせ給へし」といへり。

さて、大社のことを尋ねしに、「大宮の二、三町ばかり手前、並木松の向ふを見るに、千木《ちぎ》[一三]鰹木《かつをぎ》[一四]数多見えて、大社へ参りし頃は夜分にて、時刻は何どきといふことを知らず」とぞ。

[一] 身体を震わし。[二] 大和神社。祭神は倭大国魂大神・八千戈大神・御年大神。[三] 鮮やかな黄緑色系の色。[四] 三輪神社。大神神社。祭神は大物主大神・大己貴神・少彦名神。[五] 祭の当番。[六] 出雲大社。祭神は大国主命。神無月（十月）には八百万の神々が集うとされる。[七] 鼻緒のある履物。[八] 万歳のかぶる風折烏帽子。[九] 春日大社。藤原不比等が氏神の鹿島神（武甕槌命）を春日に遷し、神護景雲二年（七六八）創建。祭神は武甕槌命・経津主命・天児屋根命・比売神《ひめがみ》。[一〇] 石清水八幡宮。祭神は応神天皇・神功皇后・比《ひ》売《め》大神《おほかみ》。[一一] はっきりとわかっていること。[一二] なすことがないままに、無意味に。[一三] 神殿の屋上、破風の先端が延びて交叉した木。[一四] 神殿の棟木の上に横たえ並べた装飾の木。

18能登国石堂山の事

昔、天平の帝《みかど》［一］の親王に唖なる御方生れ給ひて、言語を成し難し。陰陽《おんみやう》博士［二］に詔《みことの》りして、占はせ給ふに、能登国石動山《せきどうさん》［三］に住み給へば、言語自在になり給ふべきよし奏しければ、やがて親王京を立ち給ひ、能登国に赴き給ふ時に、越後国某《なにがし》の浜辺に至りしかば、はるかに能登国石動山を望めり。群臣奏して曰く、「かの山こそ能登国石動山なり」と。親王聞こし給ひて、「身がすむ山はあの山か」と始めて物を宣ひ出でし。これより言語自在にならせ給ふ。

かくて石動山に着き給ひ、御殿を立てすみ給ふ。山内《さんない》に坊舎数十軒建立し、「北陸道七箇国の内は一人別《いちにんべつ》［四］に米壱升づつ貢物として奉るべき」勅諚《ちよくぢやう》ありて、山内坊舎富貴に栄え、時の年号を山号に下し給はり、これより石動山を改めて天平山と号《なづ》け給ふ。

この石動山の神は男女二柱兄弟神にましまして、妹神は首短く、皃形《かほ》醜き女神にましましければ、石動山を立ち去り給ひ、越後国能《の》宇《う》の浜辺に移り給ひ、誓ひて宣《のたま》はく、「われ能登国よりこの国に来たり、国は借《か》れども地は借らず」と申し給ひけるとぞ。その故に社木ことごとく石上に生ひて、地に生ひたるは、一本も無しとぞ。社木ことごとく欅《けやき》の樹なりといへり。また誓ひて宣はく、「われ首短く容貌醜し。われこの国にすむからには、越後国の女はなべて首筋細長く、美女に生れしめむ」との誓願なりとぞ。故に今にいたるまで、越後の女は首筋細長く、美女に生るゝはこの神の御恵みなり。

越後国能宇権現[五]と申すはこの神にましまして、三月廿四日大祭礼、能登石動山の祭礼もすなはち三月廿四日にて、同日の祭礼なるはもとより兄弟神にましますなりとぞ。

[一] 聖武天皇のことか。誤伝であろう。[二] 陰陽寮に属し、卜筮・天文を学生に教授した官。[三] いするぎやま。養老元年（七一七）泰澄が開山した。山頂に伊須流岐比古神社を祭り、修験道の霊場となる。[四] 一人ごとに割り当てること。[五] 白山神社か。背後に急峻な岩山がそびえる。

19 龍宮界より玉を授かりし人の事

周防《すはう》[一]国熊毛《くまげ》郡伊布坂村の農夫の子、二人連れにて山にゆきて草を刈りゐけるに、海辺にも人壱人ありて婦人のごとくに見えたり。その人、赤き色の手拭ひを持ちて招くこと頻《しき》りなり。二人ともにゆかむといふに壱人は来たらず。一人の子、婦人のかたはらにゆきければ、その女美女なりしが語りて曰く、「われは龍神の使者なり。汝わがゆく所に付きて来たれよ」と懇《ねんご》ろにいひければ、ともに付きゆきけるに海水両方に別れて道となる。しばらくゆきてみるに、宮殿・廊廓美麗に見え、音楽はるかに聞こゆ。その時婦人涙を流して曰く、「汝はいまだ人界の方故に、神界に連れゆくこと難し。この所かぎりなり」といひて一つの玉を出だして曰く、「汝この玉を筥《はこ》に納め、人に知らせずして永く保ち給はゞ、必ず長寿を得給ふべし」とて玉を渡す。その子家に持ち帰り、椙《すぎ》の木にて筥を造り納め置きて、酒・肴を供へ、家内の人にも知らせず大切に扱ひければ、まことに長寿にて、孫・孫子・曾孫の代までも自分一人はいつも老いずして壮健なりければ、領主より賜物下され、遠方の人々も尋ね来たり、諸人の出入り繁くなりて、家人へ気の毒に思ひ、親族の人々を招き、酒・肴を出だし、杯《さかづき》して語りて曰く、「われ幼稚の時、しか〳〵のことにて龍宮界の人よりこの玉を授かりて、かくまで長寿して厄介となれり。このことを洩らせば、遠からずしてわれ死すべし」といひしが、はたして死したりける。

その玉を領主に呈《ささ》げたりしが、いかなることにや、その後御下げになりければ、産土《うぶすな》大神の神殿に納め奉りたるが今にありとぞ。黒き色の玉なりとぞ。

〔一〕山口県東部。

20 黒犬人の身替りに死したる事〔一〕

筑前国〔二〕福岡近在那珂《なか》郡某《なにがし》の里人に、犬を愛する人ありて、犬の怪我して疵《きず》の付きたるを懇《ねんご》ろに療治して助くること多かりける。

ある時、黒犬にて大疵を請《う》けし犬のありしをよく療治して助けたりしが、その人の親族の家人疫病を煩ひ、介抱人なかりければ、その人介抱にゆきて看病しけるにつひにその病伝染してその身も疫病を疾《や》みて病床に臥《ふ》したりける。

その病床の下に黒犬来たりて、臥しゐて去らず。その犬、たちまち疫病を引き請けてその所に死したり。主人が病《やまひ》、犬に伝染して主人全快したりとぞ。かの黒犬、主人が恩を報じて身替りに立ちたるなるべし。

［一］巻一19「身代りに立ちし犬の事」参照。［二］福岡県北西部。

21 亀の祟りの事

筑前国那珂郡山田村の医者某《なにがし》の家に、その近辺より手習ひに通ふ男子あり。一日亀の子を捕らひて、師家の柱の根を掘りて亀を埋めしが、その亀の甲に石を載せて埋め置きたるを、つひに忘れて掘り出だささずありけるに、その医者の家病人多くなり、つひにその家人みな死して断絶す。

その門人ら集まりて、その家を取り崩し、柱の根を掘り穿《うが》ちけるに、石の下より亀一疋《ぴき》活《い》きて出でたり。亀は大きくなりしが、石に敷かれて、半身瘦《や》せて半身肥《こ》えてあり。幼年の時その亀を埋めし男も、その所に立ち合ひて先のことを思ひ出してその亀を見るまゝに半身痛み出し悩みければ、その亀を川水に放ちて活かしたれども、その人病人となり家業働き難く、医薬さらに験《しるし》なし。

時に、山田村の神主出雲守といふ人に頼みて、その亀の霊を亀姫大明神と神に祀りければ、その人壮健になりて家業を働きけるとぞ。

22 虚起請を書きて癩になりたる人の事

江州杉山の中信楽《しがらき》村と、山城の中湯船村と、山の堺の論ありけるに、五味金右衛門より検使を立て、堺目を検分せらるゝに杉山村の領分に見立てたり。また、前々よりの申し分は湯船村の理《ことわり》なり。この時、杉山の者ども申すやうは、「とにかく起請文[二]にて、申訳けいたし侍《はべ》らむ」とて山堺のことを起請文に書きて山を取りたりける。起請文の中に、白癩《びやくらい》・黒癩《こくらい》[三]の文言を書き入れたり。正保三年（一六四六）のことなり。

それより三年を過ぎて、慶安二年（一六四九）の春の頃より、村中の人々残らず癩病になりたり。その中に三人連判に洩《も》れたる人々ありければ、その三人のみ無病壮健なりける。家員《いへかず》五、六十軒ある村にて村中の人みな癩病になりける。げに起請の神罰なりと畏《おそ》れける。

［一］自分のことばに虚偽のないことを神仏に誓って願い出る文書。［二］皮膚が白色になるハンセン病、皮膚が黒色になるハンセン病。

23 盲人になりたる僧の事

越後国国府に五智如来の堂[一]あり。慶安（一六四八～五二）年中、奥州より座頭[二]壱人、官のために上洛するとて如来堂へ参り、通夜いたし、平家一曲を語る。先づ琵琶筥《びはばこ》を開きて、官代の金袋を取り出だし、膝の下に置きける。しかるところ、同国林泉寺の僧[三]、江湖頭《がしら》を望み[四]、その願のために如来堂に通夜しけるが、座頭の金袋を見て慾念起こり、竹にて鎰《かぎ》を造り座頭の金袋を掻《か》き寄せて盗み取りたりける。

座頭は平家を語り終へて、膝の下を探るに金袋はなし。「われに官の縁無きことを仏の知らせむとの方便なるべし」とて琵琶筥を障子に結び付けて置き、帰る所に大下橋にて、人数多く打ち連れ立ちゆくを聞きて両眼たちまち明きたりける。

さて、かの官金を盗みとりし僧はにはかに盲人になりける。天罰恐るべし〳〵。かの琵琶筥は今に如来堂にありとぞ。

〔一〕五智国分寺。聖武天皇の勅願で天平一三年（七四一）創建。〔二〕琵琶法師の座の四官（検校・別当・勾当・座頭）の一つ。剃髪の盲人の称。寺社奉行の管理下にあり、官は売買が許されていた。〔三〕明応元年（一四九二）創建。謙信までの上杉家の菩提寺。〔四〕林泉寺の住職。

24酒瓶の蛇の事

常陸国某《なにがし》の里に、酒好きなる姑《しうとめ》老婆ありけるに、その嫁も酒好きなりける。その姑酒を造りけるに、姑にはかに信州善光寺参詣に誘はれ、急に旅立ちしけるに、姑思ふに、われ旅に立つ跡にて、酒のできたる頃、嫁に飲まれむことを吝《をし》み、執念を遺《のこ》して旅立ちける。

さて、嫁は姑の旅立ちし跡にて、酒もできたる頃一杯酌《く》みて飲むでみむ、と夜中灯を以て酒瓶の蓋《ふた》をとりのけ、中を見るに蛇一疋《ぴき》ゐたり。その時灯の火落ちて、蛇の尻尾を傷《いた》めけるが、たちまち、蓋をしてそのままに置きたりける。

姑は、旅に立ちてある所の旅人宿に宿りしが、その家より出火して焼けたるに、その姑、足を火に傷めて、火傷《やけど》して家に帰りける。月日を聞くに、家なる酒瓶の蛇の火傷したると同日同夜同刻にてありける。

執念は遺すまじきものなりとぞ。

この書は、おのが若き時より、世人の物語りを聞き伝ひ、また、古き書の中よりも抜き出だして、書き集めたる随筆にて、子弟に読ましめなば、善を勧《すす》め悪を懲《こら》し、道を学ぶたよりにもなれかし、とものしつるなり。この余草稿もあれどもあまりなが〳〵しく、煩《わづら》はしければ、この書こゝに終る。暇《いとま》あらばまた次編にしるさむとおもふになも。あなかしこ。

安政三年（一八五六）辰《たつ》八月　　宮負定雄　書す

宮負定雄について

武田由紀子

宮負家について

宮負定雄《みやおいやすお》は寛政九年（一七九七）九月一〇日、下総国香取郡松沢村（現在、千葉県旭市清和乙七〇二）に宮負定賢《やすまさ》の長男として生まれた。

宮負家の遠い先祖は、彼自身『牡牝考　草稿』上巻の中で説話の形で語っているように、平安時代初期に紀州から熊野の神を背負って、房総のこの地に渡って来た一族で、農業で業《なりわい》を立てて来た。

近世前期に熊野神社を中心として村落が形成された頃、宮負家は村の有力なメンバーの一員ではあったが、定雄の生家は本家ではなく、初代は佐五兵衛（延宝三年［一六七五］～寛保元年［一七四二］）で、元禄の末年から享保の初年（一七〇三～一六）頃、独立した分家であった。[1]

父の五代佐五兵衛定賢の代（寛政年間［一七八九～一八〇〇］）には、名主を務めており、村一番の地主（石高二〇石前後、田畑の総面積二町歩前後）になっている。

定雄は定賢二二歳の時の子で、五人兄妹の長男であった。次男茂兵衛利之は分家し、後に名主になる。三男、四男は養子に出、妹は他家に嫁している。

定雄の生れた頃の宮負家は、近村の平山家のような大地主ではないが、小作関係を持たない地主で、一応の安定、多少のゆとりのある農家になっていた。当時の下総は、幕府による利根川の治水工事の完成により、銚子・九十九里の海産物・農産物の川舟輸送で江戸との交流が盛んになり、また、新田の開発もあいまって、豪商を生み出していた。銚子・小見川・佐原・木下《きおろし》など、利根川の河港が繁栄を誇った時代であった。

富とゆとりを手に入れた人々は、江戸の文化にあこがれを持ち、一方、江戸の文化人は、香取・鹿島神宮に詣でる遊びに、利根川を舟を使ってやって来た。豪商達は、その人々を歓待した。その地主・名主・神主・村役人・豪商など、地域の上層の人々の交流、連帯の輪の中に宮負家も入っていた。

父定賢は二七歳で伊勢に参り、そこで古学に目覚め、書を求め、賀茂真淵《かものまぶち》等の書を読んでいる。平田篤胤《ひらたあつたね》の文政二年（一八一九）の二度目の下総遊歴の時に、定賢は篤胤に入門している。篤胤家の『気吹舎日記《いぶきのや》』[2] に「文政八年　正月十一日　天気。下総松沢佐五兵衛（宮負定賢、文政二年入門）殿来」とあるように、江戸の篤胤家にも出入りを始めている。定賢は篤胤が文政一一年一月から弟子達を集めて、講会[3]を始めた時のメンバーでもあった。下総の主だった篤胤門下の中で、この講会に出席しているのは定賢一人である。また、定賢は家塾を開いていた。この父親の下で、定雄は、文政九年（一八二六）三月に『農業要集』を持って篤胤に入門するため上京する迄の三〇年間、共に農業に励み、古学も父から学んでいたものと思われる。

定雄の出発点

定雄の学問の出発点は、農産物の品種改良である。土地に合った作物をいかに沢山生産するかという、実学であった。定雄は、後に『農事窮理考』（『農業要集』の改定版）の中で、「農は国の本にして、本堅ければ国安し……米穀少き時は、忽国家混乱す。稲は命の根という義にて、人間生命をつなぐ命の根也」と記している如く、農業を生きる上での根本であると位置づけている。定雄は、篤胤の国学を修めること、稲の品種改良で増産し農村を豊かにすること、という二足のわらじをはき、生涯その二足のわらじをはき続け、苦悩し続けた人生であった。

篤胤に入門した下総の有力者達について、『気吹舎日記』の中に、「文政八年　九月十三日　下総千本松修理之助（網戸村門人千本松吉周）来、泊り」「文政九年　正月十一日　曇。銚子綿屋源太郎（石上塩尊、文化十三年入門）入来」「文政九年　五月十四日　平山正蔵（下総鏑木平山満晴男）入来」などの記述を見る事が出来る。篤胤は文政二年二度目の下総歴訪の際、平山満晴家に二泊し、[4] 鉄胤《かねたね》（篤胤の養子）も文政九年に平山家に泊っている。

また、熊野神社神主宇井包教《ういかねたか》も、定雄と共に篤胤家を何度も訪ね、泊っている。しかし、多くの下総の入門者達の中で、篤胤家と深くかかわってゆくのは、宮負家だけと云ってよい。下総で受け入れられた篤胤の国学には、都会の文化への憧れ、地域の上層の人々の、連帯のご挨拶のようなお付合的意味合いの側面があった。農村の保守的側面とあいまって、一時期賛同はしても、離れてゆく人々が多かった中で、宮負定雄はひとり、篤胤の国学にのめり込んで行った。

定雄は天保二年(一八三一)三五歳で父の後を継いで、松沢村の名主となったというのが通説である。天保二年の『民家要術』の中で、「口には立派な事をいひつつ身に其行はなく、己の非をばさし置て他の非分を掘り出す、之を田舎の芋掘名主といふなり」と書き、又、天保三年の『村用賄覚書』の表紙に「役むきニ不足なり、早く退散すべし」と自らはしり書きしている(川名登『下総名勝図絵』解説)。定雄は名主となって数年の後、長男源蔵に名主職をゆずり、実業の場を去っている。江戸に住み、篤胤の国学を学び、篤胤の仕事を手伝い、本気で篤胤の国学に打ち込んだ。たまには下総に帰ったりしていた様である。天保の中頃位から嘉永二年(一八四九)までの事で、四二~四歳位から五三歳までの約十年間の事と推測される。

この間に定雄は『下総名勝図絵』『奇談雑史』を作っている(但し、『奇談雑史』の完成には時間がかかり、安政三年[一八五六]に定雄の書いた部分の完成を見る)。これらの二作は古《いにしえ》を尋ね、説話、史実、下総の名勝地を克明に記してゆく作業で、定雄は出来る限り事実を述べようとする、実に生真面目な文を綴っている。ある意味、江戸の天保・弘化期から安政期の時代の相を切り取っているといえる。定雄の遺作の中で、事実を丹念に拾う仕事は、この時期のこの二作のみで、特異な作品群である。じっくりと腰を据えた仕事をした時期であった。

定雄は嘉永二年には家に戻っていた。というのは、この年の八月に女性（遊女？）が江戸から定雄を追いかけて、松沢村に来ているのである（『亀齢山人自誌《きれいさんじんじし》』）。

嘉永四年（定雄五五歳）二月、雲見山に参詣、稲の種籾（三州雲見村・駿州相原村［三品］・相州三浦郡）と冨草《さきくさ》（あしたば）の苗を持ち帰り、松沢村に五種の種籾をまき、稲の育ち方と実りの多寡を観察している。嘉永四年羽州秋田の種籾を取り寄せ、嘉永六年には奥州南部の盛岡織笠村から種籾二品を得、嘉永七年には旅先の伊勢山田外宮御神領より種籾を得、いずれも松沢村に植えて、実生の多寡を試している。米の品種改良による増収は出来ないものかと苦心している様を、彼は『農事窮理考』に記している。

嘉永六年（一八五三）、定雄五七歳の時、父定賢が七八歳で亡くなる。

旅

嘉永七年（一八五四）一月四日、定雄は五八歳で、伊勢両宮参詣・熊野三社参拝の旅

に出た。そして、その日に安政東海大地震に遭っている。その時の旅日記『道中扣《ひかえ》日記』によると、定雄は出発時に安政東海大地震に遭いながら、大井川を渡って後、秋葉神社に詣で、鳳来山に参り、熱田神宮に行くという、予定通りの旅をしているのである。この旅には、伊勢・熊野に参る事ともう一つ、和歌山の篤胤の門下である参澤明《みさわあきら》に逢うという大きな目的があった。参澤明の知人である若い町医者、幽界と現界を往復するという島田幸安に逢って、幽界の神に病人の薬を戴き、稲の稔り倍取の妙術を教えて欲しいという願いで、定雄は出掛けているのである。翌年の一月に帰村。『地震道中記』など安政の地震見聞録をものしている。

定雄はこの旅で、参澤明という生涯の友を得た。二人の友情が、奇しき事どもを集めた『奇談雑史・奇談雑史次編』を宮負定雄・参澤明の共著として、後に結実するのである。亡くなる迄の五年間ではあるが、この出会いは、定雄の晩年に彩りを与えた出来事であった。元気づいた定雄は『幽現通話』上・下巻（安政二年五月）をまとめ、『農事窮理考』を『農業要集』の訂正補強版として作り（安政二年一〇月）、『奇談雑史』をまとめ（安政三年八月）、『野夫拾彙物語』をまとめ、『疱瘡疫病除冨草考』で冨草の効能を説き、植える事を勧めている（安政四年）。冨草の事を書いたこの書は、三回も書き直す力の入れ様である。安政五年（一八五八）には『貧富正論』を書いている。精力的に著作を完成させて、その年の九月二二日、定雄は六二歳の生涯を閉じている。

隣村では、同じ歳の大原幽学《おおはらゆうがく》が、長部村の名主遠藤伊兵衛の懇願を受けて、四一歳で、華々しく農村改革を始めていたし、また、篤胤の周りでも、『気吹舎日記』を見るかぎり、定雄の『農業要集』『草木撰種録』は篤胤の好意で出版はされても、そして気吹舎社中の資金源として大いに貢献はしても、定雄は、四歳下の生田万《いくたよろず》のような華やかな秀才の陰に隠れた、目立たぬ存在だった。

定雄の周囲

定雄には『亀齢山人自誌』という覚書がある。これは一〇年ほど定雄が家を空けた後日談で、家に帰った嘉永二年（一八四九）八月の初旬、江戸から女性が突然やって来た。困った定雄は友人のつてをたどって、約三カ月女連れで逃避行を重ね、鏑木村の重左衛門方と、銚子の綿屋（石上）源太郎方に逗留した。その間の逗留代金が未払であった。父親の存命中で、定雄五三歳の時である。

安政二年（一八五五）五月二一日、重左衛門より法外な代金の請求があり、長男源蔵を表に立て、五両の借金を二両に収めた、家人・知人を巻き込んだ騒動の詳細である。六年間も借金を据え置かれ、その間に伊勢・熊野の旅に出てしまった定雄に対する先方の憤りが記された『自誌』で、五月二三日海上郡の鎌数神明宮（鎌数伊勢神宮）に定雄が出かけた折、木刀を持った重左衛門（他一名）と、行き違いで事なきを得たのだが、一歩間違えば乱闘騒ぎに発展した事件の記録で、定雄は地味に暮す農村を騒がせた。実直な家人達をおおいに悩ませた。女性を江戸に送り届けるための費用も、大変なものであったと思われる。しかし、このままで終らないのが定雄の面白さで『奇談雑史』とほぼ同時期に成った『野夫拾彙物語』において、この出来事を巻頭の物語として登場させている。色好みの男女の話に変身させて、情感たっぷりに、したたかに仕上げているのである。『野夫拾彙物語』の中で彼は亀齢《きれい》と名のり、きれいな女性が好きと云い、雪月花の下で美女をはべらせ、酒をたのしむ夢を語っている。華のお江戸で見聞きした、吉原の絢爛たる世界への羨望を何のてらいもなく、おおらかに夢見ているのである。彼は隠す事なく、仏にまで酒と女を所望する姿をさらけ出している。事実、彼は大酒呑みでもあった。

国学を修め幽現に通じようとした定雄は、沢山の和歌を作り、絵画を描き、文人でもあった。経世家としても著書を残し、農政にも造詣は深かった。稲の品種改良で大量生産し、農村を豊かにしたい、自分も豊かになりたいという、世間の金の廻り方を熟知した、定雄らしい開放的な農業経営の夢があった。定雄は保守的な農村には収まりきれない、とはいえ、江戸の町人にもなりきれないつらさを内に抱え込みながら——それを感じさせない溢れんばかりのアイディアで囲りの人々を辟易させながら——強靭な行動力で生き抜いた希有な人物であった。

前に挙げた、千本松家（名主・神主）の人々・石上家（豪商）の人々・平山家（豪農）の人々・伊能穎則《いのうひでのり》（国学者）・宇井包教（熊野神社神主）等との交流は終生続いた。彼らは定雄に手をさしのべ続けた。あふれ出るエネルギーの持ち主として、農業生産に情熱をもやし、篤胤の国学を真摯に学ぶ人として、定雄を皆が認めていたからの事であった。定雄は紀州の旅の後、『太神宮霊験雑記』を書き、出版までは行かなかったが、伊勢両宮御文庫奉納を試みている。それに賛同した「開版願主連名」が残っている。発願主は足洗村の千本松吉周の父千本松大内蔵（神主）であり、平山正蔵・同忠兵衛・石上源太郎・宇井包教、その他一五〇名近くの人々が名を連ねている。「この連名者の主体は、村役人・神主・医師・網元・中、上農層で、それは平田篤胤の『門人姓名録』[5]に名を連ねた層より、もっと広く、深いものであった」といわれる（『下総国学史料』[6]）。彼を陰で支援する人々が東総には沢山いた。郷土の人達は彼に温かかった。理解者は篤胤の門人以外にも沢山いたのである。

自筆本に見る友情

『奇談雑史』の底本は、足利学校遺蹟図書館所蔵のものである。この底本は宮負定雄と参澤明の自筆本である。定雄には多方面に亘る著作があるが、完全な形で、自筆で残っているのは非常に珍しい。しかも、紀州和歌山の参澤明が『次編』を編み、定雄の死後四年を経て、文久二年（一八六二）に明が自序を付け、宮負定雄の肖像を描き、定雄の死をいたむ文をつけて、『次編』を作っている。

定雄は『奇談雑史』をほとんど完成に近くして、嘉永七年（一八五四）に旅に出ている。この旅は、参澤明に逢い、島田幸安の幽界往来の話を聞き、病める多くの人達のために妙薬を得るための旅でもあった。ところが、この年の六月二四日に、島田幸安は書置一通を残して、赤山の仙境に雲に乗って飛び去ってしまっていた。[7]その一二月に定雄は参澤明を訪ねたのである。参澤明の印象を「此人広く和漢の群書にわたり博学多才、有徳の人物にて、其相形も夫婦共に凡人ならず、神仙に近き人達にて、感心に堪たり」と『幽現通話』下巻の中で定雄は書いている。

参澤明は文化六年（一八〇九）生れ、紀州侯に仕える武士で、平田篤胤の門人（天保一一年入門）、『神界物語』の作者とされている。定雄より一二歳年下であったが、定雄が亡くなる迄の五年間のお互いの交流は親密で、苦渋に満ちた定雄の生涯において、ほほえましい信頼関係で、肝胆相照らすものがあった。宮負家には参澤明の書いた文章、神仙界を描いた絵巻など多数残っているが、その後の参澤明についての消息は不明である。『奇談雑史』の完成とほぼ同時期に成った、『野夫拾彙物語』の中の一話「行人七兵衛生れ替りの事」は、参澤明の書いた『奇談雑史次編』巻一の「行人七兵衛再生の事」と同じものである。という事は、定雄の死後四年の後『奇談雑史次編』が完成している事でわかるように、明の書いた『次編』のいくつかは、原案は定雄が集めた奇しき話であった。明の文章は、漢籍に親しんだ匂いを感じる武家の文章で、「天目山妖術の事」など読ませる文章家であった。多少の違いは有っても、二人の合作である事には変りなく、めずらしい友情の合作である。

『奇談雑史』巻十15「紀州島田幸安仙境へ往来の事」は、参澤明の自筆の文章がそのまま挿入された一章であり、定雄と明の間で、この章に関しては両者で話し合いが出来ていたという事になる。目録には「紀州島」まで定雄の筆跡で、後は空白になっていた。この事でもわかるように、この『奇談雑史』は、定雄の作品群の中に明の自筆の一章が入るという、実にめずらしい本の成り立ちをしている。足利文庫所蔵の、この『奇談雑史』が、お互いに自筆の、初稿の原稿であったからこそわかった事実である。

正式な本の形となったのは、定雄の死後、文久二年（一八六二）以後の事であり、定雄の長男源蔵の手により、この合作『奇談雑史』は整った。明治一八年（一八八五）三月に縁あって、下野国足利郡利保村の阿由葉勝作氏の、「亡児鍋造貯蔵セシ所ノ書籍若干遺嘱ニヨリ今回足利学校ニ寄附シ不朽ニ伝ヘム事ヲ希望ス」という印の一文をもって、足利文庫に入った事になるのである。

［1］川名登『河川水運の文化史―江戸文化と利根川文化圏―』第四章第二節一、下総松沢村と宮負家。［2］文化一四年九月から天保一三年八月までの平田篤胤家の日記。中でも文政八

年正月から文政一二年一二月迄は、養子鉄胤の記帳した実に緻密な記録で、当時の篤胤家の有様のわかる日記。平田篤胤家蔵。渡辺金造『平田篤胤研究』の中に全文記載されている。

［3］篤胤が文政一一年一月一三日から弟子達を集めて始めた講読会。月に三日、三・一三・二三日に開かれた会で、一五、六人出席していた。定賢は文政一一年六月二三日、七月三日・二三日、八月三日出席。［4］「平田篤胤自筆　文政二年『二度の鹿嶋立』」九三頁。吉田麻子（『近世文芸と評論』第五八号）。［5］平田篤胤の門人録『誓詞帳』八冊（平田家蔵）のうち、井上頼圀が注記し整理したのが『門人姓名録』で、三冊。［6］『旭市史』第二巻（近世北部史料編）の特殊資料で、旭市史編さん委員会編纂。文書（木村礎）。［7］『宮負定雄未刻資料集』収録『幽現通話』下巻「紀州若山の人島田幸安九州赤山の仙境に通ひし事」。

『奇談雑史』について

佐藤正英

江戸時代には、伴蒿蹊『閑田耕筆』など数多くの随筆が述作され、奇異《あや》しく不思議な出来事の記述が散見するが、説話集は皆無といっていいなかで、『奇談雑史』は光彩を放っている。平田篤胤の門人で、いわゆる草莽の国学者の一人である宮負定雄の述作で、文明開化を目前にした安政五年（一八五八）の成立である。

奇異しい出来事を伝える百六十話が、全十巻に集録されているが、その多くは、武士や儒者ではなく、農夫や漁夫や小商人などが出遇った出来事である。『奇談雑史』は、幕末期の、土俗のひとびとの間で語り伝えられた出来事の集大成であって、生と死をめぐる土俗のひとびとの心情の綾をなまなましく伝えている。

（一）

山や海は、ひとびとを取り囲んでいるところの、ひとびとの外のものであって、それらのものとしての営為はひとびとに奇異しい出来事をもたらす。

越後三条近辺の山には、自然生の稲が生えていて、低温の年にはひとびとはその苗を植える（巻一7「早苗山の事」）。奥州会津領には、中腹から山頂にかけて、一年中色とりどりの牡丹が咲き乱れている山があって、神仙の遊び場であり、みだりにひとびとが登ると、暴風や大雨が起る（同右8「牡丹山の事」）。越後にはまた、深い谷底に立ったり臥したりしている石像が見え、登ることのできない峰には石の宮殿が望み見られる奥山がある（同右9「越後国葦が原の事」）。備後帝釈山には、無数の鬼が一晩のうちに造ったという石の反り橋があり、草木が生い茂っていて、激しく鳴動するために渡るひとがいない（巻九17「鬼橋幷地獄穴の事」）。

佐渡と能登の間に、粟しか生《な》らない周囲三里ほどの小島がある。通船交易をせず、よそのひとを入れず、漁撈で暮らしている。調度品は、入用な品数だけなかから湧き出てくる岩屋がある（巻一6「北海粟島の事」）。下総酒直村の奥山の山頂にもこの岩屋があり、隠れ里の岩屋とよばれている。山麓には、酒が湧き出たことのある清水がある（巻九18「酒の涌きし清水の事」）。

薩摩の人里離れた奥山で、村長の息子が新田開発のために建てた小屋を守っていたところ、夜中に大蛇が飼犬を追ってきた。息子は、刀を抜き、鱗と鱗の間をすくい斬りにして殺し、難を免れたが、その後も大蛇は怨念となって襲ってきて、新田開発は中止され、村長の家では、子どもが五、六人あいついで病死した（巻五5「大蛇を斬りし人の事」）。米を積んで松前に向かう千八百石積の大船が佐渡の鷲崎の港に停泊したところ、一夜のうちに八里南に流された。碇の二本の爪が巨大な赤鱏の鼻の穴に引きかけられていて、赤鱏の尾は帆柱ほどもあった（巻四16「碇にかゝりし大魚の事」）。

ひとびとは、父母妻子との日常を持続させるべくさまざまに作為するなかで、奇異しい出来事に遇う。巻二15「無人島漂流人の事」は、そうしたひとびとの作為が、想像を絶する奇異しい力能を秘めていることを語っている。

天明七年（一七八七）冬、下総銚子の沖で、大坂堀江の十一人乗りの船が、北からの強風で遭難し、六十日後に無人島に漂着した。雨水を溜め、磯貝を拾い、ひとを恐れることを知らない鳥を手捕りにして命をつないだ。三日後に、目の色が赤く、長く伸びた髪の、土佐赤岡の浦の船人を見つけた。四年前に漂着し、三人は死に、一人悲しく生き残っているという。三年経つうちに、六人乗りの薩摩志布志の浦の船が漂着して、十八人で岩穴で暮らしていたが、七人が亡くなった。

岩穴のなかの古びた板に五十年前の元文三年（一七三八）江戸塩町の船が漂着したという書き残しがあり、死骸を葬った跡も見つかった。歎きは尽きなかったが、このまま無人島で朽ちはてるより、なんとしても船を拵え、運を天にまかせて父母妻子の持つ家郷に帰り着こうと一決し、流木を拾い集め、ふいごを作り、薩摩の船に残った道具で、釘や金槌、墨壺を作り、莚で作った船の型から三尺ほどの小船を試作して船の造りかたを工夫し、三年かかって船が完成した。

岩と岩の間に路を付けて、船を浜辺まで引いていき、後にも漂着するであろう船人のために、食べものや船の造りかたをしるした書き付けを岩穴に入れ、風を待って船を出した。磁石を失っていたので、方向がわからなかったが、五日ほど走って、伊豆七島の青が島に着いた。漕難してから十一年が経っていた。

絶対的窮境に陥った船人の、作為のたゆみない強靭さ、船人仲間に対する心遣いのこまやかさは、驚嘆すべき奇異しさの色合いを帯びている。

相州酒井村の農夫は、相模川で、藪かげの蛇にねらわれていた鮒をつかまえて酒の肴にしたが、その夜、大きな蛇に腹を幾重にも巻きしめられた。隣家の農夫に鎌で蛇を切り殺してもらい、蛇を焼いて食べたが、全身に瘡が出来、腐った瘡からとりきれないほどの蛆虫が湧いた。蛆虫を鍋に入れて煎り殺し、残らず食べ尽くしたところ、瘡も癒え、元の身体に戻った（巻一10「蛇を喰ひし人の事」）。

常陸息栖の漁夫は、雨もよいの夜、舟のなかに入った人魂の火を棹で打ち叩き、割れて転びまわる人魂を着物に包み、箱に入れて封をし、夜が明けて、ひとびとを集め、包みを開くと、茶碗一杯の青苔のようなものが出てきた（同右11「人魂を捕らひし人の事」）。

ひとびとは、みずからに備わる心身の力能を出し尽して、外なるものに対応する。ものの営為の奇異しさは、ものに対応してひとびとが作為することの奇異しさに裏打ちされている。

（二）

食べ尽くしたり、打ち叩くことは、外なるものに対するひとびとの優位を告げているのではない。傲慢さを抱いてものに対応するとき、ひとびとは手ひどい仕返しを受ける。大坂城南木津村の農夫平蔵は、阿辺野の古狐の怪を除いてみせると大言を吐いたが、誑《ばか》かされて髪を剃られた（巻八8「俠客《をとこだて》平蔵野狐に誑さる丶事」）。奥州から上京した書生は、鬼が豪傑に禍いをもたらすことなどありえないと揚言して、ひとの住まない京都丸太町の邸に住みこんだが、手水鉢のところで古狸に手をつかまれ、飛び石に打ちつけられて絶命した（巻七22「三宅尚斎妖怪を斬る事」）。

鰻や泥亀を食べることにひとびとは畏れを抱いていた。江戸霊岸橋の鰻屋に雇われていた男は、鰻を俎板の上に載せたとき、われを割く気か、と鰻に声をかけられて、店をやめた（巻六5「中屋六兵衛が事」）。和泉堺の町人は、井戸に落した庖丁をいわれた通り口にくわえて上ってきた泥亀の首を切り落したために喉に嚙みつかれて死んだ（巻七13「泥亀の怨念の事」）。

医薬のためであっても生きものを捕え、殺すことにはためらいがあった。或る名医が、すべての鳥獣虫魚の医療上の効能を実験した成果を述作して世に広めようとしたところ、死んだ門弟が夢に現れて、鳥獣虫魚が殺されることを恨んでいると告げたので、その述作を焼却した（巻三11「医者著述の書を止めたる事」）。

ものに対する畏れは、生きものが、内に霊魂、すなわちたまをもっていると観念されていることに淵源している。長州萩城下の町人の子甚太郎は、近くの山に夜更けに登っては横笛を吹いていたことが縁で古狐と懇意になり、源平の合戦のありさまを友人たちと一緒に見物させてもらう約束を交わしたが、甚太郎が礼物に贈った鼠の油揚げを食べ過ぎた古狐の急死で、果されずに終った（巻七21「横笛の上手なる人の事」）。佐渡の古狸は、俳諧師に化けて各地の俳人を巡って奇異しい書体の書を残したが、寺泊の旅籠屋で昼寝していたとき正体を現わし、下女に擂粉木で首を叩かれて死んだ（巻九5「俳諧師に化けたる狸の事」）。

松や杉、梅などの古木も、その内にたまをもっている。柏崎の西光寺の松は、伊勢神宮に参詣の途次、西光寺の住僧に逢い、神宮の祓札を手渡した（巻十4「松の木霊上京せし事」）。女谷村の杉は、女姿で伊勢神宮参詣の旅に出ている間、葉ぶりが衰えていたが戻ってくると、緑の芽が萌え出た（同右6「番屋杉の木霊の事」）。

ひとは死ぬと、内なるたまが、肉体から遊離して、ときに奇異しい出来事として現れる。夫の留守に妾にくびり殺された妻のたまは、幽霊となって迷い歩いていて疫病神から、団扇・釘・金槌を与えられ、妾を殺して、仇を討った（巻一5「敵を討ちし幽霊の事」）。武蔵川越の近在平方村の男は、甥に十六両を借りたまま死に、そのたまが、甥の家の馬となって生れ、重荷を負って働いていたが、借金を返し終ったことを旅の修行者に告げ、その翌日死んだ（巻八の2「馬啼寺の事」）。

ひとは内なるたまを介して、外なるものと通交する。和歌は、ものへの作為としての、たまの呪的力能の発現様式の一つである。参州伊良古崎の漁夫磯丸は、一字も読み書きができなかったが、明神に断食・参籠して和歌を詠む力能を授かり、歌人として堂上貴族にも知られるようになった。磯丸の和歌は、蝗の害を除いたり、瘧の病いや疔の腫れものを治す呪的力能をもっていて広くもてはやされた（巻四1「参州磯丸が歌の事」）。

和歌に関わる奇異しい出来事の説話は、各巻に意図的に配置されていて、三十話に達する。和歌に関わる説話の多くは前代の文献からの抄出であって、出来事の当事者が堂上貴族である点でも『奇談雑史』のなかでは異色である。ことだまとしての和歌に対する著者のこだわりが窺える。

（三）

世の中から亡びようとしていた『奇談雑史』の転写本を入手した柳田国男が論考「山の神とヲコゼ」において、「珍らしい物語の中で、最も自分の心を動かしたのはヲコゼをもつて山の神を祀るといふ話であった」として、詳密にその内容を紹介したのは、巻五3

「紀州八木山の里山神祭の事」の説話であった。明治四十三年（一九一〇）のことである。幕末期の説話集『奇談雑史』は、文明開化期における土俗のひとびとの説話集ともいうべき『遠野物語』の公刊と奇しくも同年に、はじめて世の中に紹介されたのである。

八木山の里の祀りは、山の神が好むというオコゼの干物を山の神にちらりと見せ、ひとびとの哄笑とともに祀る儀礼から成る。オコゼは、著者の筆になる挿絵からも知れるように、鋭いとげのある醜いかたちをした、薄紅色と黒色のまだらの魚である。柳田が示唆しているように、オコゼは巫女による祀りの儀礼を、またひとびとの哄笑は山の神の顕現を告げる儀礼なのであろう。

伊豆の雲見山の祀りでは、ひとびとは浜の渚で潔ぎをして山に登る。近隣のひとびとは村の家々に勝手に入りこんで、山の神に供えられた飯や肴を食べ、酒を飲む（巻四5「豆州雲見山の事」）。常陸の筑波山の祀りでは、山に登った男女が、知る知らないの区別なく、交合する（同右3「筑波山祭礼の事」）。これらの奇異な出来事はいずれも、古来のもの、神の祀りの儀礼の砕片であろう。

『奇談雑史』には、祀り手としての巫女はほとんど姿を見せない。明神に使者として仕えているのは、修験・山伏の流れを汲むところの、神仙あるいは天狗とよばれている男たちである。

小商人の子である幸次郎は、小田原道了権現へ参詣の途次、天狗に見込まれ、三年の間使者として権現に仕え、各地の霊山を巡った（巻九13「道了権現霊験の事」）。薩摩伊作田村の善五郎は、山の神の使者に誘われて、霧島山の頂き近くの神仙の宮殿への往復を繰りかえした（巻十14「薩摩国善五郎が事」）。

江戸下谷萱町の小商人の子寅吉は、神仙の老人に南岱岳に連れていかれたが、十五歳のとき空を飛んで裸足で帰ってきた。神仙の老人とともに羽団扇で空を飛び、国内各地はいうまでもなく遠く夜の国までも巡った（同右13「神童寅吉が事」）。寅吉の事蹟をめぐっては、平田篤胤による詳しい聞き書きである『仙境異聞』があり、この書に接したことが、『奇談雑史』述作の機縁の一つとなったものと思われる。

資料調査には宮負克巳氏の御配慮をいただきました。自筆本の発掘・翻字・校訂をめぐって、久米晶文氏の御教示をいただきました。武田由紀子ともども深謝いたします。

本書は「ちくま学芸文庫」オリジナルです。

漢文入門　前野直彬

漢文読解のポイントは「訓読」にあり！　その方法はいかにして確立されたか、歴史も踏まえつつ漢文を読むための基礎知識を伝授。（齋藤希史）

精講漢文　前野直彬

往年の名参考書が文庫に！　文法の基礎だけでなく、中国の歴史・思想や日本の漢文学をも解説。漢字文化の多様な知識が身につく名著。（堀川貴司）

わたしの外国語学習法　ロンブ・カトー　米原万里訳

16ヵ国語を独学で身につけた著者が明かす語学学習の秘訣。特殊な才能がなくても外国語は必ず習得できる！　という楽天主義に感染させてくれる。

日英語表現辞典　最所フミ編著

日本人が誤解しやすいもの、英語理解のカギになるもの、まぎらわしい同義語、日本語の伝統的な表現・慣用句・俗語を挙げ、詳細に解説。（加島祥造）

言海　大槻文彦

統率された精確な語釈、味わい深い用例、明治の刊行以来昭和まで最もポピュラーで多くの作家に愛された辞書『言海』が文庫で。（武藤康史）

名指導書で読む　筑摩書房　なつかしの高校国語　筑摩書房編集部編

名だたる文学者による編纂・解説で長らく学校現場で愛された幻の国語教材。教室で親しんだ名作と、珠玉の論考からなる傑作選が遂に復活！

異人論序説　赤坂憲雄

内と外とが交わるあわい、境界に生ずる〈異人〉という豊饒なる物語を、さまざまなテクストを横断しつつ明快に解き明かす危険で爽やかな論考。

排除の現象学　赤坂憲雄

いじめ、浮浪者殺害、イエスの方舟事件などのさに現代を象徴する事件に潜む、〈排除〉のメカニズムを解明する力作評論。（佐々木幹郎）

柳田国男を読む　赤坂憲雄

稲作・常民・祖霊のいわゆる「柳田民俗学」の向こう側にこそ、その思想の豊かさと可能性があった。テクストを徹底的に読み込んだ、柳田論の決定版。

夜這いの民俗学・夜這いの性愛論　赤松啓介

筆おろし、若衆入り、水揚げ……。古来、日本人は性に対し大らかだった。在野の学者が集めた、柳田が切り捨てた性民俗の実像。（上野千鶴子）

差別の民俗学　赤松啓介

人間存在の病巣〈差別〉。実地調査を通して、その実態・深層構造を詳らかにし、根源的解消を企図した赤松民俗学のひとつの到達点。（赤坂憲雄）

非常民の民俗文化　赤松啓介

柳田民俗学による「常民」概念を逆説的な梃子として、「非常民」こそが人間であることを宣言した、赤松民俗学最高の到達点。（阿部謹也）

日本の昔話（上）　稲田浩二編

神々が人界をめぐり鶴女房が飛来する語りの世界。はるかな時をこえて育まれた各地の昔話の集大成。上巻は「桃太郎」などのむかしがたり103話を収録。

日本の昔話（下）　稲田浩二編

ほんの少し前まで、昔話は幼な子が人生の最初に楽しむ文芸だった。下巻には「かちかち山」など動物昔話29話、笑い話123話、形式話7話を収録。

アイヌ歳時記　萱野茂

アイヌ文化とはどのようなものか。その四季の暮らしをたどりながら、食文化、習俗、神話・伝承、世界観などを幅広く紹介する。（北原次郎太）

異人論　小松和彦

「異人殺し」のフォークロアの解析を通し、隠蔽され続けてきた日本文化の「闇」の領野を透視する。新しい民俗学誕生を告げる書。（中沢新一）

聴耳草紙　佐々木喜善

昔話発掘の先駆者として「日本のグリム」とも呼ばれる著者の代表作。故郷・遠野の昔話を語り口を生かして綴った一八三篇。（益田勝実／石井正己）

新編 霊魂観の系譜　桜井徳太郎

死後、人はどこへ行くのか。事故死した者にはなぜ特別な儀礼が必要なのか。3・11を機に再び問われる魂の弔い方。民俗学の名著を増補復刊。（宮田登）

江戸人の生と死　立川昭二

神沢杜口、杉田玄白、上田秋成、小林一茶、良寛、滝沢みち。江戸後期を生きた六人は、各々の病と老いをどのように体験したか。（森下みさ子）

差別語からはいる言語学入門　田中克彦

サベツと呼ばれる現象をきっかけに、ことばというものの本質をするどく追究。誰もが生きやすい社会を構築するための、言語学入門！（礫川全次）

汚穢と禁忌　メアリ・ダグラス　塚本利明訳

穢れや不浄を通し、秩序や無秩序、存在と非存在、生と死などの構造を解明。その文化のもつ体系的宇宙観に丹念に迫る古典的名著。（中沢新一）

宗教以前　高取正男　橋本峰雄

日本人の魂の救済はいかにして実現されうるのか。民俗の古層を訪ね、今日的な宗教のあり方を指し示す、幻の名著。（阿満利麿）

日本伝説集　高木敏雄

全国から集められた伝説より二五〇篇を精選。民話のほぼ全ての形式と種類を備えた決定版。日本人の原風景がここにある。（香月洋一郎）

人身御供論　高木敏雄

人身供犠は、史実として日本に存在したのか。民俗学草創期に先駆的業績を残した著者の、表題作他全13篇を収録した比較神話・伝説論集。（山田仁史）

売笑三千年史　中山太郎

〈正統〉な学者が避けた分野に踏みこんだ、異端の民俗学者・中山太郎。本書は、売買春の歴史・民俗誌に光をあてる幻の大著である。（川村邦光）

グリム童話　野村泫

子どもたちはどうして残酷な話が好きなのか？　残酷で魅力的なグリム童話の人気の秘密を、みごとに解きあかす異色の童話論。（坂内徳明）

初版 金枝篇（上）　J・G・フレイザー　吉川信訳

人類の多様な宗教的想像力が生み出した多様な事例を収集し、その普遍的説明を試みた社会人類学最大の古典。膨大な註を含む初版の本邦初訳。

初版 金枝篇（下）　J・G・フレイザー　吉川信訳

なぜ祭司は前任者を殺さねばならないのか？ そして、殺す前になぜ〈黄金の枝〉を折り取るのか？ 事例の博捜の末、探索行は謎の核心に迫る。

火の起原の神話　J・G・フレイザー　青江舜二郎訳

人類はいかにして火を手に入れたのか。世界各地より夥しい神話や伝説を渉猟し、文明初期の人類の精神世界を探った名著。（前田耕作）

未開社会における性と抑圧　B・マリノフスキー　阿部年晴／真崎義博訳

人類における性は、内なる自然と文化的力との相互作用のドラマである。この人間存在の深淵に到るテーマを比較文化的視点から問い直した古典的名著。

ケガレの民俗誌　宮田登

被差別部落、性差別、非常民の世界など、日本民俗の深層に根づいている不浄なる観念と差別の問題を考察した先駆的名著。（赤坂憲雄）

はじめての民俗学　宮田登

現代社会に生きる人々が抱く不安や畏れ、怖さの源はどこにあるのか。民俗学の入門的知識をやさしく説きつつ、現代社会に潜むフォークロアに迫る。

南方熊楠随筆集　益田勝実編

博覧強記にして奔放不羈、稀代の天才にして孤高の自由人・南方熊楠。この猥雑なまでに豊饒な不世出の頭脳のエッセンス。（益田勝実）

奇談雑史　宮負定雄　佐藤正英／武田由紀子校訂・注

霊異、怨霊、幽明界など、さまざまな奇異な話の集大成。柳田国男は、本書より名論文「山の神とヲコゼ」を生み出す。日本民俗学、説話文学の幻の名著。

贈与論　マルセル・モース　吉田禎吾／江川純一訳

「贈与と交換こそが根源的人類社会を創出した」。人類学、宗教学、経済学ほか諸学に多大の影響を与えた不朽の名著、待望の新訳決定版。

山口昌男コレクション　山口昌男　今福龍太編

20世紀後半の思想界を疾走した著者の代表的論考をほぼ刊行編年順に収録。この独創的な人類学者＝思想家の知の世界を一冊で総覧する。（今福龍太）

貧困の文化　オスカー・ルイス　高山智博／染谷臣道／宮本勝訳

大都市に暮らす貧困家庭を対象とした、画期的なフィールドワーク。発表されるや大きなセンセーションを巻き起こした都市人類学の先駆的書物。

身ぶりと言葉　アンドレ・ルロワ゠グーラン　荒木亨訳

先史学・社会文化人類学の泰斗の代表作。人の生物学的進化、人類学的発展、大脳の発達、言語の文化的機能を壮大なスケールで描いた大著。（松岡正剛）

アスディワル武勲詩　C・レヴィ゠ストロース　西澤文昭訳　内堀基光解説

北米先住民に様々な形で残る神話を比較考量。『神話論理』へと結実する、レヴィ＝ストロース初期神話分析の軌跡と手法をあざやかに伝える記念碑的名著。

日本の歴史をよみなおす（全）　網野善彦

中世日本に新しい光をあて、その真実と多彩な横顔を平明に語り、日本社会のイメージを根本から問い直す。超ロングセラーを続編と併せ文庫化。

米・百姓・天皇　網野善彦　石井進

日本とはどんな国なのか、なぜ米が日本史を解く鍵なのか、通史を書く意味は何なのか。これまでの日本史理解に根本的転回を迫る衝撃の書。（伊藤正敏）

列島の歴史を語る　網野善彦　藤沢・網野さんを囲む会編

日本は決して「一つ」ではなかった！　中世史に新次元を開いた著者が、日本の地理的・歴史的な多様性と豊かさを平明に語った講演録。（五味文彦）

列島文化再考　網野善彦／塚本学／坪井洋文／宮田登

近代国家の枠組みに縛られた歴史観をくつがえし、列島に生きた人々の真の姿を描き出す、歴史学・民俗学の幸福なコラボレーション。（新谷尚紀）

日本社会再考　網野善彦

歴史の虚像の数々を根底から覆してきた網野史学。漁業から交易まで多彩な活躍を繰り広げた海民に光をあて、知られざる日本像を鮮烈に甦らせた名著。

図説　和菓子の歴史　青木直己

饅頭、羊羹、金平糖にカステラ、その時々の外国文化の影響を受けながら多種多様に発展した和菓子。その歴史を多数の図版とともに平易に解説。

今昔東海道独案内　東篇　今井金吾

いにしえから庶民が辿ってきた幹線道路・東海道。日本人の歴史を、著者が自分の足で辿りなおした名著。東篇は日本橋より浜松まで。（今尾恵介）

今昔東海道独案内　西篇　今井金吾

江戸時代、弥次喜多も辿った五十三次はどうなっていたのか。二万五千分の一地図を手に訪ねる。西篇は浜松より京都までに伊勢街道を付す。（金沢正脩）

物語による日本の歴史　石母田正　武者小路穣

古事記から平家物語まで代表的古典文学を通して、国生みからはじまる日本の歴史を子ども向けにやさしく語り直す。網野善彦編集の名著。（中沢新一）

増補　学校と工場　猪木武徳

経済発展に必要とされる知識と技能は、どこで、どのように修得されたのか。学校、会社、軍隊など、人的資源の形成と配分のシステムを探る日本近代史。

泉光院江戸旅日記　石川英輔

文化九年（一八一二）から六年二ヶ月、鹿児島から秋田まで歩きぬいた野田泉光院の記録を詳細にたどり、描き出す江戸期のくらし。（永井義男）

居酒屋の誕生　飯野亮一

寛延年間の江戸に誕生しすぐに大発展を遂げた居酒屋。しかしなぜ他の都市ではなく江戸だったのか。一次資料を丹念にひもとき、その誕生の謎にせまる。

すし　天ぷら　蕎麦　うなぎ　飯野亮一

二八蕎麦の二八とは？　握りずしの元祖は？　なぜうなぎに山椒？　膨大な一次史料を渉猟しそんな疑問を徹底解明。これを読まずに食文化は語れない！

増補　アジア主義を問いなおす　井上寿一

侵略を正当化するレトリックか、それとも真の共存共栄をめざした理想か。アジア主義を外交史的観点から再考し、その今日的意義を問う。増補決定版。

たべもの起源事典　日本編　岡田哲

駅蕎麦・豚カツにやや珍しい郷土料理、レトルト食品・デパート食堂まで。広義の〈和〉のたべものと食文化事象一三〇〇項目収録。小腹のすく事典！

ちくま学芸文庫

奇《き》談雑史《だんざつし》

二〇一〇年　九　月　十　日　第一刷発行
二〇一八年十一月三十日　第二刷発行

著　者　宮負定雄（みやおい・やすお）
校訂・注　佐藤正英（さとう・まさひで）
武田由紀子（たけだ・ゆきこ）

発行者　喜入冬子
発行所　株式会社　筑摩書房
東京都台東区蔵前二―五―三　〒一一一―八七五五
電話番号　〇三―五六八七―二六〇一（代表）
装幀者　安野光雅
印刷所　株式会社精興社
製本所　株式会社積信堂

ISBN978-4-480-09314-1 C0139